ヤバい経済学

Freakonomics

A Rogue Economist Explores the Hidden Side of Everything

悪ガキ教授が
世の裏側を探検する

スティーヴン・D・レヴィット
スティーヴン・J・ダブナー
望月 衛 訳

東洋経済新報社

Original Title
FREAKONOMICS: A ROGUE ECONOMIST EXPLORES THE HIDDEN SIDE OF EVERYTHING
by Steven D. Levitt and Stephen J. Dubner

Japanese translation rights arranged with Steven D. Levitt and Stephen J. Dubner c/o William Morris Agency, Inc., New York, through Tuttle-Mori Agency, Inc., Tokyo.

はじめに

説明のためのノート

An Explanatory Note

アメリカで最も聡明な若手経済学者――少なくとも彼の先達たちはそう断じた――は、シカゴのサウスサイドの信号でブレーキを踏んだ。6月半ばの晴れた日のことだ。彼が運転するのは、緑色で年代もののシヴォレー・キャヴァリエ。ダッシュボードは埃っぽく、うまく閉まらない窓は高速道路のスピードだと変な音を立てる。

しかし今、昼の街角で車は静かだ。ガソリンスタンド、どこまでも続くコンクリート、ベニヤ板を打ちつけた窓、レンガ造りの建物。

年老いたホームレスの男が現れた。ホームレスにお恵みをというプラカードを掛けている。この暖かな日には厚すぎる破れたジャケットを着て、垢じみた赤い野球帽をかぶっていた。

経済学者はドアをロックしたりもせず、車をちょっと前進させたりもせず、かといって小銭を探したりもしなかった。彼はただ見つめていた。まるでマジックミラー越しに見ているみたいに。しばらくすると、ホームレスの男は去っていった。

「いいヘッドホンしてたね」。まだバックミラーを見ながら、経済学者は言った。「僕が持っているのよりいいやつだ。それ以外は、あまり金持ちには見えないけどね」。

スティーヴン・レヴィットは、物事を普通の人とは違ったふうに見る。普通の経済学者とも違ったふうに見る。あなたが経済学者をどう思っているかによって、これは素晴らしいことかもしれないし、厄介なことかもしれない。

――『ニューヨーク・タイムズ・マガジン』2003年8月3日

2003年夏、『ニューヨーク・タイムズ・マガジン』は、作家でジャーナリストのスティーヴン・J・ダブナーを、シカゴ大学の著名な若手経済学者であるスティーヴン・D・レヴィットの人物像を取材するために差し向けた。

ダブナーはお金の心理学の本を書くために下調べをしているところで、たくさんの経済学者をインタビューしたが、彼らは、英語がまるで外国語、それも4番目か5番目の言語であるかのような話し方をするのに気づいた。レヴィットはジョン・ベイツ・クラーク・メダル（2年に1度、40歳未満で最も優れたアメリカの経済学者に贈られる賞）を受賞したばかりで、ジャーナリストの取材をたくさん受けており、彼らの思考があまり……経済学者ふうに言うと、頑健でない、と考えていた。

レヴィットはダブナーがまるっきりのバカではないことに、そしてダブナーもレヴィットが杓子定規ではないことに気づいた。作家のほうは、この経済学者の冴えた仕事ぶりと、それを巧みに説明する技量に驚嘆した。エリートそのものの経歴（ハーヴァード大学卒、ＭＩＴで博士号、数々の賞）にもかかわらず、レヴィットの経済学に対するアプローチは際立って異端だった。彼は物事を、学者としてというよりも、非常に賢い好奇心あふれる冒険家として見ているようだった――あるいは、ドキュメンタリー映画監督、法医学検査官、あるいはスポーツから犯罪、ポップカルチャーまでを対象にする賭博の胴元のように。彼は、だいたいの人が経済学についてイメージするお金なんかの話には興味がなく、そのことを、控えめながらも実際のところ脅すようにこう表現した。「経済学はあまり詳しくなくて」。ある日、目にかかる髪を払いながら彼はダブナーに言った。「数学は得意じゃない。計量経済学は知らないことが多いし、どうやって理論を作るかも知らない。もし君が株式市場は上昇するか下落するか、経済は拡大するか縮小するか、デフレはいいことなのか悪いことなのか、税金がどうのとか聞いて――ようするに、こういうことを知っているともし僕が言ったら、それは全部嘘っぱちだよ」。

レヴィットが興味を持っているのは、日々の出来事や謎についてである。彼が研究しているのは、現実の世界が実際にはどう動いているのか知りたいと思う人なら誰でもかぶりつくような話だ。彼の風変わりな態度はダブナーの記事にも書かれている。

「レヴィットの見るところでは、経済学は答えを出すための道具は素晴らしくよく揃った学問であるが、面白い質問が深刻に不足している。彼がとくに才能を発揮するのは、そんな面白い質問をするときだ。たとえば――麻薬の売人がそんなに儲けているのなら、彼らがいつまでも母親と住んでいるのはなぜ？　銃とプール、危ないのはどっち？　過去10年の間に犯罪発生率を大幅に引き下げたものはなに？　不動産業者は心からお客のために仕事をしている？　黒人の親はどうして子供の出世の見込みをぶちこわしにするような名前をつける？　学校教師は一発大勝負のテストでインチキをしている？　相撲界は腐敗している？

そして、ボロを着たホームレスがなんで50ドルもするヘッドホンを持っている？

レヴィットの仕事を経済学とは考えていない人はたくさんいる――彼の同業者にも少なからずいる。しかし、彼はいわゆる陰鬱な科学（訳注：経済学の別名）を蒸留して、その最も基本的な目的を取り出したにすぎない――人は欲しいものをどうやって手に入れるのかを説明する。他の学者たちとは違い、彼は個人的な観察や好奇心を使うことを恐れない。逸話や読み筋に頼るのも恐れない（しかし、微積分は恐れている）。彼は直感に従う。彼はデータの山から、これまで誰も発見しなかった話を見つけ出す。ベテランの経済学者が計測不能と宣言した効果を計測できる方法を見つけ出す。

彼の変わらぬ好奇心の対象は――自身がそういうことに手を染めたことはないと言う――ごまかし、腐敗、犯罪だ」。

レヴィットの燃えるような好奇心は、『ニューヨーク・タイムズ・マガジン』の読者を何千人も魅了した。彼の元にはありとあらゆる質問や問い合わせ、謎かけや要望が寄せられた――ジェネラル・モーターズ、ニューヨーク・ヤンキース、上院議員。さらに囚人、親たち、20年にわたって自分がやっているベイグル屋さんの売上げの詳細なデータを溜め込んだ男。ツール・ド・フランスの前優勝者は、今のレースにドーピングが蔓延していることを証明するのを手伝ってほしいと言い、CIAはレヴィットならマネーロンダリングやテロ資金のデータをどう解析するか教えてくれと言ってきた。

こういった反響はすべて、レヴィットの根本的な信念が引き寄せたものである：混乱と複雑さとどうしようもない欺瞞が満ちているけれど、現代社会は理解不能ではなく、不可知でもなく、そして――立てた質問が正しければ――私たちが考えているよりもずっと興味深い。必要なのはただ、ものの見方を変えることなのだ。

ニューヨークへ行ったとき、レヴィットはいくつかの出版社に本を書くべきだと言われた。「本？」彼は答えた。「本なんて書きたくないよ」。彼はすでに、与えられた時間では解ききれない謎をあと100万個も抱えていた。加えて、書き手の才能はないと思っていた。だから、いや、興味はないと言ったのだった――「でも、一つ方法がある」と彼は提案した。「ダブナーと僕とで一緒にやるのはどうだろう」。

共同作業というのは誰にでもできるものではない。しかし、彼ら――ここから先は、私たち――2人はうまくいくかどうか考えることにした。そして、できるだろうということになった。あなたもそれに同意してもらえるといいと思う。

目次

Contents

説明のためのノート i
この本がどうやってできたか。

序章 3
あらゆるものの裏側
この本のサワリ：道徳が私たちの望む世の中のあり方についての学問だとすると、経済学は実際の世の中のあり方についての学問だ。
なぜ通念はだいたい間違っているのか／「専門家」——犯罪学者から不動産屋さん、政治学者まで——はどうやって事実を捻じ曲げるか／何をどうやって測ればいいかわかれば現代の日常が理解できるのはなぜか／で、「ヤバい経済学」ってなに？

第1章 23
学校の先生と相撲の力士、どこがおんなじ？

インセンティブの美しさとその暗黒面《ダークサイド》であるインチキを追究する。

インチキするのは誰だ？　ほとんど誰でも／インチキなヤツらはどうやってインチキするか、ヤツらを捕まえるには／イスラエルの保育園のお話／アメリカで700万人の子供が突然消える／シカゴの先生はインチキをする／インチキで負けるのはインチキで勝つより悪いのはなぜか／ニッポンの国技、相撲は八百長？／ベイグル売りは見た：にんげんって思ったより正直者

第2章 67
ク・クラックス・クランと不動産屋さん、どこがおんなじ？
情報は最強の力である。とくに悪いことに使うときは。
ク・クラックス・クラン潜入レポ／専門家とは皆あなたを食い物にする絶好の立場にいる連中のこと／情報悪用の解毒剤：インターネット／新車の値段が車屋さんを出たとたんに暴落するのはなぜか／不動産屋さんの暗号を解く：「状態良し」の本当の意味／『ウィーケスト・リンク』の普通の解答者よりトレント・ロットのほうが人種差別的？／出会い系サイトに出入りする連中がつく嘘とは

第3章 109
ヤクの売人はどうしてママと住んでるの？
通念なんてたいていは張り巡らした嘘と、私利私欲と、ご都合主義にすぎないことにつ

第4章 147

犯罪者はみんなどこへ消えた？

犯罪のウソとマコトを仕分けする。

第5章 185
完璧な子育てとは？
差し迫った疑問をさまざまな視点から追究する：親でそんなに違うもの？
子育ては職人技から科学へ／子育ての専門家が親御さんを死ぬほど脅して回るのはなぜか／銃とプール、危ないのはどっち？／恐れの経済学／教育パラノイア、生まれ対育ち、泥沼のごとき論争／いい学校が言うほどいいところじゃない件について／黒人と白人の成績格差と「シロい振る舞い」／子供に学校でうまくやらせるには：8つの効くもの、8つの効かないもの

第6章 227
完璧な子育て、その2——あるいは、ロシャンダは他の名前でもやっぱり甘い香り？
親が子供にする最初の儀式、つまり赤ん坊に名前をつけることの大事さを測る。
勝ち馬という名の兄と負け犬という名の弟／真っクロい名前と真っシロい名前／文化の断絶：黒人視聴者の人気番組トップ50に絶対『となりのサインフェルド』が出てこないのはなぜか／本当にどうしようもない名前だったら変えたほうがいい？／高級な名前と安物の名前（そしてどうやってそれが入れ替わるか）／ブリトニー・スピアーズは症状だ、原因じゃない／アヴィーヴァはマディスンの後を継ぐか？／あなたに名前をつけたとき、両親が世界に向かって宣言したこと

カバーデザイン　重原　隆
カバー写真（デザイン）　Chika Azuma
（写真）　James Meyer/Getty Images
（写真）　Jan Cobb

1

レヴィットは、伝統あるハーヴァード大学の知識人たちのクラブハウスであるソサイエティ・オブ・フェローズで面接を受けていた。この組織は、若い学者に3年間何の義務も課さずに奨学金を払い、ただ自分の研究に没頭させる。レヴィットは望み薄だと感じていた。そもそも、彼は自分を知識人だとは思っていなかった。ソサイエティの面接は、世界的に著名な哲学者、科学者、歴史学者などの上級研究員たちを前にしてディナーの席上で行われる。彼は、最初の料理が済む前にもう会話が尽きるのではと心配した。

不穏にも、上級研究員の一人がレヴィットにこう言った。「君の研究テーマには統一性が見えないが、説明してくれるかね」。

レヴィットはいきなり苦境に立った。統一性のある研究テーマなんて考えたこともないどころか、一つでもテーマがあったかもあやしい。のちにノーベル賞を受賞する経済学者のアマーティア・センが割り込み、レヴィットのテーマについて彼が思うところを簡潔にまとめた。はい、そうです。レヴィットは必死になって言った。それが私のテーマです。

別の上級研究員が、また別のテーマを述べた。

そのとおりです。レヴィットは言った。それも私のテーマです。犬にしゃぶりつくされる骨のようにして時間がすぎていったところで、哲学者のロバート・ノージックが口を挟んだ。

「スティーヴ、君はいくつだい？」

「26歳です」。

ノージックは他の上級研究員たちに向き直った。「彼は26歳だよ。何だって統一したテーマなんて必要なのかね。たぶん彼は、そんなもの必要ない、非常に才能のある人にこれからなるのじゃないか。彼は質問を聞き、それにただ答える。それで十分じゃないか」。

――『ニューヨーク・タイムズ・マガジン』2003年8月3日

序章 INTRODUCTION

あらゆるものの裏側
The Hidden Side of Everything

1990年代の初めにアメリカに住んでいて、晩のニュースや朝の新聞をちょっとでも見ていた人なら、心底震え上がっていても仕方がなかったかもしれない。

犯罪のせいだ。犯罪は増える一方で――アメリカのどの都市でも、直近数十年の犯罪発生率をグラフにするとスキーのゲレンデみたいだった――私たちが慣れ親しんだ世界はもう終わったようだった。故意にせよそうでないにせよ、誰かが撃たれて死ぬなんて珍しくなくなった。車強盗、麻薬の密売、窃盗、レイプ、どれも日常茶飯事だった。凶悪犯罪はどこへでもついて来るイヤな連れ合いだった。そして物事は悪いほうへ向かっていた。まだまだずっと悪くなりそうだ。専門家はみんなそう言っていた。

いわゆる凶悪殺人鬼ってやつらのせいだ。やつらはどこにでも現れた。週刊誌の表紙を見ればやつらがガンを飛ばしていた。役人が書いた数十センチの厚さにもなる長い報告書の中でも肩で風を切って登場していた。やつらは都会の痩せこけたティーンエイジャーで、手には安い拳銃、胸には残虐さだけを抱いている。そんなやつらがあちこちに何千人もいる、人殺しの軍団がこの国を底知れない混沌に突き落とすのだと聞かされた。

1995年、犯罪学者ジェイムズ・アラン・フォックスがアメリカ司法長官に詳しい報告書を提出し、ティーンエイジャーによる殺人が急増すると重々しく予測してみせた。フォックスは楽観的観測と悲観的観測の、2つのシナリオを描いた。彼の考える楽観的観測では、10年の間にティーンエイジャーによる殺人は15％増加する。悲観的観測では100％増加する。「次の犯罪の波は過酷であり、1995年は古き良き時代であったとさえ感じられるだろう」と彼は述べている。

他の犯罪学者や政治学者、その他の学者たちも恐ろしい未来を予測していた。クリントン大統領もそうだ。「6年ほどの間に少年犯罪というものに対処しなければならないのです。さもないと、わが国は混沌の毎日を送ることになります。私の後を引き継ぐ人たちは、グローバル経済の素晴らしいチャンスについて演説している暇はなくなるでしょう。彼らは都会の通りを行く人たちの命をつないでおくことで精一杯になるのです」。頭のいい連中はみんな、迷うことなく犯罪者が勝つほうに賭けていたわけだ。

で、犯罪は、増えて、増えて、増え続ける代わりに、減り始めた。それから、減って、減って、まだまだ減った。この犯罪の減少はいくつかの点で画期的だった。犯罪はどの面で見ても減っていた。

どの種類の犯罪も、またアメリカ中どこを見ても減っていた。減少は持続的で、毎年減り続けた。そして犯罪が減るとはまったく予想されていなかった――だいたい、まごうかたなき専門家たちでさえ、まったく逆を予想していたのだから。

反転の大きさもまた驚異的だった。ティーンエイジャーによる殺人率は、ジェイムズ・アラン・フォックスが警告した１００％の増加ばかりか15％の増加さえみせず、５年間で50％以上の減少になった。２０００年にはアメリカ全体の殺人率は35年来の水準まで下がった。暴行から車泥棒まで、他のほとんどの犯罪も同じようなものだった。

専門家たちは犯罪の減少を予測できなかった――本当のところ、彼らが不吉な予言を吐いたときにはもう減少し始めてずいぶん経っていたというのに――だけでは満足せず、今度はものすごい勢いで言い訳を始めた。そんな彼らの言うことは完璧に筋が通っているように聞こえたものだ。狂騒の１９９０年代経済のおかげで犯罪が減ったのだと彼らは言う。銃規制が広まったためだとも言う。ニューヨーク市が導入した画期的な取締まり戦略が効いたのだ、同市では１９９０年には２２４５件あった殺人が２００３年には５９６件に減っている、そんなことも言う。

この手の説は筋が通っているうえに、前向きだった。人間の具体的な取組みのおかげで犯罪が減ったというわけだから。銃規制や巧妙な取締まり戦略やわりのいい仕事で犯罪に立ち向かえた――ということは、つまり、犯罪を食い止める力はすぐ手の届くところにあったのだ。次に犯罪が、おお神よ許し給え、悪化してももう大丈夫だ。

この手の説は、専門家の口からジャーナリストの耳へ、そして広く一般人の頭の中へと、見たところ何の疑問も持たれることなく流れていく。手っ取り早く通念ができ上がる。

こうなるともう問題は一つだけだ：そういう説はみんな嘘っぱちなのである。

1990年代に犯罪が激減した原因は、実は別にある。それは20年以上前に、ダラスに住んでいたノーマ・マコーヴェイという名前の若い女性をめぐって起きたことだった。

毎度おなじみ、あっちの大陸で蝶が羽をひらひらさせるとそのうちこっちの大陸でハリケーンが起きるというやつだ。ノーマ・マコーヴェイは思わぬところでその後の成り行きを大きく変えてしまった。彼女はただ、中絶ができればそれでよかった。貧しく、学も手に職もない、アル中でヤク中の21歳の女の子だ。それまでに子供2人を里子に出していたが、その挙句、1970年にまたしても妊娠したことがわかった。しかしテキサス州では、当時ほとんどの州でそうだったように、中絶は禁じられていた。マコーヴェイは訴訟を起こし、それがずっと力を持った人たちに取り上げられた。彼らは彼女を原告代表にまつり上げて中絶の合法化を求める集団訴訟を起こした。被告はダラス郡の地方検事ヘンリー・ウェイドだ。裁判は最終的に連邦最高裁判所に持ち込まれた。当時、マコーヴェイはジェイン・ローという仮名で扱われた。1973年1月22日、裁判所はロー氏の訴えを支持する判決を下し、中絶は全国的に合法になった。もちろん、判決はマコーヴェイ／ローにとっては遅すぎた。そのころにはもう、彼女は子供を生み、里子に出していた（何年も経ってから彼女は中絶支持の立場を捨て、中絶反対派の活動家になった）。

さて、ロー対ウェイド裁判が、どうして1世代後になって、有史以来最大の犯罪減少を起こしたのだろう？

犯罪に関する限り、子供は生まれつき平等ではない。というかまるっきり違う。数十年にわたる研究によると、家庭環境の悪い子供はそうでない子供に比べて罪を犯す可能性がずっと高い。ロー対ウェイド裁判の結果を受けて中絶に走った可能性の高いたくさんの女性――貧しい未婚の未成年であり、モグリで中絶を受けるようなお金はないし、そもそも中絶自体が難しかった――を囲んでいたのは絵に書いたような家庭環境の悪さだった。彼女たちの子供こそ、生まれていれば普通より罪を犯す可能性が高い子供たちだった。しかし、ロー対ウェイド裁判の結果、そんな子供たちは生まれてこなかった。この強力な原因がずっと遠くで劇的な結果をもたらしたのだ。何年ものち、生まれてこなかった子供たちが犯罪予備軍になっていたはずの時代になって、犯罪発生率は激減したのだった。

アメリカの犯罪の波をやっと抑え込んだのは、銃規制でも好景気でも新しい取締まり戦略でもなかった。他のことにも増して、犯罪予備軍が劇的に縮小したというのが真相だ。

さて、ここで問題。犯罪減少専門家（元犯罪増加専門家）がマスコミで自分の説を吹聴しているとき、中絶の合法化を何回原因として挙げたでしょう？

答えはゼロだ。

＊　＊　＊

お金の話と仲間意識の話が入り乱れる典型的な例を考えてみよう。不動産屋さんを雇って家を売るのだ。

不動産屋さんは品定めをして写真を撮り、値段を決め、目をひく広告を考え、精力的に買い手を呼んできて値段を交渉し、取引の最後まで面倒を見る。まったく大変な仕事だけれど、アガリもけっこうなものだ。30万ドルの家を売ると、典型的な手数料は6％だから1万8000ドルになる。いちまんはっせんどる。高いもんだね、そう思ったでしょう？　でも、自分でやっても30万ドルじゃ売れないだろうからなあ、そうも思ったでしょう？　不動産屋さんは――なんて言ってたっけ――「お住まいの価値を最大化」する方法を知っている。彼女は高値で売ってくれる、そうでしょう？

でしょう？

不動産屋さんは犯罪学者とは別の種類の専門家だけど、専門家であることにかわりはない。つまり、彼女を雇っているド素人より自分の分野のことをよくわかっている。家の価値、住宅市場の状況、それどころか買い手の頭の中まで、よくわかっている。あなたは彼女に頼ってそうした情報を知るわけだ。というか、そのために専門家を雇うのである。

世の中がどんどん専門化するにつれて、そんな専門家が山ほど必要になった。医者に弁護士、土建屋さんに株屋さん、車の整備工、住宅ローンのブローカー、フィナンシャル・プランナー。みんな情報をずっとたくさん持っている。彼らはそんな情報を駆使して、あなたのニーズにぴったりのものを一番おトクな値段で持ってきてくれるのだ。

でしょう？

そんなふうならどんなに良かっただろう。でも、専門家も人間で、人間はインセンティブ（誘因）で動く。どんな専門家でも、インセンティブがどういう形になっているかで、あなたをどう扱うかが違ってくる。インセンティブはあなたに有利に働くこともある。たとえば、カリフォルニアの自動車整備工は、排ガス検査に通りそうにない車をうまく通し、いくらか修理代を安く済ませてくれることがある。気前のいい整備工のほうが将来繰り返し使ってもらえるからだ。一方、専門家のインセンティブがあなたに不利に働くこともある。医者の商売でいうと、出生率が低下している地域の産婦人科医は出生率が上昇している地域の産婦人科医より帝王切開を行う可能性がずっと高い。商売が厳しいとき、医者はアガリの大きい処置を取ろうとするみたいだ。

専門家は立場を悪用しているとぶつぶつ言うのは簡単だけれども、それを証明するのは難しい。一番いい方法は、専門家があなたを扱うときと、専門家が自分に同じサービスを提供するときを比べることだ。でも残念ながら、外科医は自分の手術はしない。外科医が書いたカルテは公開されていない。自動車整備工が自分の車を修理したときの記録もだ。

しかし、不動産の売買はちゃんと公開されている。そして、不動産屋さんの営業担当者は自分の家を売ることがある。シカゴ郊外の家10万件近くをカバーした最近のデータでは、そのうち3000件以上が営業担当者自身の家だった。

データの海に飛び込む前に、一つ考えておいたほうがいいだろう。不動産屋さんの営業担当者が自分の家を売るときのインセンティブは何だろう？　できるだけ高く売る、あたりまえだ。たぶん、これはあなたが家を売るときのインセンティブと同じだろう。そんなわけで、あなたのインセンティブと不動産屋さんの営業担当者のインセンティブはうまく一致しているように見える。何よりも、営業担当者が受け取る手数料は売値に基づいて決まることでもあるし。

しかし、インセンティブという点に関する限り、手数料は一筋縄ではいかない。まず、6％の不動産仲介手数料は普通売り手側と買い手側で分け合うことになる。それから、それぞれの営業担当者はそれぞれの側の取り分の半分をリベートとして受け取る。つまり、あなたの担当者は売買価格の1・5％しか手にできないわけだ。

だから、あなたの家を30万ドルで売ったとして、営業担当者が受け取るのは1万8000ドルの手数料のうち4500ドルになる。それでもいい稼ぎじゃないか、あなたはそう言うかもしれない。しかし、もしも家が本当は30万ドルよりももっと価値があったとしたらどうだろう？　もしも、もうちょっとがんばって、もうちょっと我慢して、もうちょっと新聞広告を出していたら、家は31万ドルで売れるのだとしたら？　手数料差っ引き後であなたは9400ドル余分に手にできる。でも、営業担当者が追加で受け取るのは――追加の1万ドルの1・5％だから――たったの150ドルだ。あなたは9400ドルも受け取るのに担当者はたった150ドルしかもらえないとしたら、結局インセンティブは一致していないのかもしれない（とくに、広告を打つのも仕事をするのもみんな担当者ならなおさらだ）。たった150ドルのために、担当者が余分に時間とお金とエネルギーを費やしてくれるだろうか？

それを調べる方法が一つある。不動産屋さんの営業担当者が自分の家を売ったときのデータと、彼らがお客の家を売ったときのデータだ。先ほど触れたシカゴの住宅売買のデータ10万件を分析すると、ありとあらゆる変数——場所、築年数、家の質、外観、などなど——を調整してもなお、不動産屋さんの営業担当者は自分の家を平均で10日長く市場に出していて、3％強、つまり30万ドルの家なら1万ドルほど高く売却していることがわかった。自分の家を売るとき、不動産屋さんの営業担当者は最高の買い手が現れるまで待つ。で、あなたの家を売るときは、そこそこの買い手が現れればとっと売り払えとあなたを追い立てるのだ。お客に売買を繰り返させて手数料を稼ぐ株屋さんの営業担当者よろしく、不動産屋さんの営業担当者も欲しいのは取引で、どうせならさっさと決めてしまいたいのだ。あたりまえだろ？　もっといい買い手を探してきても取り分は——150ドルだから——しょぼくてとてもやる気にはならない。

政治についてあたりまえといわれていることの中で、何にも増して当然と考えられていることがある。票は金で買えるというやつだ。アーノルド・シュワルツェネッガー、マイケル・ブルンバーグ、ジョン・コーザイン——最近の目立つ例を挙げただけでも、そんなことがあたりまえに通用しているとわかりそうなものだ（ハワード・ディーン、スティーヴ・フォーブズ、マイケル・ハフィントン、そして誰よりも、ニューヨーク州の知事選に3回立候補して自分のお金を9300万ドル注ぎ込み、それぞれ票を4%、8%、14%しか取れなかったトーマス・ゴリザノという反例にはしばらく目をつぶって下さい)。選挙では不当にもお金が決定的な役割を果たすのであり、だから政治活動には大変なお金が注ぎ込まれる。

実際、選挙のデータを見ると、選挙中にお金をたくさん使ったほうの候補者が普通は勝っているというのは本当だ。でも、当選した原因はお金なんだろうか?

それが筋の通った考え方のように見えるかもしれないけれど、それを言うなら1990年代の好景気が犯罪を減らすのに役立ったという説だって同じぐらい筋は通っていた。でも、二つの物事が相関しているからといって一方が他方の原因だとは限らない。相関は単に二つの物事――XとYと呼ぼう――には関係があると言っているだけで、関係の方向については何も言っていない。XがYを起こすのかもしれないし、YがXを起こすのかもしれない。もしかしてXとYが両方とも何か他の物事であるZに引き起こされているのかもしれない。

こんな相関を考えてみよう。犯罪がとても多い都市には警官も多い傾向がある。さて、警官の数と犯罪の数の相関を実際の都市2つで見てみよう。デンバーとワシントンDCの人口はほぼ同じだ――一方、ワシントンにはデンバーの3倍もの警官がいて、殺人の件数も8倍だ。それでも、もっと情報がなければどっちがどっちを起こしているのかはわからない。慌て者ならこの数字を見てワシントンで殺人が多いのは警官が多いせいだと言い出すかもしれない。そういう無茶な考え方は昔からあって、だいたいは無茶な行動にたどり着く。こんな昔話もあるぐらいだ。むかしむかし、あるところに王様がいました。あるとき王様は、国中で疫病が一番よく起きる地方にはお医者も一番たくさんいると聞きました。王様がどうしたかって？　すぐさま医者をみんな撃ち殺せとお触れを出しましたとさ。

さて、選挙資金の話に戻ろう。お金と選挙の関係を知るには、まず選挙資金に働くインセンティブを考えるといい。あなたが候補の一人に１０００ドル寄付するような人だとする。あなたがお金を出すのは次のような二つの場合のどちらかだろう。接戦で、出したお金が結果を左右する場合。それから、候補の一人がすでに勝ったも同然で、当選者の尻馬に乗って将来見返りをもらいたい場合。あなたが絶対に寄付しないのは負けるに決まっている候補だ（誰でもいいからアイオワ州とニューハンプシャー州で玉砕した大統領候補をつかまえて聞いてみればいい）。だから、本命や現職には大穴よりもずっとたくさんお金が集まる。そのお金の使い道はどうだろう？　本命や現職は見るからにずっとお金を持っているが、彼らが大金を使うのは本当に負ける可能性があるときだけだ。そうでないなら、後でもっと強力な対立候補が出てきて入り用になるかもしれない軍資金に、なんで手をつける必要があるだろう。

さて、二人の候補者を思い浮かべよう。一人は人としての魅力にあふれた人、もう一人はそれなりの人だとする。魅力的なほうの候補者がずっとたくさんお金を集めて楽勝で当選するだろう。その候補者のお金が票を集めたのだろうか、それとも彼の魅力が票とお金の両方を集めたのだろうか？

これは決定的に重要な疑問だが、答えを出すのはとても難しい。有権者にとっての魅力を数量化するのは簡単ではない。そんなものどうやって測ればいいのだろう？

　そんなもん無理だ、正直な話――でも、一つ例外がある。その鍵は、候補者を比較するわけだが、何と比較するかと言えば……その候補者自身だ。つまり、今日の候補者Aは2年前とか4年前とかの候補者Aとさほど変わっていないだろう。候補者Bについても同じようなことが言える。候補者Aが2回続けて候補者Bと選挙を争ったが、注ぎ込んだお金の額が2人とも変わっていればいい。候補者の魅力がそれほど変わっていないなら、使ったお金の効果を測ることができる。

　調べてみると、2人の候補が続けて争う選挙は四六時中起きている――実際、１９７２年以降、連邦議会選挙はのべ１０００件近く行われているのだ。さて、数字はなんと言っているだろう？

　驚くなかれ、候補者が使うお金の額はほとんど関係ない。勝っている候補者が使うお金を半分にしても得票率は1％下がるだけだ。一方、負けている候補者がばら撒くお金を2倍にしても得票率は同じ1％しか増えない。選挙に立候補した人にとって本当に大事なのは、いくらばら撒くかではなく、候補者自身がどんな人かなのだ（同じことは両親についても言える――その話は第5章で）。有権者にとってどう見ても魅力的な候補者もいれば、そうでない人はどう見てもそうではないわけで、お金をいくら使ってもそれがどうにかなるわけじゃないのである（ディーン、フォーブズ、ハフィントン、ゴリサノといった皆さんも、もちろんそれを思い知らされている）。

　それじゃ、選挙のあたりまえの、もう一つのほうはどうだろう。選挙活動にはうんざりするほどお金がかかる、というほうは？　大統領選や上院・下院選など代表的な選挙で、選挙期間中に使われるお金は1年あたり10億ドルほどだ――大変な額のように見えるけど、選挙ほど重要じゃないことに使われているお金を物差しにして測ってみると、実はそんなに大金でもない。

この金額は、たとえば、アメリカ国民が毎年ガムに使う金額と同じだったりする。

本書はガム代対選挙資金、腹黒い不動産屋さん、中絶合法化が犯罪に与える影響を扱う本ではない。もちろんそういう話も登場するし、似たような話は、子育ての奥義からインチキの仕組み、ク・クラックス・クランの内幕から『ウィーケスト・リンク』に見られる差別など、たくさん登場する。それじゃこの本は本当は何の話なのかと言うと、現代の日常の上っ面を1枚か2枚引っぺがしてその下に何があるかを見てみよう、そういうことだ。本書はさまざまな疑問を提示する。取るに足らないものもあるし、生きるか死ぬかにかかわるものもある。答えは一見おかしいようにも見えるけれど、後から考えればむしろあたりまえであることが多い。本書では、答えはデータの中にあるという見方をする。データは小学生のテストの点だったりニューヨーク市の犯罪統計だったり麻薬の売人の帳簿だったりする（飛行機が飛んでいった後、空高くにくっきり浮かんだ飛行機雲よろしく、データに偶然残ったパターンを利用することが多い）。何事かについて立場や理屈を述べるのもかまわないし悪いことではないけれど、道徳的な建前を脱ぎ捨てて、データと真っ正直に向かい合えば、新しい、驚くような発見にたどり着けることが多い。

道徳は世の中がどうあってほしいかを表すと言えるだろう――一方、経済学は世の中が実際にはどうなのかを表している。経済学は、他にも増して、計測の学問である。経済学は非常に強力で柔軟な手法を取り揃えているので、情報の山をかきわけ、何かの要因一つや要因全体が及ぼす影響をちゃんと探り当てることができる。結局、それが「経済」というものだ——雇用や不動産や銀行や投資に関する情報の山が経済だ。でも、経済学の手法はそんなことにだけ使えるわけじゃなく、もっと——そう、もっと「面白い」ことにも使えるのだ。

そんなわけで、本書を書くにあたっての立場はとてもはっきりしている。その足場になっているのは次のような考えだ。

インセンティブは現代の日常の礎である。そして、インセンティブを理解することが——おうおうにして壊してしまうことにもなるけれど——凶悪犯罪からスポーツの八百長、出会い系サイトまで、どんな問題もほとんど解決できる鍵になる。

通念はだいたい間違っている。１９９０年代に犯罪は急増しなかったし、お金だけでは選挙に勝てないし、そして——あーらビックリ——毎日水を8杯飲んでも健康にいいという証拠はない。通念はおうおうにしていい加減だ。見透かすのは難しいけれど、できないことはない。

遠く離れたところで起きたほんのちょっとしたことが原因で劇的な事態が起きることは多い。答えはいつも目の前に転がっているわけじゃない。ノーマ・マコーヴェイが犯罪に及ぼした影響は銃規制と好景気と画期的な取締まり戦略を合わせたよりもずっと大きかった。後で見るように、オスカー・ダニーロ・ブランドン、またの名をクラックのジョニー・アップルシードもそうだ。

「専門家」は――犯罪学者から不動産屋さんまで――自分の情報優位性を自分の目的のために利用する。しかし、彼らを彼らの土俵で打ち負かせることがある。とくにインターネットのおかげで彼らの情報優位はどんどん小さくなっている。それが他にも増して強く現れているのが棺桶と生命保険料の値下がりだ。

何をどうやって測るべきかを知っていれば混み入った世界もずっとわかりやすくなる。データの正しい見方を知れば、解けそうになかった難題が解決できるようになる。折り重なった混乱と矛盾を拭い去るには数字の力を駆使するのが一番だからだ。

そういうわけで、本書の目的は、裏側の探検である。何の裏側かというと……ようするになんでもだ。こういうことをやっているとイライラすることもある。ストローで世界を覗くとか、お化け屋敷で鏡と向き合うとか、そんな感じだ。しかし、いろいろな場合を考え、それまで試みられなかったやり方でそれぞれの場合を調べるというのが本書のやり方である。ある意味、これは本一冊の構想としては変り種だ。ほとんどの本は、文章一つか二つで簡潔に表せるようなテーマを一つ決め、そのテーマに沿って話全体を進めるという形を取る。塩の歴史。民主主義の脆さ。句読点の正しい使い方と間違った使い方。この本にはそういう一貫したテーマなんてものはない。著者も、最初は一つのテーマをめぐる本を書こうかとも考えたのだ、6分ほどだったけど――応用ミクロ経済学の理論と実践、どうです皆さん？　しかし、結局宝探しみたいなやり方のほうを選んだ。もちろん、この方法だって経済学の一番優れた分析手法を使うことにかわりはないのだけれど、そういうやり方のほうが、どんな変てこな思いつきにでも対応できるのだ。そういうわけで、私たちは一つの学問分野を打ち立てた。それがヤバい経済学《フリーコノミクス》だ。本書が語るような話は経済学入門ではあまり触れられない。でも、それも変わるかもしれない。経済学という科学は基本的に、決まった対象があるわけではなく、むしろ方法の集まりであって、だからどんなにおかしな対象だって扱っていけないわけじゃない。

古典派経済学の始祖、アダム・スミスが、もともと何よりも哲学者であったことは覚えておくに値する。彼は道徳主義者になろうとして、やっているうちに経済学者になってしまった。彼が1759年に『道徳感情論』（水田洋訳、岩波文庫、2003年）を出版した頃、現代資本主義がちょうど始まろうとしていた。スミスはこの新しい力がもたらす劇的な変化に夢中になったが、彼は数字にだけ惹きつけられていたのではなかった。彼が興味を持ったのは人への影響であり、与えられた状況の下で人がとる考えや行動を経済的な力が大きく変えてしまうという事実のほうだった。ある人がインチキしたり盗んだりし、他の人がしないのはなぜだろう？　ある人が、善いことでも悪いことでも、一見どうということのない判断をし、それが回りまわって大勢の人に影響を与えるのはどうしてだろう？　スミスの時代は、物事の原因と結果の両方がとても大きくなり始めた時代だった。インセンティブは何十倍にもなった。そうした変化の重さや衝撃に彼の時代の人々は圧倒された。今日、私たちが現代の日常の重さや衝撃に圧倒されるのと同じように。

スミスが本当に考えていたのは個人の欲求と社会規範の衝突だった。経済学史研究者のロバート・ハイルブローナーは『入門経済思想史　世俗の思想家たち』（八木甫他訳、ちくま学芸文庫、2001年）で、利己的な動物である人間が自分の利害をより大きな世界の道徳と区別できるのはなぜかというスミスの問題意識に触れている。「スミスは、私たちが自分を第三者の公平な立場に置いてものを考えられるからだと考えた」とハイルブローナーは述べている。「そうすることで、物事の（中略）客観的な善し悪しが判断できるのだ」。

だから、ある人――あるいはある人たちということでもいい――に興味を持ち、その人の客観的な善し悪しを検討したいとしよう。そういう検討をするときは、それまで考えてもみなかった単純な疑問から始めるのが普通だ。たとえばこんなふうに――学校の先生と相撲の力士、どこがおんなじ？

「テロリストを捕まえることができる道具を造りたいんだ」とレヴィットは言う。「まだ、どうやって造ればいいかはよくわからないけれど。でも、いいデータがあれば、間違いなく答えは見つかると思うんだ」。

経済学者がテロリストを捕まえようとするなんてばかげているように思うかもしれない。あなたがシカゴの学校教師で、ある日突然オフィスに呼ばれ、こう言われる。えへん、その分厚い眼鏡をかけた痩せた男の組んだアルゴリズムが、君は嘘つきであることを発見した。君はクビだ。これも同じぐらいばかげた話だ。スティーヴン・レヴィットは、自分自身を完全に信じているわけではないが、間違いなくこう信じている——教師、犯罪者、不動産業者は嘘をつくことがある。政治家やCIAのアナリストも。しかし、数字は嘘をつかない。

——『ニューヨーク・タイムズ・マガジン』2003年8月3日

第1章

学校の先生と相撲の力士、どこがおんなじ？

What Do Schoolteachers and Sumo Wrestlers Have in Common?

ちょっとの間、保育園の経営者になったと思ってほしい。保育園には一つはっきりした決まりがあり、子供を午後4時までに迎えにこなければならない。でも、親御さんたちはよく遅れてくる。で、どうなるかと言えば、夕方になって、先生が少なくとも1人、不安になってブーたれてる子供たち何人かと一緒に、親御さんがやってくるのを待っていなければならない。さてどうします？

この問題を聞きつけた経済学者2人が——そういう問題は、実はよくあることなので——解決策を持ってきた。遅れた親からは罰金を取ればいい。だいたい、なんでそういう子供の面倒を保育園がタダで見ないといけないんだ？

経済学者たちはその解決策をイスラエルのハイファにある保育園10カ所で実証することにした。調査は20週間続けられたけれど、最初から罰金が課されたわけではなかった。初めの4週間、経済学者たちは遅れてくる親の数を数えるだけだった。平均で見ると、保育園1カ所あたり、週に8件の遅刻が起きていた。5週目に罰金制度が実施された。迎えにくるのが10分以上遅れた場合、その親には毎回子供1人につき3ドルの罰金を課すと発表された。罰金は、380ドルほどの月謝に上乗せされた。

罰金制度が始まると、親の遅刻はすぐに……増えた。そう経たないうちに週あたりの遅刻は20件にもなった。元の倍以上だ。インセンティブは完全に裏目に出てしまった。

経済学は突き詰めるとインセンティブの学問だ。つまり、人は自分の欲しいものをどうやって手に入れるか、とくに他の人も同じものが欲しいと思っているときにどうするか、それを考えるのが経済学だ。経済学者はインセンティブが好きである。インセンティブを考えたり導入したり、研究したりいじくり回したり、そういうことを喜んでする。典型的に、経済学者はインセンティブの仕組みをうまく作れるだけの自由があれば解決できない問題はこの世に何一つないと思っている。解決策は美しくないかもしれない――弾圧やとんでもない罰によるものだったり、あるいは市民の自由を侵害するものだったりするかもしれない――が、元の問題自体は確実に解決できる。インセンティブは銃弾であり、てこであり、鍵である。ほんのちょっとしたことだが状況を変えてしまえる大変な力を持つ。

私たちは皆、生まれてすぐに、正や負の（訳注：何かをする＝正、しない＝負）インセンティブに反応することを学ぶ。火のついたレンジの周りをよちよち歩いて指をやけどする。学校でオールAの成績を取ってご褒美に新しい自転車を買ってもらう。授業中に鼻クソほじくっているのを見つかっていじめられる。バスケットボールのチームに入って世間での序列が上がる。門限を破って外へ行かせてもらえなくなる。ところがSAT（訳注：アメリカ版大学入試センター試験）ですごい点を取っていい大学へ行く。ところがロースクールを退学してお父さんの保険会社で働くはめになる。ところが仕事をよくやって競合他社から電話がかかってくるほどになり、転職して役職に就き、お父さんの会社で働くこともなくなる。ところが役付きになれて大喜びし、時速130キロで車を飛ばして家へ向かえばスピード違反で警官に捕まり100ドルの違反キップを切られる。ところがノルマを果たして年末にがっぽりボーナスをもらい、もう100ドルなんて気にならないし、そのうえずっと欲しかったヴァイキング社のレンジまで買える――で、あなたの幼い娘がよちよち歩いて指をやけどする。

インセンティブはただ、人にもっといいことをさせ、もっと悪いことをさせないための方法にすぎない。しかし、ほとんどのインセンティブは空から降ってくるわけではない。誰か――経済学者か政治家か親――がそれを発明しなければならない。3歳の娘が今週は野菜を残さずに全部食べた？おもちゃ屋さんへご招待だ。大手鉄鋼会社が煤煙を出しすぎだ？　規制を超えた煤煙1立方メートルごとに罰金だ。所得税をごまかすアメリカ人が多すぎる？　これの解決策を考えついたのは経済学者のミルトン・フリードマンだ。サラリーマンの給料から税金を天引きすればいい。

インセンティブの味付けは基本的に三つある。経済的、社会的、そして道徳的の三つだ。インセンティブの仕組み一つが三つとも兼ね備えていることはよくある。近年の嫌煙運動を見てみよう。1箱3ドルの「罪悪税」はタバコの購入意欲を挫く強い経済的インセンティブだ。レストランやバーでの喫煙が禁止されていることは強力な社会的インセンティブである。そしてアメリカ政府が、テロリストはヤミでタバコを売って資金を調達していると主張するとき、あれは耳の痛い道徳的インセンティブになっている。

いままでに発明された中で最も強力なインセンティブのいくつかが犯罪を防止するために使われている。こんなことを考えてみよう。よくある疑問――現代社会にはどうしてこんなに犯罪が満ちあふれているんだろう――をひっくり返してみる。なんで犯罪がもっと起きないんだろう？

なにせ、私たちはみんな、傷つけたり盗んだり騙したりするチャンスがよくあるのにそれをやり過ごしているのだ。刑務所行きになる――そして仕事を失い、家を失い、自由を失うといった基本的には経済的な罰則を与えられる――可能性は間違いなく強いインセンティブだ。でも、犯罪について言うと、人々は道徳的インセンティブ（悪いとわかっていることをやりたくない）や、社会的インセンティブ（悪いことをするやつだと見られたくない）にも反応する。ある種の間違った行いに対してはとても強い社会的インセンティブが与えられている。ヘスター・プリンの緋文字にヒントを得た「晒し者」の刑で売春と戦っている町はアメリカに多い。買春した男（と売春婦）の写真をウェブサイトで晒したり、地元のテレビ局で流したりしている。売春婦を買って、５００ドルの罰金を取られるのと、www.chicagopolice.org/ps/list.aspx でポーズを取っているのを友だちや家族に見つかるかもしれないという考えとでは、恐ろしい罰則による防止策として効果的なのはどっちだろう？

そんなわけで、経済的・社会的・道徳的インセンティブは、複雑で、行き当たりばったりで、いつ

年あたり殺人件数
（10万人あたり）

	イギリス	オランダ・ベルギー	スカンジナヴィア	ドイツ・スイス	イタリア
13〜14世紀	23.0	47.0	n.a.	37.0	56.0
15世紀	n.a.	45.0	46.0	16.0	73.0
16世紀	7.0	25.0	21.0	11.0	47.0
17世紀	5.0	7.5	18.0	7.0	32.0
18世紀	1.5	5.5	1.9	7.5	10.5
19世紀	1.7	1.6	1.1	2.8	12.6
1900-1949年	0.8	1.5	0.7	1.7	3.2
1950-1994年	0.9	0.9	0.9	1.0	1.5

も見直しが行われている複雑な網の目みたいだが、それでも現代社会は犯罪を防ぐべく最善を尽くしているのである。あんまりうまくいってないぞと言う人もいるかもしれない。でも、長い目で見れば決してそんなことはない。（戦争は別として）殺人の歴史的な傾向を見てみよう。殺人は発生件数が一番はっきりしている犯罪だし、社会全体の犯罪発生率のバロメータとしても一番いい。上の表は、犯罪学者のマニュエル・アイズナーが集めたもので、ヨーロッパの5地域における殺人率がどう推移してきたかを示す。

何世紀も続けて数字が大幅に下落しているから、人にとって一番恐ろしいことの一つ――殺されること――に関しては、私たちみんなが作り上げたインセンティブはどんどんうまくいくようになっているわけだ。

それじゃイスラエルの保育園はなんでうまくいかなかったんだろう？

あなたは、罰金が3ドルじゃぜんぜん少なすぎたんだともうあたりをつけているかもしれない。子供が1人の家なら、毎日遅刻しても月に60ドル追加で払えばいいだけだ――これは基本料金の6分の1ほどにすぎない。ベビーシッター料としてこれはとても安い。それじゃ罰金が3ドルではなく100ドルだったら？　たぶん遅れてくる親はいなくなるだろうが、代わりに大変な恨みを買うことになるだろう（インセンティブにはもともとトレードオフがつきもので、両極端のバランスをうまくとるのが大事である）。

しかし、保育園の罰金制度にはもう一つ大きな問題があった。道徳的インセンティブ（遅れた親が感じる罪の意識）を経済的インセンティブ（罰金3ドル）に置き換えてしまったのだ。毎日ほんの数ドルで免罪符が買える。そのうえ罰金が小額なので、迎えに来るのが遅くなってもたいしたことじゃないというシグナルが親御さんたちに送られてしまった。遅れたって保育園は1人あたりたった3ドル分しか大変じゃないなら、テニスの試合を途中でやめることもないよというわけだ。調査の17週目になって経済学者が罰金をやめても遅れる親は減らなかった。遅れてきた人たちは、罰金を払わされることもなく、そのうえ罪の意識もなくなった。

インセンティブとはそんなふうに奇妙で強力だ。ちょっと変えただけで大きく不確かな効果が生まれる。トーマス・ジェファーソンは、ボストン茶会事件からアメリカ独立戦争までも引き起こしたそもそものインセンティブが、ほんのちょっとしたことだったのを振り返ってこう述べている。「この世界の原因と結果の関係は本当に不可解だ。僻地で不当に課されたたった2ペニーの茶税が世界の住人すべてのその後を変えてしまった」。

イスラエルの保育園で行われたのと同じような、道徳的インセンティブを経済的インセンティブとぶつからせる研究が1970年代に行われた。今度は献血の背後にある動機について調べようとしたのだ。わかったこと：献血をした人を思いやりがあると単に褒めるかわりに、彼らに小額の奨励金を払うと、献血は減る傾向がある。奨励金で、献血は気高い慈善活動から痛い思いをしてほんの数ドル手に入れる方法に堕落した。そして数ドルではぜんぜん見合わない。

献血者に払われるインセンティブが50ドルならどうだろう？　500ドルなら？　あるいは5000ドルなら？　もちろん献血者の数は大きく違っていたはずだ。

しかし、大きく違うのはそれだけではないだろう。インセンティブには暗黒面《ダークサイド》がつきものだ。400ccの血に突然5000ドルの値段がついたらたくさんの人がそれに目をつけるのは間違いない。ナイフで人を刺して文字どおり血を強奪する人が出るかもしれない。ブタの血を自分の血だと言って出す人もいるかもしれない。偽造した身分証明書を使って献血量の制限を超えようとするかもしれない。インセンティブが何であれ、置かれた状況がどうであれ、インチキする連中はどんなことをしてでも人を出し抜こうとする。

つまり、W・C・フィールズがかつて言ったとおりだ：手に入れる価値があるものなら、インチキしてでも手に入れる価値がある。

インチキするのはどんな人だろう？

まあ、かかっているものさえ大きければだいたい誰でもインチキはする。自分はインチキなんてしない、何がかかっていようがだ、そう思ったかもしれない。で、自分がインチキしたときのことを思い出したかもしれない。たとえば、先週のボードゲームで。位置が悪いのでゴルフボールを動かしたときのこと。会社の休憩室でものすごくベイグルが食べたいと思ったのだけれどそこの缶に入れなければならない1ドルがどうしても出てこなかったときのこと。でもベイグルはもらってしまった。次のときに2つ分払えばいいやと思いながら。で、結局払ってなかったりする。

インセンティブの仕組みを誰か賢い人が苦労して考え出すたび、作った人よりずっと一所懸命に仕組みの裏をかこうとしている人が、賢いかどうかはともかく、山ほどわいて出る。インチキするのが人の本性かどうかは別にして、ほとんどの人間の営みにはインチキがついて回る。インチキは経済の基本原理に基づく行動だ。出すものは少なく、もらうものは多く。だから、インチキするのは面の皮の厚い有名人――インサイダー取引をするCEO、禁止薬物を使うプロ野球選手、特権で甘い汁を吸う政治家――だけじゃない。みんなの分を一緒にすることになっているチップをピンハネするウェイトレスだってそうだ。コンピュータを操作して従業員の勤務時間を削り、自分の業績をよく見せようとするウォルマートの賃金担当マネジャーだってそうだ。4年生になれるか不安になって、隣に座っている子の答案用紙を写す3年生だってそうだ。

気配らしきものさえほとんど残さないインチキもあるし、山ほど証拠が残るインチキもある。1987年の春、とある真夜中に起きたことを思い出してほしい。アメリカで700万人の子供が突然消えた。史上最悪の誘拐事件？　ぜんぜん違う。４月15日の晩に税務署がルールを変えたのだ。それまで、税金を申告する際には扶養している子供を列挙すればよかったのだが、この日からはそれぞれの子の社会保障番号（訳注：アメリカの社会保障制度に基づいて全居住者に与えられる番号）を書かなければならなくなった。突如として、子供が７００万人も――前の年の書類１０４０号（訳注：確定申告の書類）で所得控除を受けるためにだけ存在した幻の子供たちだ――消えた。アメリカにいた扶養対象の子供のだいたい10人に１人だ。

インチキしていた納税者のインセンティブはどう見ても明らかだ。ウェイトレスの場合も賃金担当マネジャーの場合も、３年生の場合もそうだ。それじゃ３年生の先生はどうだろう？　先生にもインチキをやるインセンティブがあるだろうか？　あるなら、どんなインチキをするんだろう？

ハイファの保育園からうって変わって、今度はシカゴ教育委員会を切り盛りしているとしよう。毎年40万人に教育を施している組織だ。

今、アメリカの学校経営者や先生、親、生徒の間で一番激しく議論されているのは「一発大勝負」のテストのことだ。大勝負だと言うのは、テストで生徒の学力を測るだけでなく、結果について学校が責任を求められるようになっているからだ。

連邦政府は、２００２年にブッシュ大統領が署名した「一人も落ちこぼれさせない法《ノー・チャイルド・レフト・ビハインド》」で一発勝負のテストを義務化したが、ほとんどの州はそれ以前から小学校と中学校の生徒に毎年標準テストを課していた。テストの点がよかった学校や大きく改善した学校を表彰する州が20あり、点が悪かった学校に罰を与える州は32ある。

シカゴ教育委員会（CPS）は1996年に一発勝負のテストを導入した。新しい方針で、点の低かった学校は観察処分を受け、学校は閉鎖、職員はクビになるか飛ばされるかの危機に瀕することになった。加えて、CPSはソーシャル・プロモーションと呼ばれる制度も廃止した。それまで、留年させられるのはとても出来の悪かった生徒や問題の多かった生徒だけだったが、以後、3年、6年、8年の生徒は、進級するためにはアイオワ基礎学力テストというマークシート式の標準テストで足切り以上の点を出さなければならなくなった。

一発勝負のテストに賛成する人は、学習のレベルが上がるし、生徒にも勉強するインセンティブが与えられると言う。加えて、出来の悪い生徒が能力もないのに進級することがなくなれば、上の学年で行き詰まって出来のいい生徒の邪魔になることもなくなると言う。一方、反対する人は、たまたまテストの出来が悪かった一部の生徒にひどい罰が与えられてしまうし、先生たちは大事な授業をほったらかして試験対策ばかりやるだろうと心配した。

テストというものがある限り生徒にインチキするインセンティブがあるのはあたりまえだ。でも、一発勝負のテストで先生のインセンティブは大きく変わってしまい、いまや先生もインチキをするインセンティブが強まった。一発勝負のテストが導入されると、生徒の点が悪かった先生は監視されたり昇給や昇進が遅れたりする。学校全体の点が悪ければ国の補助金が差し止められたりする。学校が観察処分になると先生はいつクビになるかとびくびくすることになる。一発勝負のテストは先生に、インチキとは逆の、前向きのインセンティブも与える。生徒がいい点を取れば、先生は褒められるし、昇進できるし、お金だって儲かる。一時期、カリフォルニア州はテストの点を大きく引き上げた先生に2万5000ドルのボーナスを払っていた。

先生がこの新しいインセンティブが加わった世界を見回して、生徒の点に何とかしてゲタを履かせようと考えたとすると、先生に最後の一歩を踏み出させる一押しはこれかもしれない：先生のインチキが調べられることはあまりないし、見つかることなんてめったにないし、罰を受けるなんてことはほとんどない。

先生はどうやってインチキするだろう？　やれそうな方法は、ゴリ押しからずる賢いやり方までいろいろある。最近オークランドで、5年生が学校から帰ってきて、お母さんに、今日の州のテストで、とっても優しい先生が黒板に答えを書いてくれたんだと元気に言ったそうだ。こういう例はもちろんめったにない。子供の証人30人の手に自分の運命を委ねるなんてリスクは最低の先生でも取らないだろう（オークランドの先生はあたりまえのようにクビになった）。生徒の点を水増ししたいならもっとばれにくい方法が他にいくらでもある。試験時間を延長して、生徒に問題を解く時間を余分に与えるだけでいい。試験前に問題を手に入れれば――つまり裏で手を回して、ということだけれど――実際の問題に焦点を当てた授業を行える。より一般的には、先生は「試験対策の授業」をすることができる。前の年の試験問題に合わせた授業を行うのだ。これはインチキとは言わないかもしれないけれど、どう見ても試験の趣旨からは外れている。この手の試験はみんな選択問題で、間違った選択肢を選んでも減点されない。だから、先生は生徒に、時間がなくなったらできてない問題は全部、適当でいいからとりあえずどれか選択肢を選べと指導するかもしれない。全部Bにしてもいいし、BとCをかわるがわるに選んでもいい。なんなら、生徒が教室を出た後に、彼らに代わって先生自身が空欄を埋めたっていい。

しかし、もしも先生が真剣にインチキを考えるのなら――そして一番効果的なのは――解答用紙を集めたら、電子読み取り機で採点してもらうべく提出する前に、間違っている解答を消して正解に書き換えればいい（HBの鉛筆を使わせるのは生徒が答えを書き直せるからだと思ってたでしょ）。先生が本当にそんなインチキをしているのだとしたら、どうやってそれを見抜けばいいんだろう？

インチキする人を捕まえるにはインチキする人の立場に立って考えてみるのがいい。生徒が書いた間違いを消して正解を書き込んでやろうとするなら、たぶんあまりたくさんは書き直したくないだろう。これは明らかに手がかりになる。生徒全員の解答を変えたくもないだろう。これも手がかりだ。解答用紙は試験が終わったらすぐに提出しなければならないから、十中八九、時間に余裕はないだろう。だから、クラスの半分か3分の2ぐらいの生徒の解答用紙に、連続した問題8個から10個ほどの正解を書き込むのがいいだろう。正解の選択肢をパターン化して覚えるのも簡単だし、それぞれの解答用紙を一枚一枚書き直していくよりも、同じところを消してそのパターンを書き込むほうがずっと速い。試験の終わりのほうの問題に集中しようとまで思いつくかもしれない。最初のほうより問題が難しいことが多いからだ。そうすれば間違った答えを正しい答えに書き直すことになる可能性が高くなる。

経済学が基本的にはインセンティブを扱う学問だとすると――幸運にも――経済学は人がそうしたインセンティブにどう反応するかを測る統計的手法を取り揃えた学問でもある。あとはデータがあればいい。

この点に関してはＣＰＳが私たちの願いをかなえてくれた。１９９３年から２０００年の期間にＣＰＳ管轄下の学校で学んだ３年生から７年生の生徒全員の解答のデータベースを使わせてくれたのだ。これは毎年学年あたり約３万人分にのぼり、全体で70万件の試験、１億個もの問題への答案でできている。データはクラスごとに整理されていて、国語と算数の試験における問題ごとの答えの列からなる（実際の答案用紙は含まれていなかった。いつも試験が終ってすぐにシュレッダーにかけられるのだ）。データには先生に関する情報がいくらかと、生徒それぞれの人口統計上の情報、さらに以前・以後の試験の点数――これが先生のインチキを見抜く鍵になった――も含まれていた。

さて、データの山から結論を引き出すためのアルゴリズムを作る番だ。インチキする先生のクラスの点はどんなことになっているだろう？

最初に探すのは、クラス内の解答に異常なパターンがある場合だ。たとえば同じ解答の連なり、とくに難しい問題の部分での連なりだ。とても賢い生徒10人（これは以前と以後の試験の点でわかる）が試験の最初の５問（典型的には簡単な問題だ）を正解していても、そういう同じ連なりはあって当然だろう。でも、出来の悪い生徒10人が試験の最後の５問（典型的に難しい問題）で正解していたら、詳しく調べたほうがいい。それから、誰か生徒1人の解答用紙におかしなパターン——難しい問題は合っているのに簡単な問題を間違っているとか——があれば、とくに、同じ試験で同じような点を取った他のクラスの生徒数千人と比べておかしいパターンがあればそれも赤信号だ。さらに、クラス全体が過去の成績に比べてずっといい成績を取り、しかも翌年の試験では大きく成績が下がっている場合も検出できるようなアルゴリズムを作っておく。1年だけテストの成績が跳ね上がっていれば、一見いい先生の証拠だと思えるかもしれない。でも、翌年に点が大きく下がっているなら、点が跳ね上がったのは何か作為的なことをやったからである可能性がとても高い。

さて、シカゴの小学校6年生のクラスを2つ取り上げて、同じ算数のテストの答えを比べてみよう。各列は生徒1人の解答を示す。アルファベットのa、b、c、dは正解を示す。数字は間違いで、1はa、2はb、等々と書いていたことを示す。0は答えが書かれていない場合だ。2つのクラスのうち1つはほぼ間違いなく先生がインチキしていて、もう1つはそうでない。どっちがどっちか当ててみてください。あらかじめお断りしておきますが、目で見分けるのは易しくないですからね。

クラスA

d	1	d	d	3	1	2	1	d	d	d	d	3	d	1	d	d	d	d	1	d	1
4	4	1	b	b	4	1	1	b	b	4	b	1	4	b	4	b	1	b	b	4	1
3	4	2	a	3	2	4	4	4	2	3	2	3	3	3	a	2	2	a	2	a	2
a	a	2	2	a	3	a	2	a	2	a	a	a	a	3	a	a	4	a	a	2	a
b	3	b	b	b	b	b	3	b	3	b	3	3	3	b	b	b	4	b	3	3	4
a	a	a	a	4	4	4	4	a	a	4	3	a	a	4	2	a	3	3	4	4	a
3	d	2	2	d	d	d	0	d	2	d	d	d	2	d	1	d	d	d	d	1	3
c	c	c	1	1	4	c	c	c	4	1	c	1	4	4	2	1	4	c	4	c	4
a	4	a	a	4	a	4	2	a	a	a	a	a	a	a	4	a	3	a	a	a	2
c	c	c	c	c	2	c	c	c	c	c	c	c	c	2	c	c	2	c	c	c	c
b	b	b	3	3	3	b	b	b	b	3	b	3	b	b	b	b	3	b	4	b	b
d	d	d	d	d	d	d	d	1	1	d	d	d	1	1	d	d	2	1	2	d	2
d	d	1	2	2	2	d	d	d	1	d	3	2	d	d	d	d	d	d	d	d	1
a	a	a	a	a	4	3	a	a	a	4	2	a	3	a	a	a	3	a	2	a	4
d	d	1	d	d	1	1	d	d	3	3	d	2	2	d	d	2	2	d	3	d	d
b	b	3	3	4	3	b	b	3	b	4	3	3	b	b	b	1	3	b	b	3	0
c	c	2	c	c	1	1	4	1	2	2	1	4	4	c	c	2	2	c	1	1	0
b	b	1	4	b	4	b	b	4	4	1	3	3	1	3	b	b	3	4	4	4	0
c	c	1	c	c	1	2	1	1	c	2	c	1	2	c	1	1	c	2	1	2	1
a	2	a	4	a	3	2	a	a	a	4	2	2	a	a	a	a	2	a	a	a	a
4	c	2	c	c	2	1	c	c	c	0	1	2	c	2	4	c	1	c	c	2	c
2	2	d	d	1	3	3	d	2	d	d	1	3	d	2	2	d	3	2	d	3	d
c	c	0	4	c	4	c	2	1	1	2	4	c	2	c	c	2	c	c	2	4	2
2	c	2	0	0	1	4	4	2	2	4	2	0	4	0	c	4	2	c	4	4	4
a	4	a	a	0	2	a	a	a	a	a	3	0	a	0	a	a	2	3	a	a	a
3	3	2	3	3	3	d	3	3	2	3	2	0	3	0	3	3	d	1	3	2	3
2	a	4	a	a	a	4	a	a	4	a	3	0	a	0	4	a	2	0	a	a	a
1	1	1	1	1	2	1	1	1	1	1	c	1	1	0	1	1	c	1	1	c	1
2	2	2	2	2	4	2	2	c	c	2	c	2	2	0	2	2	2	2	2	2	2
d	d	d	d	d	3	d	d	3	d	d	3	d	d	0	d	d	3	d	d	3	d
a	a	0	a	a	a	a	a	a	a	a	0	a	a	0	a	a	2	a	a	4	a
d	d	d	d	d	2	d	d	1	d	d	0	d	d	0	d	d	3	d	d	2	d
b	b	b	b	b	4	b	b	4	b	b	0	b	b	0	b	b	4	b	b	1	b
c	c	c	c	c	1	c	c	4	c	c	0	c	c	0	c	c	c	c	c	c	c
b	b	b	b	b	3	b	b	b	b	b	0	b	b	0	b	b	3	b	b	0	b
4	4	4	4	4	a	4	4	a	4	4	0	4	4	0	4	4	3	4	4	0	4
2	2	a	0	a	2	a	3	2	a	0	0	0	2	0	2	0	2	a	a	a	a
3	1	d	0	d	1	d	d	d	d	0	0	0	2	0	3	0	d	d	2	d	0
4	1	b	0	b	4	b	1	b	b	0	0	0	1	0	1	0	b	b	1	b	0
4	a	4	0	4	4	0	3	4	4	0	0	0	4	0	3	0	4	4	3	4	0
b	b	b	0	0	1	0	3	1	b	0	0	0	3	0	4	0	b	0	4	b	0
3	3	3	0	0	3	0	b	b	3	0	0	0	b	0	b	0	3	0	1	3	0
c	4	c	0	0	4	0	c	4	0	0	0	0	c	0	c	0	0	0	4	c	0
b	3	0	0	0	3	0	4	3	0	0	0	0	0	0	1	0	0	0	1	b	0

クラスB

d b 3 a 4 3 1 4 2 2 b d 1 3 1 b 4 4 1 3 c d 4 2 2 a 1 a c d a 3 3 2 3 4 2 d 3 a b 4 c 4
d 1 a a 1 a 1 1 a c b 2 d 3 d b c 1 c a 2 2 c 2 3 2 4 2 c 3 a 1 4 2 b 3 a d b 2 4 3 c 1
d 4 2 a 1 2 d 2 a 4 b 1 d 3 2 b 2 1 c a 2 3 1 2 a 3 4 1 1 d 0 0 0 0 0 0 0 0 0 0 0 0 0 0
3 b 2 a 3 4 3 4 4 c 3 2 d 2 1 b 1 1 2 3 c d c 0 0 0 0 0 0 0 0 0 0 0 0 0 0 0 0 0 0 0 0 0
3 4 a a b a d 1 2 c b d d 3 d 4 c 1 c a 1 1 2 c a d 2 c c d 0 0 0 0 0 0 0 0 0 0 0 0 0 0
d 3 3 a 3 4 3 1 a 2 b 2 d 2 d 4 4 b 2 a c d 2 c a d 2 c 2 2 2 3 b 4 0 0 0 0 0 0 0 0 0 0
2 3 a a 3 2 d 2 a 1 b d 2 4 3 1 1 4 1 3 4 2 c 1 3 d 2 1 2 d 2 3 3 c 3 4 a 3 b 3 b 0 0 0
d 3 2 2 3 4 d 4 a 1 b d d 2 3 b 2 4 2 a 2 2 c 2 a 1 a 1 c d a 2 b 1 b a a 3 3 a 0 0 0 0
d 3 a a b 2 3 c 4 c b d d a d b 2 3 c 3 2 2 c 2 a 2 2 2 2 2 3 2 3 2 b 4 4 3 b 2 4 b c 3
d 1 3 a 1 4 3 1 3 c 3 1 d 4 2 b 1 4 c 4 2 1 c 4 2 3 3 2 c d 2 2 4 2 b 3 4 3 3 a 3 3 4 3
d 1 3 a 3 a d 1 2 2 b 1 d a 2 b 1 1 2 4 2 d c 1 a 3 a 1 2 1 0 0 0 0 0 0 0 0 0 0 0 0 0 0
d 1 2 a 3 a d 1 a 1 3 d 2 3 d 3 c b 2 a 2 1 c c a d a 2 4 d 2 1 3 1 b 4 4 0 0 0 0 0 0 0
3 1 4 a 1 3 3 c 4 c b d 1 4 2 1 4 1 c a 4 2 4 c a d 3 4 c 1 2 2 4 1 3 2 2 3 b a 4 b 4 0
d 4 2 a 3 a d c a c b d d a d b c 4 2 a c 2 c 2 a d a 2 c d a 3 4 1 b a a 3 b 2 4 3 2 1
d b 1 1 3 4 d c 2 c b 2 d a d b 2 4 c 4 1 2 c 1 a d a 2 c 3 a 3 4 1 b a 2 0 0 0 0 0 0 0
d 1 3 4 1 4 3 1 a c b d d a d 3 c 4 c 2 1 3 4 1 2 d a 2 2 d 3 d 1 1 3 2 a 1 3 4 4 b 1 b
1 b a 4 1 a 2 1 a 1 b 2 d a d b 2 4 c a 2 2 c 1 a d a 2 c d 3 2 4 1 3 2 0 0 0 0 0 0 0 0
d b a a 3 3 d 2 a 2 b d d a d b c b c a 1 1 c 2 a 2 a c c d a 1 b 2 b a 2 0 0 0 0 0 0 0

クラスAがインチキだと思った人、おめでとうございます。コンピュータにインチキ検出アルゴリズムであやしいパターンを見つけさせた結果が次の表だ。

クラスA（インチキ発見アルゴリズムを適用）

22	21	20	19	18	17	16	15	14	13	12	11	10	9	8	7	6	5	4	3	2	1
d	d	1	d	d	1	d	d	d	d	3	2	d	3	1	d	d	1	d	d	1	1
4	1	b	b	b	4	1	b	b	4	1	1	4	b	4	b	4	1	4	b	b	1
a	2	3	2	4	2	2	2	a	a	3	4	3	3	4	a	3	4	3	2	2	2
2	4	3	a	a	3	2	2	a	a	a	a	a	a	a	2	a	2	a	a	a	a
3	4	b	3	b	b	b	3	b	b	3	b	b	b	3	b	b	3	3	b	3	4
4	3	4	3	a	4	a	a	3	2	a	4	a	4	a	a	4	4	a	a	4	a
1	d	d	d	d	d	2	2	d	1	d	d	3	d	d	2	d	0	2	d	d	3
c	4	4	c	c	4	c	4	c	2	1	c	c	1	c	1	1	c	4	1	4	4
a	3	a	a	a	a	a	a	a	4	a	4	a	4	4	a	a	2	a	a	a	2
c	2	2	c	c	2	c	c	c	c	c	c	c	c	c	c	c	c	c	c	c	c
b	3	b	b	b	3	b	b	b	b	3	b	b	3	b	3	3	b	b	b	4	b
d	2	1	d	1	d	d	1	1	d	d	d	d	d	d	d	d	d	1	d	2	2
d	d	d	3	d	2	1	1	d	d	2	d	d	2	d	2	d	d	d	d	d	1
a	3	a	2	a	4	a	a	a	a	a	3	a	a	a	a	4	a	3	a	2	4
d	2	d	d	d	1	1	3	d	d	2	1	d	d	d	d	3	d	2	2	3	d
3	3	b	3	3	3	3	b	b	b	3	b	b	4	b	3	4	b	b	1	b	0
1	2	c	1	1	1	2	2	c	c	4	1	c	c	c	c	2	4	4	2	1	0
4	3	3	3	4	4	1	4	4	b	3	b	b	b	b	4	1	b	1	b	4	0
2	c	c	c	1	1	1	c	2	1	1	2	c	c	c	c	2	1	2	1	1	1
a	2	a	2	a	3	a	a	a	a	2	2	a	a	2	4	4	**a**	**a**	**a**	**a**	**a**
2	1	2	1	c	2	2	c	c	4	2	1	4	c	c	c	0	**c**	**c**	**c**	**c**	**c**
3	3	2	1	2	3	d	d	2	2	3	3	2	1	2	d	d	**d**	**d**	**d**	**d**	**d**
4	c	c	4	1	4	0	1	c	c	c	c	c	c	c	4	2	**2**	**2**	**2**	**2**	**2**
4	2	0	2	2	1	2	2	c	c	0	4	2	0	c	0	4	**4**	**4**	**4**	**4**	**4**
a	2	0	3	a	2	a	a	3	a	0	a	a	0	4	**a**	**a**	**a**	**a**	**a**	**a**	**a**
2	d	0	2	3	3	2	2	1	3	0	d	3	**3**	**3**	**3**	**3**	**3**	**3**	**3**	**3**	**3**
a	2	0	3	a	a	4	4	0	4	0	4	2	**a**	**a**	**a**	**a**	**a**	**a**	**a**	**a**	**a**
c	c	0	c	1	2	1	1	**1**	**1**	**1**	**1**	**1**	**1**	**1**	**1**	**1**	**1**	**1**	**1**	**1**	**1**
2	2	0	c	c	4	2	c	**2**	**2**	**2**	**2**	**2**	**2**	**2**	**2**	**2**	**2**	**2**	**2**	**2**	**2**
3	3	0	3	3	3	d	**d**	**d**	**d**	**d**	**d**	**d**	**d**	**d**	**d**	**d**	**d**	**d**	**d**	**d**	**d**
4	2	0	0	a	a	0	**a**	**a**	**a**	**a**	**a**	**a**	**a**	**a**	**a**	**a**	**a**	**a**	**a**	**a**	**a**
2	3	0	0	1	2	d	**d**	**d**	**d**	**d**	**d**	**d**	**d**	**d**	**d**	**d**	**d**	**d**	**d**	**d**	**d**
1	4	0	0	4	4	b	**b**	**b**	**b**	**b**	**b**	**b**	**b**	**b**	**b**	**b**	**b**	**b**	**b**	**b**	**b**
c	c	0	0	4	1	c	**c**	**c**	**c**	**c**	**c**	**c**	**c**	**c**	**c**	**c**	**c**	**c**	**c**	**c**	**c**
0	3	0	0	b	3	b	**b**	**b**	**b**	**b**	**b**	**b**	**b**	**b**	**b**	**b**	**b**	**b**	**b**	**b**	**b**
0	3	0	0	a	a	4	**4**	**4**	**4**	**4**	**4**	**4**	**4**	**4**	**4**	**4**	**4**	**4**	**4**	**4**	**4**
a	2	0	0	2	2	a	a	a	2	0	a	2	a	2	0	0	3	2	0	a	a
d	d	0	0	d	1	d	d	d	3	0	d	3	d	1	0	0	d	2	0	2	0
b	b	0	0	b	4	b	b	b	1	0	b	4	b	1	0	0	1	1	0	1	0
4	4	0	0	4	4	4	4	4	3	0	0	4	4	a	0	0	3	4	0	3	0
b	b	0	0	1	1	b	b	0	4	0	0	b	0	b	0	0	3	3	0	4	0
3	3	0	0	b	3	3	3	0	b	0	0	3	0	3	0	0	b	b	0	1	0
c	0	0	0	4	4	c	0	0	c	0	0	c	0	4	0	0	c	c	0	4	0
b	0	0	0	3	3	0	0	0	1	0	0	b	0	3	0	0	4	0	0	1	0

太字の解答を見てみよう。生徒22人中15人が、同じ6つの連続した問題（d-a-d-b-c-bの連なり）で、何とか自分で正解にたどり着けたってことだろうか？

そうじゃなさそうだと言う理由が少なくとも4つある。1つ目：これらの問題は試験の終わり近くなので、前のほうの問題よりも難しい。2つ目：そもそもこれらの生徒は主に出来の悪い子たちで、試験の他の部分では6つ連続で正解していることはほとんどない。だから、彼らが同じ難しい問題6つで正解するのはなおさらありそうにないことだ。3つ目：試験のこの部分までは、15人の生徒の解答は実質的に無相関だ。4つ目：生徒のうち3人（生徒1、生徒9、生徒12）はあやしい連なりより前に少なくとも2問続けて空欄を残している部分があり、また試験の終わりにかけて再び空欄が続いている。これは、延々空欄ばかりだった部分に解答を書き込んだのが生徒ではなく先生であることを匂わせている。

あやしい答えの連なりにはもう1つおかしなところがある。15個の答案のうち9個では、6つの正しい答えの前の解答が同じ連なりになっている。3-a-1-2というのがそれだが、4問のうち3問は間違っている。そして15個の答案は皆、6つの正しい解答の後に4という同じ間違いがある。インチキした先生が、生徒の答えをまず消して、それからわざわざ間違った答えを書き込んだのはいったいなんでだろう？

単に作戦なのかもしれない。見つかって校長室に引っ張っていかれたら、間違った解答を指してインチキなんてやってないと言い張るのだろう。あるいは――こうなるともう情状酌量の余地すらな

	5年生時の点	6年生時の点	7年生時の点
生徒3	3.0	6.5	5.1
生徒5	3.6	6.3	4.9
生徒14	3.8	7.1	5.6

いが作戦説と同じぐらい可能性のある話だ――先生自身正しい答えが出せなかったのかもしれない（標準テストでは、普通、先生も解答はもらえない）。もしそうならそもそもなんでその先生の生徒たちには点の水増しが必要だったのかとてもよくわかる：習った相手が悪かったんだ。

クラスAで先生がインチキをやったという次の証拠はクラス全体の成績だ。学年が始まって8カ月目にテストを受ける6年生の場合、全国標準に達していると認められるためには平均で6・8点以上取らなければならない（5年生の8カ月目にテストを受ける場合必要な点は5・8点、7年生なら7・8点、等々だ）。クラスAの6年生時の平均は5・8点で、必要な水準よりまるまる1点も低い。ごくありていに言って出来の悪い生徒たちだ。ところが、その1年前の点はそれどころではなく、5年生時の彼らの平均点はたったの4・1点だったのである。5年から6年になり、求められる1点どころか、1・7点も改善したわけだ。2学年分近い。でも、そんな奇跡も長くは続かなかった。7年生になると彼らの平均点は5・5点になった――標準を2学年分以上も下回っているうえ、6年生のときの点まで下回っている。クラスAの生徒を3人取り上げて、学年から学年で点がどんなふうに揺れ動いたか見てみよう。

一方、クラスBの3年間での点もひどいが、少なくとも真っ正直な進み方をしている。4・2点、5・1点、6・0点だ。だからクラスAの子供たちは全員、ある年急におりこうになり、翌年突然バカになった。というか、6年のときの先生がHBの鉛筆を使って魔法をかけたということだろう。

クラスAの子供たちについて2つ言っておくべきことがある。インチキそのものとはあんまり関係のないことだけれど。第一に、彼らはことお勉強に関してはどう見てもひどいもので、そもそも一発勝負のテストが導入されたのはそんな彼らに手を差し伸べるためだった。第二に、この子たちは7年生になって大変なショックを受けるだろう。彼らはテストで点を取って首尾よく7年生に進級したと思っている（1人も落ちこぼれさせない、でしたね）。点を水増ししたのは彼らじゃなかったからだ。7年生になってもうまくやっていけると思うだろう――で、ぜんぜんついていけない。一発勝負のテストで一番ひどい目にあうのは彼らかもしれない。インチキした先生は子供たちを助けてやったのだと自分に言い聞かせているかもしれないけれど、どう見ても助けたのは自分のほうだろうとしか思えない。

シカゴ全体のデータを分析してみると、1年間に200クラス以上で先生がインチキをやっているという結果になった。全体のだいたい5％だ。これはまだ控えめな見積もりで、というのは、アルゴリズムが見破れるのは最悪のインチキ――先生がせっせと生徒の答案用紙を書き換える――だけで、先生がやれるインチキにはもっと微妙なものがたくさんあるからだ。ノースカロライナ州の先生を対象に行われた最近のアンケートでは、回答者の35％ほどが、生徒に与える試験時間を延長したり、正解をほのめかしたり、生徒の答えを手作業で書き換えたりといった、何らかの形でのインチキを、同僚がやっているのを見たことがあると答えている。

インチキする先生の特徴はどんなものだろう？　シカゴのデータによると、男の先生も女の先生も同じぐらいインチキを働いている。インチキするのは平均よりも若くて能力の低い先生という傾向がある。また、インセンティブが変化した後にインチキをする可能性が高くなっている。シカゴのデータは1993年から2000年までだから、1996年に一発勝負のテストが導入された時点が含まれている。思ったとおり、インチキの数は1996年に目に見えて跳ね上がっている。また、インチキは行き当たりばったりで行われているのではなかった。点が低いクラスの先生ほどインチキしている可能性が高かった。ちなみに、カリフォルニアの先生に払われていた2万5000ドルのボーナスは結局廃止された。インチキする連中ばかりがもらっているようだというのが理由の一つだ。

シカゴのインチキ分析で得られた結果は嫌な話ばかりではなかった。アルゴリズムはインチキする先生を捕まえるだけでなく、全学校中で最高の先生も指し示したのだ。いい先生だと、インチキ先生とほとんど同じぐらい大きな効果がある。そんな先生のクラスは、テストの点もでたらめに変わるのではなく、前に間違った簡単な問題では改善が見られたりして、本当に学習が進んだのだとわかる。そしていい先生に習った生徒は学んだことが身についているので、次の学年の成績にもそれが現れる。

こういう類の研究を学術的にやってもあまり相手にされないし、読んでもらえないし、図書館でほこりでもかぶっているのが関の山だ。ところが、2002年の初めごろ、新しくシカゴ教育委員会の教育長になったアーン・ダンカンが論文の著者たちに連絡してきた。彼は論文を批判しようと思ったわけでも抹殺しようと思ったわけでもなかった。アルゴリズムでインチキしていると判定された先生が間違いなくインチキしていることを確かめたかった——そして何か対策を打ちたかった——のだ。

ダンカンは、そういう権力のある役職に就いている人にはあまりいないタイプだった。任命されたとき彼はまだ36歳だった。ハーヴァード大学でアカデミック・オールアメリカンに選ばれた（訳注：学業とスポーツの両方で優れた成績を出した学生が選ばれる）こともあり、その後オーストラリアでプロのバスケットボール選手になった。教育長になったとき、教育委員会に入ってまだ3年しか経っていなかった——秘書がつくような偉い仕事に就いたことはなかった。ダンカンがシカゴで育ったのも役に立ったかもしれない。父はシカゴ大学で心理学を教えていた。母は40年にわたり、貧しい界隈で無料の塾をやっていた。ダンカンが子供のころ、遊び友だちは母が塾で面倒を見ていた恵まれない子供たちだった。だから彼は、公立学校の運営を引き受けたとき、先生や教員組合ではなく生徒たちやその家族のために働こうと心に決めた。

インチキ先生を追い出すためには標準テストをやり直すのが一番だとダンカンは考えた。しかし、彼が再テストに使える予算は１２０クラス分しかなかったので、インチキ発見アルゴリズムを考案した人たちに、再テストを受けさせるクラスを選ぶのを手伝ってくれと頼んだ。

再テストを受けさせる１２０クラスをどう選ぶのが一番効果的だろう？　インチキをやった可能性の高い先生のクラスに限って再テストをするのが道理だと思うかもしれない。けれども、それでは再テストの点が悪くても、点が低かったのは単に生徒が成績表に残らないと言われたからだと先生たちは言い張るかもしれない――実際、再テストを受ける生徒は皆そう教えられることになっていた。再テストの結果を文句のつけられないものにするためには比較対照用にインチキ無しのクラスが必要だ。比較対照用に一番いいのは？　アルゴリズムが選んだ最高の先生のクラスだ。つまり、まっとうなやり方で大きく進歩したと考えられるクラスである。そういうクラスの点の上がり方はそのままなのにインチキの容疑者のクラスは点が下がっていれば、インチキ先生も成績表に載らないから点が悪かったんだとはもう言えないだろう。

選び方はそんなふうに決まった。再テストを行う120クラスのうち過半数は先生がインチキをしている疑いのあるクラスだ。残りは、素晴らしい先生のクラス（点は高いがあやしい解答パターンのないクラス）と、加えてもう一種類の比較対照用のグループを、平凡な点であやしくないクラスから選んだ。

再テストは元のテストの数週間後に行われた。子供たちには再テストをする理由は教えない。先生にも言わない。ただ、テストをすると発表したのが先生ではなくて教育委員会だったから、何のためかわかったかもしれない。先生たちは生徒と一緒に教室にいるよう指示されたが、解答用紙には触ることさえ許されなかった。

結果はインチキ発見アルゴリズムが予測したとおりにはっきり出た。比較対照用に選ばれたインチキのないクラスの点はだいたい同じか、上がっている場合まであった。対照的に、先生がインチキをしていると判定されたクラスの生徒の点はずっと悪く、まるまる1学年分以上も下がった。

結果を見てシカゴ教育委員会はインチキ先生たちを追い出し始めた。証拠は明白で、そんな先生が山ほどクビになったが、クビにまではならなかったインチキ先生も正式に警告を受けた。シカゴの調査から得られた最後の結果として、インセンティブの持つ力がもう一度示された。翌年、先生のインチキは30％以上も減ったのだ。

先生がするインチキは上の学校ほど高度になると思っているかもしれない。でも、ジョージア大学で2001年秋に行われた試験を見るとそうでもない。講座は「バスケットボールにおけるコーチングの原理と戦略」という名前で、成績は20問からなる試験1回で決まっていた。問題はこんなふうだ。

大学バスケットボールの一試合には、ハーフがいくつあるか。

a. 1　b. 2　c. 3　d. 4

バスケットボールの試合では、3ポイントシュートを決めると何ポイント入るか。

a. 1　b. 2　c. 3　d. 4

ジョージア州で、高校3年生が皆合格しなければならない試験の名前はなにか。

a. 視力検査

b. グリッツの味ってどんなんだっけ試験

c．害虫退治試験
d．ジョージア卒業試験
あなたの意見では、全国のディヴィジョンーで最高のアシスタント・コーチは誰か。
a．ロン・ヒルサ
b．ジョン・ペルフレイ
c．ジム・ハリック・Jr.
d．スティーヴ・ヴォイチエホヴスキー

最後の問題を見てなんだそりゃと思ったなら、ヒントは「コーチングの原理」を教えていたのが同大学のバスケットボール・チームのアシスタント・コーチであるジム・ハリック・Jr.だったことだ。もう一つ、バスケットボール・チームのヘッド・コーチは彼の父親のジム・ハリック・Sr.だった。当然、「コーチングの原理」はハリックのチームの選手にとても人気があった。講座を取った学生は全員Aをもらった。そう経たないうちに、ハリック親子はコーチをクビになった。

シカゴの先生やジョージア大学の教授がインチキしていると聞いて、みっともない――先生たるもの身をもって価値の何たるかを示すものだろう――と思った人だと、相撲の力士が八百長しているなんて知ったら卒倒するかもしれない。日本では、相撲は単なる国技ではなく、にっぽんの信仰、武術、歴史にまつわる精神を集約したものなのだ。清めの儀式といい、天皇も登場する起源といい、相撲は、アメリカ人にとってのスポーツではありえないほど神聖なものなのだ。事実、相撲では勝負よりも礼節を大事にする（訳注：礼に始まり礼に終わる、というやつか？）。

スポーツと八百長のつながりは間違いなく深い。はっきりした結果（たとえば勝負）に基づくインセンティブが与えられていると、インセンティブがあいまいな場合よりも八百長が起きやすい。オリンピックのトラック競技選手や重量挙げ選手、ツール・ド・フランスの自転車選手、アメフトのラインマン、野球の強打者、みんな強くなるためなら錠剤だろうが粉だろうがなんでも飲む。そして八百長するのは選手ばかりではない。ずるい野球の監督は相手チームのサインを盗もうとする。2002年冬季オリンピックのフィギュア・スケートでは、フランス人の審判とロシア人の審判が、自分の国の選手がメダルを間違いなく取れるよう、採点を交換しているところを見つかった（点の交換を仕組んだと言われているのは、ロシアの有名なギャングのボス、アリムザン・トクタコノフで、彼はモスクワで行われた美人コンテストでも八百長を仕組んだと疑われている）。

八百長したのを見つかった選手は普通批判されるが、ファンなら少なくとも選手の動機に関しては認めるだろう。その選手はルールを曲げてまで勝ちたかったのだ（野球選手のマーク・グレイスも、あるとき「八百長してないってことは努力してないってことだ」と言っている）。一方、八百長で負ける選手はスポーツ界の地獄の底に突き落とされる。1919年、シカゴ・ホワイトソックスは賭博師と謀ってワールドシリーズでわざと負けた（それでその後永久にブラックソックスと呼ばれることになった）。ちょっと野球を知っているというだけのファンの間でさえ、彼らは腐った不正の臭いのする連中として扱われている。全米チャンピオンにもなったニューヨーク市立大学のバスケットボール・チームは、洗練された攻撃的なプレイで人気が高かったが、1951年に数人の選手がマフィアからお金を受け取って点を削っていた──わざとシュートを外して賭博師が点差の賭けに勝てるように細工をしていた──のがばれると、即座に非難の集中砲火を浴びた。マーロン・ブランドが『波止場』で演じた悩める元ボクサー、テリー・マロイを覚えてますか？　たった一度、八百長で負けたのがケチのつき始めだった。あんなことしなければタイトルを取れたんだ。挑戦者になれたんだ。マロイはそんなふうに思っていた。

八百長で負けるのが第一級の罪であり、相撲が神国第一級のスポーツであるならば、八百長で負けるなんてことは相撲ではありえない。そうでしょう？

再び、データがすべてを語ってくれる。シカゴの学校のテストと同じように、ここでも使えるデータは膨大にある。1989年1月から2000年1月までの間に開かれた、上位力士によるほとんどすべての取組の結果であり、力士281人による3万2000番の勝敗だ。

相撲を支配するインセンティブの仕組みは複雑で大変強力だ。それぞれの力士には番付が与えられ、力士の毎日は番付で隅々まで影響される：いくら給金をもらえるか、付き人が何人付くか、どれだけご飯が食べられるか、どれだけ眠れるか、その他自分の成功をどれだけ楽しめるかは番付次第なのだ。番付が高いほうから66人が幕内と十両の関取で、彼らは相撲界のエリートだ。エリート集団の頂点に立てば何億円も稼げて皇族のような扱いを受けられる。上位40人である幕内力士の収入は最低でも年1700万円だ。一方、70位の力士だとそれがたったの年150万円になる。エリート以外は人生も楽じゃない。番付が下位の力士は上位の力士の世話をしなければならない。ご飯を作ったり部屋を掃除したり、そればかりか漢《オトコ》なら絶対触りたくない他人のナニまで洗って差し上げるのだ。そんなふうに、番付がすべてなのである。

力士の番付は年に6回開かれる本場所の星で決まる。力士はそれぞれ、15日間毎日1番ずつ、計15番の相撲を取る。本場所で勝ち越せば（8番以上白星を上げれば）番付が上がる。負け越せば下がる。番付が大きく下がるとエリート階級から追い出されることもある。だから本場所ではいつも8つ目の勝ち星がとても重要で、番付の上がり下がりがそれにかかっている。8つ目の勝ち星は普通の勝ち星のだいたい4倍の価値がある。

だから、千秋楽になって7勝7敗と五分の力士が勝って得るものは、8勝6敗の力士が負けて失うものよりずっと大きい。

それなら、8勝6敗の力士が7勝7敗の力士にわざと負けることはあるだろうか。相撲では力とスピードと技が一気に集中してぶつかり合い、勝負はほんの数秒で決まることが多い。自分から投げ飛ばされるのは難しくないだろう。ちょっとの間、相撲はほんとに八百長だと想像してみよう。それを証明するにはデータをどう測ればいい？

まず、問題の取組を取り出す。本場所の千秋楽で星が五分の力士とすでに8つ目の白星を上げてい

7勝7敗の力士の8勝6敗の力士に対する期待勝率	7勝7敗の力士の8勝6敗の力士に対する実際の勝率
48.7	79.6

7勝7敗の力士の9勝5敗の力士に対する期待勝率	7勝7敗の力士の9勝5敗の力士に対する実際の勝率
47.2	73.4

る力士の対戦だ（だいたい関取全体の半分以上が7勝、8勝、または9勝で本場所を終わるので、この条件に当てはまる取組は何百もある）。千秋楽で7勝7敗の力士同士がぶつかり合う場合、八百長が行われている可能性は低いだろう。両方ともどうしても勝ちたいだろうから。10勝以上あげている力士がわざと負けることもあまりなさそうだ。そういう力士には独自のインセンティブが別にある：本場所で優勝すれば賞金は1000万円、技能賞、敢闘賞などを取れば200万円だ。

　では、次の統計を見てみよう。本場所千秋楽に7勝7敗の力士が8勝6敗の力士に当たった取組数百番が対象だ。左の数字は、その日に当たる力士2人の過去の対戦成績から計算した、7勝7敗の力士が勝つ確率である。右の数字は実際に7勝7敗の力士が勝った割合である。

　過去の対戦結果から見て、7勝7敗の力士が勝つ割合は半分をほんの少し下回る。これは納得がいく。その場所の成績も8勝6敗の力士がやや優勢だと示している。ところが実際には、7勝7敗の力士が8勝6敗の対戦相手に10番中ほとんど8番も勝っている。7勝7敗の力士は9勝5敗の対戦相手に対しても驚くほど善戦している。

　数字の上でどれほどあやしかろうが、勝率が高いというだけでは八百長の証拠にはならない。8つ目の白星にはとてもたくさんのことがかかっているので、五分の力士はこの重要な一番ではいつもより必死に戦うにちがいないわけであるし。でも、もしかしたらデータには八百長の証拠が他にもあるかもしれない。

力士がわざと負けるインセンティブを考えてみるといい。ひょっとすると裏金をもらっているかもしれない（これはどう見てもデータには残らない）。あるいは二人の力士の間で他に何か取り決めがあるのかもしれない。相撲界のエリートたちは非常に固い絆で結ばれていることに注意しよう。66人のエリートである関取衆はそれぞれ、2カ月ごとに行われる本場所で15人の相手と相撲を取る。さらに、力士はみんな、元横綱などが経営する相撲部屋に属しているので、ライバルの部屋同士でさえ結びつきは強かったりする（ちなみに同じ部屋の力士同士は対戦しない）。

さて、7勝7敗の力士と8勝6敗の力士が、次の場所でどちらも7勝7敗でないときに当たるとどうなるか見てみよう。この場合、勝負にはさっきみたいな大きなものはかかっていない。だから、前の場所で勝った7勝7敗の力士は、同じ相手に対して、それ以前の対戦と同じぐらいの勝率になると予想できる――つまり、だいたい50％ぐらい勝つだろう。またしても80％の勝率なんて、どう見ても期待できない。

データから実際に計算してみると、前回7勝7敗だった力士は再戦ではたったの40％しか勝っていないことがわかる。あるときは80％でその次は40％？　いったいなんで？

一番理屈に合う説明は、力士たちの間で取引が成立している、というものだ：今日はどうしても勝ちたいんで、オレに勝たせてくれたら次回はお前に勝たせてやるよ（そういうやり取りに加えてお金も絡むかもしれない）。とくに面白いのは、2人の力士がその後2回目に当たったときには、勝率は期待どおりの約50％に戻っていることだ。星の貸し借りはどうやら次の対戦までらしい。

あやしいのは個別の力士の成績だけじゃない。いろいろな相撲部屋の成績を集計してみると、やっぱり同じようにおかしな動きをしている。たとえばA川部屋の力士が7勝7敗でB山部屋の力士に当たって勝ち、その後A川部屋の力士がB山部屋の7勝7敗の力士に当たったとする。この場合、A川部屋の勝率はとても低い。八百長の絵図はこのスポーツのずっと上のレベルで描かれているのかもしれない――オリンピックのフィギュア・スケートで審判が採点を交換していたように。

日本の相撲では、八百長をしたとして力士に公式に罰が与えられたことはない。相撲協会の経営者たちはそういう疑いの声を、逆恨みした元力士のでっち上げだと言って片付けてしまう。実際、「相撲」という言葉と「八百長」という言葉が同じ文章の中に入っているだけで国民あげての大騒ぎになる。国技の品位が疑われればどこの国民だってピリピリするけれど。

それでも、八百長が行われているという報道がときどき日本のマスコミに紛れ込むことがある。そういうマスコミの攻撃が起きるときも、相撲で八百長が行われている可能性を測るチャンスだ。つまり、もしも力士同士や部屋同士の間で本当に八百長が行われているなら、記者やテレビカメラが山ほど押しかけてくるときには用心するだろう。

で、そんなときにはどうなっているか？　データによれば、八百長報道のすぐ後に開かれた本場所では、7勝7敗で千秋楽を迎えた力士の、8勝6敗の力士に対する勝率はいつもの80%ではなくただの50%だ。データをどういじっても出てくる答えはいつも同じだ：相撲に八百長なんかないとはとても言い張れない。

何年も前、元力士2人が八百長を大々的に暴露した――そのうえ、話は八百長にとどまらなかった。不正な取組以外にも、麻薬に不倫、賄賂に脱税、さらに日本のマフィアであるヤクザとの深いつながりまであると彼らはぶち上げた。2人は脅迫電話を受けるようになった。1人はヤクザに殺されると友だちに言って怯えていたそうだ。それでも彼らは東京の外国人記者クラブで記者会見を開くことにした。しかし、そのちょっと前に2人は亡くなった――ほんの数時間違うだけで、同じ病院で、同じような呼吸疾患で死んだのだ。警察は犯罪はなかったと宣言し、捜査は行われなかった。「2人が同じ日に同じ病院で死ぬというのはとてもおかしなことだ」と相撲雑誌の編集者である三宅充は述べている。「しかし、彼らが毒を盛られるのを見た人はいない。だから疑問があってもそれを証明することはできない」。

殺されたにせよそうでないにせよ、2人はそれまで相撲関係者が誰もしなかったことをやってのけた――具体的な名前を挙げたのだ。先ほどの実証データに含まれる力士281人のうち、八百長をしていると名指しされた力士が29人、決して不正に手を貸さないと言われた力士が11人いる。

告発者たちが出した傍証を対戦成績のデータに加味するとどうなるだろう？　八百長と言われた力士同士の対戦では、7勝7敗の力士がだいたい80%の割合で勝っている。一方、公明正大だと言われた力士が相手だと、7勝7敗の力士の勝率は過去の対戦成績どおりだ。さらに、告発者たちがクロともシロとも言わなかった力士と八百長と言われた力士が当たった場合の結果は、八百長力士同士が当たった場合と同じぐらい偏っていた——とくに名前の挙がらなかった力士のほとんども八百長をやっている可能性がある。

さて、相撲の力士、学校の先生、保育園児の親がみんなインチキするとしたら、にんげんってやつはどいつもこいつも生まれつきキタない生き物なんだということなんだろうか？　もしそうなら、どれぐらいキタないんだろう？

その答えは……ベイグルの中にある。ポール・フェルドマンという人の話をしよう。

むかしむかし、フェルドマンは大きな夢を描いていた。農業経済学者の彼は、世界の飢餓に立ち向かおうと思っていた。でも、彼はワシントンで、アメリカ海軍のために兵器購入費を分析する職に就いた。1962年のことだ。その後20年ちょっと、彼はそんな仕事をずっとやっていた。彼は管理職になり、いい給料をもらうようになったが、あまり仕事を好きになれなかった。職場のクリスマス・パーティでは、同僚たちは奥さんに彼を「公共部門調査グループのボス」（だったのだ）ではなく「ベイグルを持ってくる人」だよと言って紹介した。

ベイグル云々は、最初、単なるちょっとしたジェスチャーだった。部下の誰かが調査の契約を取ってきたときにボスとして部下を持ち上げるためだった。その後、それは彼の習慣になった。毎週金曜日になると彼はベイグルをいくつかとギザギザナイフとクリームチーズを持ってきた。噂を聞きつけて違うフロアの社員までベイグルをくれとやってきた。そうするうち、彼が持ってくるベイグルは15ダースにもなった。コストを回収するため、代金入れのかごと希望価格を書いた札を置いた。回収率はだいたい95%ぐらいだった。お金が足りないのは誰かが食い逃げしたわけじゃなくてうっかりしてたんだろうと解釈した。

1984年、研究所の経営陣が変わったのを機に、フェルドマンは自分の仕事を顧みて顔を曇らせた。退職してベイグルを売って暮らすことに決めた。エコノミストの友人たちには正気を失ったと思われたが、妻は賛成してくれた。子供は3人いたが、末っ子がそろそろ大学を出るころだったし、住宅ローンの返済も終わっていた。

ワシントン周辺のオフィス街を車で売り込みに回った。彼の売り文句は単純だ。朝早く、彼がベイグルと代金入れを会社のカフェテリアに届ける。ランチタイムの前にまたやってきて代金と売れ残りを回収する。支払いは自己申告に頼った商売だったがうまくいった。数年で、フェルドマンが配達するベイグルは週に8400個、お客は140社になり、収入は研究所でアナリストをしていたころ以上になった。会社のデスクに縛りつけられた人生を投げ捨てて、幸せをつかんだのだ。

彼はまた――そういうつもりではなかったのだが――華麗な経済実験を仕組んでいた。フェルドマンは初めから商売の詳しいデータを取っていた。だから、回収できたお金の額と持っていかれたベイグルの数を比べれば、お客がどれだけ正直か1セント単位で測れることに気づいた。お客は彼のベイグルを盗んでいるのだろうか。もし盗んでいるなら、盗む人がいる会社といない会社はどんな特徴を持っているだろう。盗みが増えるのはどんなときで、減るのはどんなときだろう。

フェルドマンがやった研究は、結果的に、長い間研究者の目の前に立ちふさがっていた壁に覗き穴を開け、それまで見られなかった種類のインチキの実態を垣間見せた。知的犯罪である（はいはい、でもね、ベイグル代をごまかすのは立派な知的犯罪なんですよ、ちょっとだろうがなんだろうが）。知的犯罪みたいな大きくて難しい問題をベイグル屋さんの暮らしを通して考えようなんて、アホかと思うかもしれない。でも、ちょっとした簡単な問題を考えるのが、とても大きな問題に切り込むときの助けになることだってあるのだ。

エンロンみたいなインチキ企業があれだけ関心を集めるのに、知的犯罪の実態は学術的にはほとんどわかっていない。なんでかって？　いいデータがないからだ。知的犯罪について一つ重要なのは、私たちの耳に入るのがインチキして捕まったほんの一部の連中のことだけだという点である。横領を働く連中のほとんどは平穏無事に、また理論的には幸せに、生きている——従業員が会社の財産を盗んでもめったに捕まらない。

一方、路上での犯罪では事情がまるっきり違う。強盗や窃盗や殺人は犯人が捕まっても捕まらなくても、普通は件数が集計されている。路上犯罪には犠牲者がいて、その犠牲者が警察に通報し、その警察がデータを作り、そのデータを使って犯罪学者や社会学者、そして経済学者がたくさん学術論文を書いている。でも、知的犯罪にははっきりした被害者がいないことが多い。エンロンの首謀者たちは厳密に言うと誰からお金を盗んだんだろう？　誰が、何回、どれぐらいひどい目にあったかもわからないなら、そんなものどうやって測れっていうんだ？

ポール・フェルドマンのベイグル屋さんの場合、事情は違っていた。犠牲者ははっきりしていた。犠牲者はポール・フェルドマンだった。

彼が事業を興したとき、自分のいた会社での経験に基づいて回収率は95％ぐらいだろうと思っていた。しかし、パトカーが止まっている通りの犯罪発生率が低くなるのと同じように、回収率が95％というのは普通はない高さだった。フェルドマン自身が会社にいたので代金をごまかす人が少なかったのだ。加えて、ベイグルを食べたいと思う人たちは、ベイグルを作ったフェルドマンを知っていたし、彼について何らかの（おそらくはよい）感情を抱いていた。心理学や経済学の幅広い研究で、同じモノでも誰からもらうかで、人が払ってもいいと思う値段は違うと示されている。経済学者のリチャード・セイラーが１９８５年に行った「浜辺でのビール」調査によると、日光浴で喉の渇いた人は、リゾートホテルからビールを届けてもらうと2・６５ドル払うが、同じビールでもしょぼい雑貨屋さんが持ってくると1・５０ドルしか払わない。

外の世界では95％に満たない回収率でよしとするものだとフェルドマンは思い知らされた。回収率が90％を上回っていれば「正直者の会社」だと思うようになった。80％から90％の会社は「困ったもんだが許せる範囲」だ。回収率がいつも80％を下回っている会社では、フェルドマンはこんな感じのメモを張った。

今年の初めからベイグルのコストは大きく上がっています。残念なことですが、代金を頂いていないのになくなっているベイグルの数も増えています。そんなことを続けるのはやめにしましょうよ。お子さんにだってインチキしろとは教えてらっしゃらないでしょう？ だったら自分がそんなことしてはいけませんよ。

最初、フェルドマンは口の大きく開いたバスケットを代金入れとして置いていたのだけれど、お金が消えることがよくあった。そこでコーヒー豆の缶にプラスティックのふたをして、お金を入れる細長い穴を開け、置いてみたが、やっぱり誘惑は強すぎたようだ。そこで、ベニヤ板で小さい箱を作って天井に細い穴を開けた。この木箱にしてやっとうまくいった。毎年だいたいのべ7000個の木箱を置いているけれど、盗まれてなくなるのは平均でたった1個である。この数字は興味深い。彼が持ってくるベイグルの10％以上をしょっちゅう盗んでいく連中も、代金箱を盗むところまで落ちぶれることはめったにない——盗っ人どもの微妙な胸算用の賜物だ。フェルドマンの立場から言えば、お金を払わずにベイグルを食べるのは犯罪だ。会社員たちはたぶんそうは思ってないんだろう。犯罪かどうかの違いは、絡むお金が正直言って小さい（フェルドマンのベイグルはクリームチーズも入れて1ドルだ）ことよりも、むしろ「犯罪」が行われる文脈によるのかもしれない。ベイグル代を払わない会社員は、セルフサービスのレストランに行って、ソーダをグラスに入れながらその場でごくごく飲んでまたつぎ足してたりするかもしれないけれど、食い逃げまでする可能性はとても低いわけだ。

さて、ベイグルのデータはどんなことを語っているだろう？　近年、全体の回収率に2つ、目立つ傾向が現れた。第一に、1992年に始まった、長く、ゆっくりした低下である。2001年の夏には、全体の回収率は約87％まで下がっていた。ところがその年の9月11日を境に回収率はまるまる2％はね上がり、それ以来あまり下がっていない（回収率が2％増えてもたいしたことないって言う人はこう考えてほしい。踏み倒し率が13％から11％に下がったわけだから、泥棒は15％も減ったことになる）。フェルドマンのお客には国家安全保障に関係している会社が多いから、この9・11効果には愛国心が絡んでいるのかもしれない。あるいは単になんとなく思いやり精神が高まっただけかもしれない。

また、データによると、小規模のオフィスのほうが大規模のオフィスよりも正直だ。一般的に、数十人規模のオフィスは数百人規模のオフィスより回収率が3～5％高い。これは思ったのとは逆かもしれない。大規模のオフィスだとベイグルのテーブルの周りにはたくさんの人がいて見ているのでみんなちゃんと払いそうなものだ。でも、大規模オフィスと小規模オフィスに関しては、ベイグル犯罪は路上犯罪とそっくりだ。都会に比べて田舎では人口一人あたりの路上犯罪がずっと少ない。田舎で罪を犯すとばれる（そして捕まる）可能性がずっと大きいからだ。また、小さな地域社会は犯罪を抑制する社会的インセンティブが大きいことが多い。中でも重要なのは「恥」の感覚である。

ベイグルのデータは気分で人の正直さが大きく変わることも示している。たとえば天気は重要な要因だ。季節はずれの好天だと回収率が高くなる。季節はずれの悪天だとものすごい下がり方をする。大雨や大風の日もそうだ。最悪なのは祭日や休日だ。クリスマスの週には回収率が2%下がる――つまり盗みが15%増える。9・11と同じ大きさで逆方向の影響だ。感謝祭も同じぐらいひどい。ヴァレンタイン・デイの週も最低だし、4月15日（訳注：税還付申告の締切日）の週もそうだ。一方、いい祭日もいくつかある。7月4日（訳注：独立記念日）、勤労感謝の日、そしてコロンブス・デイを含む週がそうだ。同じ祭日なのにどうして違うかって？　ごまかしが減るのは単なる追加のお休みとあまり変わらない祭日だ。ごまかしが増えるのはいろんな心配や好きな人への高い期待があふれている祭日である。

フェルドマンは、データよりも自分の経験に基づいて、人の正直さについて他にも独自の結論を得ている。彼は、士気がとても大きな役割を果たすと信じるようになった――社員がボスや仕事を好きなら職場は正直になる。さらに彼は、会社での地位が高い人のほうが低い人より支払いをごまかすことが多いと考えるようになった。そう思うようになったのは、フロア3つ――一番上が役員フロア、下2つが営業、サービス、管理に携わる従業員のフロア――に分かれた会社に何年も配達を続けてからのことだった（役員たちの特権意識がいきすぎてそういうことになったのかもとフェルドマンは考えている。彼が考えていないのは、そもそもそういう連中はインチキしたからこそ役員になれたのかもってことだ）。

道徳が私たちの望む世の中のあり方、経済学が実際の世の中のあり方とすると、フェルドマンのベイグル屋さんの話は道徳と経済がちょうど交わるところにある。たしかに、彼から盗んだ人はたくさんいた。でも、ほとんどの人たちは、誰か見張っているわけでもないのに、そんなことはしなかった。この結果に驚いた人たちもいる――フェルドマンの友だちのエコノミストたちがそうだ。20年前、客の自己申告に頼って商売してもうまくいかないよとフェルドマンに忠告した人たちだ。でも、アダム・スミスは驚かなかったにちがいない。実際、スミスが初めて世に出した著作『道徳感情論』の主題は人間に生まれつき備わった正直さだった。「人間がどれだけ利己的だと考えられていようと」とスミスは述べている。「人間の本性には明らかにいくつかの原則があり、その原則ゆえに、人は他人の幸福に関心を寄せ、そうした他人の幸せから自分が得るものといえばそれを見て楽しむ以外なにもない場合でさえ、他人の幸せを自分の幸せのように感じるのである」。

「ギュゲスの指輪」という話がある。フェルドマンがエコノミストの友人たちにときどきする話だ。出元はプラトンの『国家』（藤沢令夫訳、岩波文庫、1979年）で、ソクラテスの教えに対してグラウコンという弟子が語ったものだ。ソクラテスは、アダム・スミスと同じように、人は強制されなくても一般的に善良なものだと主張した。一方グラウコンは、フェルドマンのエコノミストの友人たちと同じように、違う考えを持っていた。グラウコンはギュゲスという名の羊飼いの話をした。ギュゲスは偶然秘密の洞窟に入り、指輪をつけた死体に出くわした。指輪をつけてみると、ギュゲスの姿は人から見えなくなった。自分の行動が人に見つからないので、ギュゲスはひどいことをした――女王を誘惑する、王を殺す、などなどだ。グラウコンの話は道徳的な疑問を突きつけている：自分のすることが他人に見られる心配がないとき、人は悪の誘惑に勝てるか？　グラウコンにとって答えはｎｏであるようだ。でも、ポール・フェルドマンはソクラテスやアダム・スミスの側に立つ――彼はその答えが、そんなときの少なくとも87％では、ｙｅｓだと知っているからだ。

自分の研究のいくつかは、雑学とギリギリのところだと、レヴィットは誰にも増して認めている――『ウィーケスト・リンク』に見られる差別の研究だとか？　しかし彼は、他の経済学者たちに、彼らの持つ分析用具が現実の世界でとても役に立つことを証明して見せた。「レヴィットは現人神とまで思われている。経済学だけでなく、社会科学全体で最も独創的な人間の一人だ」とカリフォルニア工科大学の経済学者であるコリン・F・カメレールは言う。「彼は、他のみんなが大学院で経済学を学んでいるときに、こんなふうになりたいと願うような人間だ。しかし彼らのほとんどは、終わりのない数学の日々に独創的なきらめきを失ってしまう――レヴィットは、言ってみれば、物事を解明しようとする知的探偵だ」。

――『ニューヨーク・タイムズ・マガジン』2003年8月3日

第2章 ク・クラックス・クランと不動産屋さん、どこがおんなじ？

How Is the Ku Klux Klan Like a Group of Real-Estate Agents?

組織としてク・クラックス・クラン（ＫＫＫ）は華々しく栄枯盛衰を繰り返してきた。南北戦争直後（訳注：１８６５年ごろ）に南部同盟の元兵士６人がテネシー州プラスキでこの組織を結成した。６人の若者のうち４人は売り出し中の弁護士で、同好の士の集まりぐらいに思っていた――彼らが選んだ名前「ククラックス（kukulux）」はギリシャ語で「仲間」を意味する「kukulos」をちょっと変形したものだ。最初、彼らの活動は罪のない夜中の悪ふざけにとどまっていた――白いシーツを身にまとい、枕カバーの頭巾をして田舎を馬で駆け回るだけだった。しかし、すぐにＫＫＫは州をまたぐテロ組織となり、解放されて自由になった奴隷を脅したり殺したりするのが目的になった。地区リーダーには南部同盟の元将軍が５人含まれていた。一番強力な支持層は、南北再統合で経済的にも政治的にも悪夢を見た大農園の地主たちだった。１８７２年、ユリシーズ・Ｓ・グラント大統領は下院でKKKの本当の目的を公にした。「力と恐怖を用いて、構成員の信念と異なるすべての行動を阻止し、有色人種から武装する権利および自由に投票する権利を奪い、有色人種に教育を施す学校を抑圧し、有色人種の置かれる環境を奴隷に近いものにまで押し込めることである」。

初期のKKKはアジビラ、リンチ、狙撃、焼き討ち、去勢、銃での殴打、その他ありとあらゆる脅しを使って活動した。黒人が投票し、土地を手に入れ、教育を受ける権利を支持する元奴隷や白人を標的にしていた。10年経たないうちにKKKはおとなしくなった。主にワシントンDCの連邦政府による法的・軍事的な介入のおかげだ。

KKKそのものは敗北したが、ジム・クロウ法が制定されたおかげでKKKの目的はほとんど達成された。南北再統合の間、連邦議会はすばやく黒人に法的・社会的・経済的自由を与える法律を制定したが、その流れを押し戻すジム・クロウ法を制定するときも同じぐらいすばやかった。連邦政府は南部から占領軍を撤退させることに同意して、白人による支配の復活を許した。「プレッシー対ファーガソン」裁判で連邦最高裁は全面的な人種分離にゴーサインを出した。

KKKは1915年までほぼ休眠状態だったが、この年に公開されたD・W・グリフィスの映画『国民の創生』――もともとタイトルは『クランスマン』（訳注：クラン団員の意）だった――が彼らの復活に火をつけた。グリフィスはKKKを白人文明そのものの救世軍にしてアメリカ史上最も気高い勢力として描いた。映画には著名な歴史家が書いた『アメリカ国民の歴史』からの引用が出てくる。「ついに押しも押されぬ南部の大帝国、偉大なるク・クラックス・クランが南部を守るために立ち上がった」。この本の著者は誰あろう、かつては学者であり、プリンストン大学学長も務めたアメリカ大統領ウッドロウ・ウィルソンである。

１９２０年代には、復興したＫＫＫは構成員８００万人を誇っていた。この頃には、ＫＫＫはもはや南部のものではなく、国中に広がっていた。また、ＫＫＫは黒人だけでなく、カトリック教徒、ユダヤ人、共産主義者、組合活動家、移民、扇動家、その他既存の体制と対立する者も標的にしていた。１９３３年、ドイツをヒトラーが支配しているころ、新しいＫＫＫとヨーロッパの新しい脅威を最初に結びつけたのはウィル・ロジャースだ。「新聞はみんな、ヒトラーはムッソリーニの真似してるって言ってるが」と彼は述べている。「あいつが真似してるのはむしろク・クラックスじゃないのか」。

第２次世界大戦が始まり、国内でスキャンダルがたくさん起きて、ＫＫＫは再びおとなしくなった。戦争による国民の団結が、分離主義というＫＫＫの主張に勝り、国民感情はＫＫＫに背を向けた。

それでも、数年のうちに早くも大規模な再燃の兆しが見えた。戦時の不安に戦後の不透明感が取って代わり、ＫＫＫ構成員は増殖した。日本との戦争に勝利した日から２カ月も経っていないある日、アトランタのＫＫＫがストーン・マウンテンで90メートルにもなる大きさの火の十字架を燃やした。名高いロバート・Ｅ・リーの岩絵が掘ってある岩山だ。あるクランスマンによれば、ばかでかい火の十字架は「戦争は終わった、ＫＫＫ様のお戻りだとニガーどもに教えてやるためだ」った。

そのころ、アトランタはＫＫＫの本拠地になっていた。ＫＫＫはジョージア州の主な政治家を抱きこんでいたし、ジョージア支部には警官や保安官代理がたくさんいると言われていた。たしかにＫＫ

KKKは秘密結社で、合言葉を駆使し、外套だの短剣だのが飛び交いそうな密室の陰謀を張り巡らせて恐れられていたが、彼らの本当の力は彼ら自身が植えつけた一般大衆の恐れに根ざしていた。KKKと警察権力が手を組んでいるという公然の秘密がそんな恐れをいっそう掻き立てた。

アトランタ――クランスマンの言葉ではKKKの見えざる帝国の帝都――にはステットソン・ケネディという人が住んでいた。30歳でクランスマンの血筋だが、まるっきり逆の気質を持っていた。彼は裕福な南部の家の出で、先祖には独立宣言に署名した人が2人、南部同盟軍の将校が1人、そして有名な帽子メーカーの創業者でステットソン大学の名前にもなったジョン・B・ステットソンがいる。

ステットソン・ケネディはフロリダ州ジャクソンヴィルの、部屋が14もある家で育った。彼は5人兄弟の末っ子だった。叔父のブレイディはクランスマンだった。しかし、ステットソン・ケネディが初めてKKKに本当に触れたのは、家のメイドでほとんど育ててくれたも同然のフロがKKKの集団に、木に縛られ、殴られ、レイプされたときだった。彼女の罪状：釣銭をごまかそうとしたバスの白人運転手に文句を言った。

大人になったケネディは、自称「逃走中の反体制活動家」となり、差別を批判する記事や本をたくさん書いた。最初、彼は民俗研究家で、フロリダをあちこち旅して回っては先住民の古い民話や歌を集めていた。何年も経ってから、アメリカ最大の黒人紙である『ピッツバーグ・クーリエ』紙の数少ない白人記者になった。彼はダディ・メンションという筆名を使っていた。メンションは黒人のヒーローで、伝説によれば、保安官のぶっぱなすショットガンよりも速く走ったという。

ケネディを突き動かしていたのは卑劣、無知、横槍、脅しに対する嫌悪感だった――彼の考えによれば、そういうものをどの組織よりも高らかに掲げているのがＫＫＫだった。ケネディにとってＫＫＫは白人支配者層そのもののテロリスト部門だった。そのことが問題を手に負えないものにしていることに彼は気づいた。理由はいろいろある。ＫＫＫは、政治や経済、警察の大物と手を組んでいる。大衆はＫＫＫに立ち向かうのを恐れ、無力だと感じている。そして当時あったひと握りの反差別団体にはＫＫＫに対抗する力はなく、ＫＫＫのことをよくわかってさえいなかった。ケネディがのちに書いたところによると、ＫＫＫに関するある決定的な事実が彼をとくに悔しがらせていた。「この件について書かれたものはほとんどみんな論説で、暴露記事じゃなかった。書き手はＫＫＫに反対だ、オーライ、でも、彼らはＫＫＫについてほとんどなんにも知らなかった」。

そんなわけで、ケネディは事実を集めることにした。何年もかけて、ときにはＫＫＫの味方のフリまでしながら、彼らの指導者やシンパをインタビューした。ＫＫＫの公開行事にも出かけていき、後になって著書『ＫＫＫのフードを剥ぐ』で書いているのによると、自分でＫＫＫにもぐりこもうとまでしたそうだ。

彼の著書によれば、彼はアトランタで「残忍なＫＫＫっぽい鬱憤をためた顔の連中が常連の」場所に出入りするようになった。ある晩、タクシードライバーでスリムという名の男が、バーで隣に座ってきた。「この国はたっぷりクラクシング（ＫＫＫ化）が必要だな」とスリムは言った。「ニガーやカイクやカソリックのデイゴウやアカどもを、お似合いの場所に追い返すにはそれしかないぜ」（訳注：「カイク」はユダヤ人に対する、「デイゴウ」はヒスパニックに対する蔑称）。

ケネディはジョン・S・パーキンスだと自己紹介した。この仕事のための偽名だ。彼は、叔父のブレイディ・パーキンスはフロリダでKKKの「大巨人《グレート・タイタン》」（訳注：KKKの要職）だったことがあると本当の話をした。「でも、あいつらもうやってないだろ？」と彼はスリムに尋ねてみた。

スリムはすぐ引っかかってKKKの名刺を取り出した。「昨日も今日も永遠に！　ク・クラックス・クランは絶好調！　神よ、我らに漢《オトコ》を与えたまえ！」。スリムは「パーキンス」に、お前は運がいい、今入団キャンペーンをやってるんだと言った。10ドルの入団金――KKKのキャッチフレーズは「ニガーが嫌いか？　ジューが嫌いか？　10ドル持ってるか？」だ――が今なら8ドルだ。あと、年会費に10ドル、フード付きのローブに15ドルかかるけど。

ケネディはいろんなことでお金が取られるのに尻込みしたり、勿体ぶって見せたりしたうえで加入しようと言った。

『KKKのフードを剥ぐ』は、KKKにもぐりこんで内部からぶっ潰した顛末をケネディが回想するという体裁になっているのだけれど、真っ正直なノンフィクションというより、むしろ小説と言ったほうが近い。ケネディは民話の研究家だったから、ありったけの大風呂敷を広げたかったらしく、自分自身の反KKK活動に加えて、KKKの元幹部でその後組合活動家に転向し、KKKをやっつけるのに手を貸そうと申し出た男のやったことまで自分の手柄として描いた。この人は当時ジョン・ブラウンという仮名で呼ばれていた。『ＫＫＫのフードを剥ぐ』に出てくる一番かっこいいエピソードのいくつかは、本当はジョン・ブラウンがやったことだったのだけれど、後になって本を書いたのはステットソン・ケネディのほうだった。で、ケネディはオレが全部やったんだという書き方をした。

なんにしても、このブラウンとケネディの共同作業のおかげで、たくさんのことが明るみにでた。ブラウンはアトランタで開かれるＫＫＫの集会に毎週出て、見聞きしてきたことをすぐさま暴露した：地区や地元のＫＫＫの指導者は誰か。最近ＫＫＫがやっている儀式。使っている合言葉や符丁。たとえば、いろんな言葉の頭に「Ｋｌ」をつけるのがＫＫＫの慣わしだった。2人のクランスマンが地元のクラヴァーン（Klavern ＝ tavern、支部）でクランヴァセイション（Klonversation ＝ conversation　話）をした、なんて調子だ。ＫＫＫの慣わしには、こういう笑ってしまうぐらい幼稚なのがたくさんある。たとえば、ＫＫＫの秘密の握手は左手でするのだが、魚みたいにクネクネとヘナチョコな動作をする。クランスマンが旅をしていて、知らない町で仲間を見つけたい場合、「アヤック（Ayak）さん」を探す。「アヤック」とは「あなたはクランスマンですか？（Are You a Klansman?）」の暗号だ。「はい、私はアカイ（Akai）さんも知っています」という答えが聞ければ当たりだ。「アカイ」とは「私はクランスマンです（A Klansman Am I）」の暗号だ。

そう経たないうちに、ジョン・ブラウンはクラヴァリアーズ（Klavariers ＝ Cavaliers　騎兵隊）に入らないかと誘われた。ＫＫＫの秘密警察にして「鞭打ち団」だ。スパイとして、これは厄介な問題だった。暴力を振るう羽目になったらどうしよう？　でも、ふたを開けてみると、ＫＫＫの――そしてテロリズム一般の――日常の重要な事実が明らかになった。痛い目に遭うぞという脅しは、結局脅しだけで終わってしまうのだ。

リンチを考えてみよう。KKKのお家芸のような暴力だ。タスキーギ研究所は、アメリカで起きた黒人に対するリンチの統計を蓄積している。10年ごとに区切ると左のページの表のようになる。

この数字はKKKによるリンチだけではなく、通報されたリンチの総数であることに注意してもらいたい。この数字からわかることが少なくとも3つある。第一に、時間とともにリンチが減っているのは明らかだ。第二に、リンチ件数とKKK団員数の間に相関は見られない。実際、KKKが沈静化していた1900年から1909年のほうが、KKKの団員が何百万人もいた1920年代よりも黒人に対するリンチは多かった。つまり、KKKは一般に考えられているほどリンチを実行していないようだ。

第三に、黒人人口の大きさと比べてみると、リンチはめったに行われていない。たしかに、リンチなんて1件起きたら十分に多すぎるのも事実ではあるけれど。でも、20世紀に入ってから、リンチは昔ほどには日常的な出来事ではなくなっている。1920年代にリンチの犠牲になった281人と、栄養失調、肺炎、下痢などで亡くなった黒人の子供の数を比べてみればいい。1920年に、黒人の子供100人中13人、毎年約2万人が子供のうちに亡くなっている――それに対してリンチで殺される人は年に28人だ。1940年でさえ、まだ毎年約1万人もの黒人の子供が亡くなっている。

リンチ件数はどんな背景を表しているんだろう？　リンチは比較的少なく、時代とともに、KKK

年	黒人に対するリンチ件数
1890-1899	1,111
1900-1909	791
1910-1919	569
1920-1929	281
1930-1939	119
1940-1949	31
1950-1959	6
1960-1969	3

の団員が増えているときでさえ、どんどん減っているのはどういうわけだろう？

一番納得がいくのは、昔たくさん行われたリンチにはとても効果があったという説明だ。人種差別主義者の白人たちは——ＫＫＫだろうとなかろうと——行動や言葉を通じて、凄まじくはっきりした、凄まじく怖い、強力なインセンティブの仕組みを作り上げたのだ。黒人は、自分たちに許された行動規範から外れたことをすると、それがバス運転手に文句を言うことだろうが恐れ多くも投票しようとすることだろうが、ひどい目に遭わされるとよくわかっている。たぶん殺されるだろうということも。

だから、１９４０年代半ばにステットソン・ケネディがＫＫＫをぶっ潰そうともがいていたころ、彼らはもう、たいして暴力を振るう必要はなくなっていたのだ。二級市民みたいにしてろ——さもないと……——と長い間言われ続けてきた黒人の多くは、ただただそれに従うようになっていた。一、二度リンチをやっておけば、噂が駆け巡ってずっとたくさんの人をおとなしくさせることができた。人は強いインセンティブには強い反応を示すからだ。そして無差別な暴力の恐ろしさほど強力なインセンティブはめったにない――テロリズムがあんなに効果的なのは、結局そういうわけだ。

でも、1940年代のKKKが四六時中暴力沙汰をやっていなかったとしたら、やつらいったいなにしてたんだろう？　ステットソン・ケネディが見たKKKは、実のところ、哀れな男どもの集いみたいなもので――ほとんどは学もなく、将来も暗く、何かはけ口が欲しくて――ときどき夜更かしするネタが必要な連中だった。宗教みたいな御詠歌だの誓いだの念仏《ホサナ》を唱える挨拶だののおかげで、KKKの集いはとても楽しそうに見えたのだ。

また、KKKは巧妙な金儲けの仕組みを持っていた。少なくとも組織のトップの周りは儲かる仕組みになっていた。KKKの指導者たちは収入源をたくさん持っていた。何千人もいるヒラ団員の団費、組合を脅してくれとKKKに依頼してくる会社オーナーが払う仕事料、ミカジメ料、決起集会での莫大な献金、銃の密売や密造酒の事業などだ。怪しげな生命保険組合まであって、団員に生命保険を売り、支払いは現金か大竜王《グランド・ドラゴン》（訳注：KKKの要職）個人宛の小切手に限られていた。

ケネディはもうどんな手を使ってでもKKKを攻撃したいと思うようになった。KKKが組合叩きの集会を開くと聞けば組合をやっている友だちにそれを教えた。KKKの情報をジョージア州の司法長官補に流した。有名なKKK撲滅派だ。KKKの組織設立許可書を調べ、許可を取り消すべきだとジョージア州知事に手紙を書いた。KKKは非営利・非政治団体に指定されていたが、ケネディはKKKが明らかに利益も政治も追求している証拠を手に入れていた。

そんなケネディの努力もむなしく、何の効果も現れなかった。ＫＫＫはあまりにも幅広く定着していたので、巨人に小石でも投げているような気がした。そのうえ、仮にアトランタのＫＫＫを何とか痛めつけられても、国中に何千とある他の支部——そのころＫＫＫは本格的に復活していた——はそのままだ。

ケネディはとても頭にきて、そのおかげか、閃きが舞い降りた。ある日、男の子たちがスパイごっこみたいなことをしていて、たわいのない秘密の合言葉を言い合っているのを見かけて思った。ＫＫＫの合言葉やなんかの秘密を国中の子供たちにばら撒いたらすごくないか？　秘密結社の牙を抜くのに、結社の最高機密をガキ扱いする——さらに公にする——よりもうまいやり方なんてあるだろうか（偶然にも、『国民の創生』では白人の子供２人がシーツの下に隠れて黒人の子供のグループを脅かそうとしているのを見た南部同盟の元兵士がＫＫＫの設立を思いついている）？

ケネディはこの使命を託すのに願ってもないメガホンを見つけた。ラジオ番組『スーパーマンの冒険』だ。毎日晩ご飯どきに放送され、全国で数百万人が聞いていた。彼は番組のプロデューサーに接触してＫＫＫの出てくるエピソードを書く気はないかと尋ねてみた。プロデューサーたちは飛びついてきた。スーパーマンはもう何年もヒトラーやムッソリーニやヒロヒトと戦ってきたが、戦争が終わったので新しい悪者が必要だった。

ケネディはスーパーマンのプロデューサーたちに最高のＫＫＫ情報を流した。アヤックさんとアカイさんのネタを教え、ＫＫＫの聖典から激烈な部分を抜き出して伝えた。聖典はクローラン

(Kloran = koran）と呼ばれていた（白人キリスト教徒至上主義者たちが、なんで自分たちの聖典をイスラム教の一番尊い書物とほとんど同じ名前にしたのかは結局わからなかった）。また、彼は各地のクラヴァーンでいろいろなＫＫＫ幹部が果たす役割も語った：クラリフ（Klaliff、副長）、クロカード（Klokard、講師）、クラッド（Kludd、牧師）、クリグラップ（Kligrapp、秘書）、クラビー（Klabee、会計係）、クラッド（Kladd、指揮者）、クラロゴ（Klarogo、内番）、クレクスター（Klexter、外番）、クロカン（Klokann、５人からなる調査委員会）、そしてクラヴァリアーズ（リーダーはケツ裂き団長と呼ばれていた）。ＫＫＫの組織を地元レベルから全国レベルまで描いて見せた：高貴なる一つ目巨人《サイクロプス》と12の恐怖。大巨人《グレート・タイタン》と12の復讐神。大竜王《グランド・ドラゴン》と九頭竜《ハイドラ》。魔　帝《インペリアル・ウィザード》と15の精霊。さらにケネディは現在の合言葉、計画、さらにジョン・ブラウンがもぐりこんでいた重要支部であるジョージア王国アトランタのネイサン・ベドフォード・フォレスト・クラヴァーンNo．1で出ている噂も暴露してまわった。

　ラジオのプロデューサーたちは、スーパーマンがＫＫＫを滅ぼす話で数回分の台本を書いた。

　ケネディは1回目の番組が放送されて最初のＫＫＫの会合が開かれるのが待ちきれなかった。『ＫＫＫのフードを剥ぐ』によると、思ったとおり、クラヴァーンは大荒れだった。大竜王はいつもどおりに会合をやろうとしたが、ヒラ団員たちが騒いで彼を黙らせてしまった。「この前の晩、仕事が終わって家に帰ったらよぅ」とその一人が言った。「うちの子がよその子たちと遊んでやがって、首にケープみたいにタオル巻いた子たちが枕カバーをすっぽり被った子たちを追い回してるんだ。なにやってるんだって聞いたら新しい鬼ごっこだって言うんだよ。スーパーマン対ＫＫＫだと。なんてこった、あいつらの口から出るなんて！　オレたちの合言葉から何から何まで全部知ってやがった。生まれてこのかたこんなにバカにされたのは初めてだぜ。いつかうちの子がオレのローブを見つけたらどうすりゃいいんだ？」

大竜王は、裏切り者《ユダ》は必ず捕まえると言った。

「もう遅いって」と誰か。

「オレたちの神聖な儀式がラジオでガキどもに汚されちまったんだぞ」とクラッドが言った。

「全部が流されたわけじゃないよ」と大竜王が答えた。

「そんなもん、放送する価値もないから放送しなかっただけだろうが」とクラッドが言い返す。

大竜王はこの場で合言葉を「血気盛ん」から「裏切り者に死を」に変えようと言った。

スーパーマンの番組が放送されていき、ジョン・ブラウンが手に入れたＫＫＫの秘密をケネディが他のラジオ番組や記者に流すにつれて、うれしいことが起きた：ＫＫＫの集会にやってくる人は急に減り、入団希望者も激減した。

ケネディが考えついた差別と戦うためのアイディア全部の中で、スーパーマン作戦はずば抜けて巧妙だった。願ったとおりの効果があった――ＫＫＫの秘密主義を逆手に取り、貴重な知識をネタに変えて彼らを全米の笑いものにした。ほんの一世代前には何百万人もの団員を集めていたＫＫＫは勢いを失い始めた。ＫＫＫが――とくに南部では――根絶されることはなかった。口のうまいルイジアナのＫＫＫ指導者デイヴィッド・デュークは、アメリカ上院その他の正当な候補者にまでなった。しかし、もう昔のようにはいかなかった。

こんなことができたのは、ステットソン・ケネディが勇敢だったからでも大胆不敵だったからでも冷静だったからでもない。彼はこれらすべてに当てはまっていたかもしれないけれど。こんなことができたのは、彼が情報の本当の力を知っていたからだ。ＫＫＫは――政治家や不動産屋さんや株屋さんみたいに――情報を蓄え、出し惜しみすることで力を得ている集団だった。そうした情報が間違った（あるいは、見方によっては正しい）相手にわたるとその集団の強みはほとんど吹き飛んでしまう。


１９９０年代の終わり、定期生命保険の価格が大幅に下がり、不思議な現象と言われた。一見、はっきりした原因がなかったからだ。健康保険や自動車保険、住宅保険といった他の保険の価格はまったく下がっていなかった。保険会社や保険代理店、定期保険に入る人たちに大きな変化があったわけでもなかった。ではなにが起きていたんだろう？

インターネットだ。１９９６年の春、クォートスミス・ドットコムが他に先駆けて、さまざまな会社がそれぞれ扱っている定期生命保険の価格をほんの数秒で比較できるサービスを始めた。そうしたウェブサイトにとって定期生命保険はうってつけの商品だった。他の種類の保険――ずっと複雑な金融商品である終身保険など――と違って、定期保険はどれも似たようなものだからだ：30年契約、保険金100万ドルの定期保険はどれも基本的に同じだ。だから結局、問題は価格ということになる。一番安い保険を探すのはそれまで面倒で時間のかかる仕事だったが、突然とても簡単になった。お客が一番安い保険を一発で見つけられるようになったので、割高な会社は価格を下げるほかなくなった。お客が定期生命保険に払う保険料は、突如、全体で年に10億ドルも低くなった。

そういうウェブサイトは定価を載せているだけで、保険を売っているわけでさえない点は重要だ。つまり、彼らが扱っているのは、本当は保険ではない。ステットソン・ケネディと同じく、彼らは情報を扱っているのである（ケネディがKKKを潰そうとあれこれやっていたころにインターネットがあったなら、たぶん彼はわかったことをかたっぱしからブログに流し込んでいただろう）。そりゃまあたしかに、KKKを白日の下に晒すのと保険会社の保険料が割高だと暴露するのには違いもある。KKKは秘密の情報を操り、それが秘密であるがゆえに人に恐れを抱かせたわけで、保険料はそれほど秘密ではなく、比較しにくいように仕組まれていただけだ。しかし、どちらも、情報が公開されると力を失った。最高裁判事だったルイス・D・ブランダイスがかつて次のように述べている。「殺菌には日の光に晒すのが一番だそうだ」。

情報は灯台であり、棍棒であり、オリーブの枝であり、抑止力だ。誰がどう使うかによって何になるかが違ってくる。情報はとても強力なので、実は情報なんてなくても、あると思われるだけで、人に身構えさせるぐらいの効果は十分にある。新しく作られた車にその後何が起きるかを考えてみよう。工場から走って出る日は、車にとって一生で最悪の日だ。即、価値が4分の1も下がってしまうからである。そんなアホなと思うかもしれないけれど、みんな知っているように本当のことだ。2万ドルで買った新車はたぶん1万5000ドル以上では売れない。なぜか？　新車を売りたい人がいるとしたら、論理的に言って、買ってすぐに欠陥車《レモン》だとわかったからに決まってる。だから、欠陥車でなくても、買おうかと考える人はみんな欠陥車だと決めてかかる。買い手は、売り手はその車について何か、自分つまり買い手が知らない情報を知っていると仮定する——で、そんな仮の情報の分だけ買い叩く。

それじゃ車が本当に欠陥車だったら？　売り手は1年ほど待てばいい。そのころには欠陥車じゃないかという疑いは色褪せている。そのころには、本当に完璧な状態で1年落ちの車を売る人も出てきているから、欠陥車をそれに混ぜてしまえば本当の価値以上の値段で首尾よく売れるだろう。

取引の一方がもう一方よりもたくさん情報を持っているということはよくある。経済学者の専門用語でこれを情報の非対称性と言う。私たちは、誰か（普通は専門家）が他の誰か（普通は消費者）よりもよくわかっていることが資本主義ではよくあると思っている。でも実際は、あらゆるところでインターネットが情報の非対称性に致命的な打撃を与えている。

インターネット上では情報が通貨だ。情報を、持つ人から持たざる人へ伝達する媒体として、インターネットは素晴らしく効率的である。定期生命保険料がそうだったように、情報はあってもてんでばらばらだったりすることもある（そういうときインターネットは、数えきれないほどの干草の山から針を次々と吸いつけていくばかでかいU字磁石みたいな働きをする）。ステットソン・ケネディが、ジャーナリストもいい子ちゃんぶった社会派も検察官も誰にもできなかったことをやってのけたように、インターネットは消費者保護団体にはできなかったことをやってのけた。専門家と一般人の格差を大幅に縮めたのだ。

インターネットはとくに、専門家と直接会うことで非対称情報の問題がむしろ大きくなるようなときに威力を発揮する。つまり、専門家が豊富な知識を利用して、私たちに自分がアホだとか急がないととかちんけだとか恥ずかしいとか思わせてくれるような場合は、だ。あなたの愛する人がさっき亡くなったとして、葬儀屋さん――やつらはあなたが自分たちの商売についてぜんぜん知らないということや、あなたが感情的になっていることをよくわかっている――がやってきて、マホガニーの棺桶を7000ドルで買えますとご案内してくれたとする。なんなら自動車ディーラーでもいい。営業担当者はオプション・パーツや特別ご奉仕プランを山ほど並べて車の基本価格を一所懸命ごまかそうとする。でも、後で家に帰って頭を冷やしてから、インターネットで、ディーラーが車を売るとメーカーからいくらもらえるのか調べてみればいい。あるいは、ちょっとwww.TributeDirect.com へアクセスしてみればいい。マホガニーの棺桶は3200ドルで買えて、しかも翌日には届くのがわかる。2995ドル上乗せして「ザ・ラスト・ホール」（ゴルフの光景が描いてある棺桶）だの「狩りの思い出」（こっちはカモやなんかの獲物が山ほど描いてある）だのにしようとか、葬儀屋さんが触れもしなかったもっと安い棺桶にしようと思わなければ、だけれど。

インターネットは強力だけど、情報の非対称性というケダモノを退治できたわけじゃない。2000年代初めのいわゆる企業スキャンダルを考えてみよう。エンロンの犯した罪には、パートナーシップの偽装、債務の隠匿、そしてエネルギー市場の相場操縦などがある。メリルリンチのヘンリー・ブロジェットやソロモン・スミス・バーニーのジャック・グラブマンは、自分ではクズだと知っている会社を誉めちぎる調査レポートを書いていた。クレディ・スイス・ファースト・ボストンのフランク・クアトロンは、人気ある新規公開株を彼の会社ではどう配分していたかを捜査から隠そうとした。サム・ワクサルは食品医薬品局から悪い報告書が出るぞと予告を受けて、自分がCEOを務めていたイムクローンの株を急いで売り払った。彼の友だちのマーサ・スチュワートも持ち株を売り、理由を聞かれて嘘をついた。ワールドコムとグローバル・クロッシングは株価を引き上げるために売上げを何十億ドルも水増しした。ある投資信託の運用会社は優良なお客には優良な価格で取引させていたし、別の運用会社は運用報酬をごまかしていたと告発された。

こうした犯罪は、それぞれとてもさまざまだけれど、一つ共通する特徴がある：これらは皆、情報の罪だ。つまり、専門家か専門家の集団が、嘘の情報をばら撒いたり本当の情報を隠したりしているものが多い。それに、それぞれ専門家は非対称情報をできるだけ非対称にしておこうと立ち回っている。

こういうことをする連中は、とくに金融最先端の領域では、決まって次のような自己弁護を試みる：「だってみんなやってるんだもん」。まあ、それもおおかた本当なんだろう。情報犯罪の特徴の一つは、捕まるのはほんの一握りであることだ。路上犯罪と違って、死体も割れた窓ガラスも残らない。ベイグル犯罪と違って――つまり、ポール・フェルドマンのベイグルを食っておいてお金を払わないのと違って――情報犯罪の話にはお金を勘定するフェルドマンみたいな人は出てこない。情報犯罪は、何かしらものすごいことにならないと表沙汰にならない。で、実際そうなってみると、いろんなことがばれてしまう。結局、加害者は自分がこっそりやったことが表沙汰になるなんて思ってもいないのだ。エンロン・テープ、つまり、エンロンが吹っ飛んでから出てきた社員の会話をこっそり録音したテープを考えてみればいい。2000年8月5日の電話で、2人のトレーダーが、カリフォルニアで起きた山火事のおかげでエンロンは電力価格を吊り上げられるという話をしている。「本日のマジック・ワードは」とトレーダーの1人が言う。「燃えろ、ベイベェ、燃え上がれに決定」。数カ月後、ケヴィンとボブという2人のトレーダーがこんな会話をしている。価格の吊り上げで儲けた分を、カリフォルニアの役人が払い戻してほしがっているという話だ。

ケヴィン：あいつら、オレらから金を取り返したいってファックぬかしてるんだって？　オレらがカリフォルニアのかわいそーなおばあちゃんから巻き上げた金だってか？
ボブ：ああ、ミリーばあちゃんだってよ。
ケヴィン：ああ、オレらがファックメガワット時あたり250ドルの電気代でババァのケツといっしょにファックしたおしたファック銭返せってよ。

専門家ってやつはどいつもこいつも自分の持っている情報を利用して人をひどい目に合わせようとしてるんだって思ったなら、あなたは正しい。専門家はあなたが知らない情報を知っているからこそ専門家なのだ。彼らの作戦はとても手が込んでいて、あなたはせっかく情報を持っているのにどうしていいかわからなくなっているのかもしれない。あるいは、彼らのノウハウに感動してもう楯突く気もなくなっているのかもしれない。医者に血管形成をしておいたと言われれば――最近の研究によると、血管形成には心臓発作を防ぐ効果はほとんどないようだけれど――医者が自分の持つ情報優位を利用して自分か自分の友人に数千ドルほど稼がせたなんて思わないだろう。しかし、テキサス大学サウスウェスタン医療センターの心臓内科の専門家デイヴィッド・ヒルズが『ニューヨーク・タイムズ』紙に語ったように、医者も、車のディーラーや葬儀屋さんや運用会社と同じ経済的インセンティブを持っている。「あなたは心臓内科医で、町で内科をやっているジョー・スミスがあなたのところに患者を送り込んできたとする。彼らに治療しなくても大丈夫だと言ったとしたら、ジョー・スミスは二度とあなたのところに患者を連れてこないだろう」。

情報で武装した専門家は、そうは言わないかもしれないが、とてつもない武器を持っている。恐怖だ。血管形成手術を受けなかったばっかりに心臓発作を起こしてお風呂の床で倒れて死んでいるあなたを子供が見つける恐怖。安物の棺桶にしたばっかりに、あなたのおばあさんが地面の下でひどいことになる恐怖。2万5000ドルの車は事故でオモチャみたいにぺしゃんこ、5万ドルの車だったらあなたの愛する人を鉄壁でできた繭みたいに守ってくれてたのにという恐怖。商売の専門家が作り出す恐怖なんてＫＫＫの恐怖に比べればどうということもないけれど、仕組みは同じだ。

一見さして恐怖になんて結びつかなそうな取引を考えてみよう。家を売るときのことだ。そんなもんのどこが怖いんだ？　家を売るというのはたぶん、あなたが一生で経験する一番大きな金融取引だし、不動産の取引経験なんてたぶんほとんどないだろうし、住んでいた家にはとても思い入れがあるだろうけど、それはさておき、とりあえず差し迫った恐怖が二つある：価値をずっと下回る価格で売らされる恐怖、そして売れない恐怖だ。

一つ目のケースは価格が安すぎる恐怖、二つ目のケースは高すぎる恐怖である。不動産屋さんの仕事は、もちろん、ちょうどいい落としどころを見つけることだ。不動産屋さんは必要な情報をみんな持っている――同じような家の在庫、最近の販売動向、住宅ローン市場の動向、そしてたぶん、飛んで火に入る買い手の騙し方まで。こんなにもややこしい仕事でたっぷり知識を蓄えた専門家が仲間になってくれるなんて、なんて運がいいんだろう、そう思うでしょ？

残念でした、不動産屋さんのほうじゃそんなことぜんぜん思っちゃいないのだ。あちらはあなたのことを仲間というよりカモだと思っている。この本の最初で触れた調査のことを思い出してほしい。不動産屋さんの営業担当者が自分の家を売るときの価格と彼らがお客の家を売るときの価格の差を測った。調査によれば、自分の家の場合、不動産屋さんはいい買い手が現れるのを待って、平均で10日長く市場に出していたし、またあなたの家を売るときより３％――30万ドルの家なら１万ドル――高く売っていた。営業担当者個人の懐には入ってあなたの懐には入らない１万ドルだ。情報を悪用し、インセンティブを抜け目なく読んで彼らが手にするけっこうな儲けってわけだ。問題は、あなたの家をもう1万ドル高く売っても営業担当者自身の儲けはたった150ドル増えるだけなので、仕事がたくさん増えるわりにはあんまり報われないことだった。だから、30万ドルというのはとてもいい売値で、実際こんなに気前のいい買い手はいないから断ったらアホだとあなたを説得するのが不動産屋さんの仕事になる。

これは手が込んでいる。不動産屋さんはバカ正直にオノレはアホじゃとは言いたくない。だから遠まわしな言い方をする――たぶん、数ブロック先の、ずっと大きくてもっと素敵でだいぶん新しい家が6カ月も売れずに残っている、なんてことを言うんだろう。さあ不動産屋さんの主砲の登場だ――情報を恐怖に変えるのである。こんなほんとの話がある。2001年にはスタンフォード大学で法律を教えていたジョン・ドナヒュー教授に聞いた話だ。「スタンフォードのキャンパスで家を買おうとしてたんだ」と彼は言う。「売り手側の不動産屋さんは、これはとってもいい買い物だ、市場はちょうど上がっているところだからと言う。私が売買契約書にサインするや否や、彼はそれまでスタンフォードで住んでいた家を売る業者は要らないのかと聞くんで、不動産屋さんを通さずに売ろうと思うんだと言うと、彼はこう言ったんだ。『ジョン、いつもだったらそれで大丈夫かもしれないけれど、今みたいに市場が暴落まっただなかじゃ、プロの手を借りないととても無理だよ』」。

5分の間に上昇相場が下落相場に早替わりしてしまった。次の取引を追い求める不動産屋さんが使う魔法はそこまですごいのだ。

不動産屋さんが情報を悪用した実話をもう一つ見てみよう。この本の著者たちの友だちの一人、K.の話だ。K.は46万9000ドルで売りに出ていた、とある家を買おうと思った。彼は45万ドルまでなら出せたけれど、まず売り手側の不動産屋さんに電話して、売り手は最低いくらなら売ってもいいと言ってるんだねと聞いてみた。不動産屋さんはすぐさまK.を叱りつけた。「恥ずかしいと思いなさい」と彼女は言う。「そういうことは、明らかに不動産業界の倫理にもとる行為です」。

K.は謝った。話は他の、もっとあたりさわりのないことに変わった。10分後、話が終わるころ、不動産屋さんはK.にこう言った。「最後に一言言わせてください。私のお客様はこの家をあなたが思っているよりずっと安く売ってもいいと考えておられます」。

そう言われたのでK.は、最初考えていた45万ドルではなく42万5000ドルなら買うと言った。結局、売り手は43万ドルで売ることに同意した。自分の側の不動産屋さんを通したおかげで、売り手は少なくとも2万ドル損をしたわけだ。一方、不動産屋さんが失ったのは300ドルだ——それでさっさと簡単に取引をまとめて6450ドルの手数料が手に入るのだから安いもんだ。

そんなわけで、不動産屋さんの主な仕事は、どうやら、家の持ち主を説得して希望する売値よりも安く売らせ、同時に買い手候補には掲げてある値段よりも安く買えるぞと教えることらしい。もちろん、バカ正直に買い叩けと買い手に教えるよりももっと芸は細かい。不動産業界に関する先ほどの調査では、不動産屋さんは売ります広告でどうやって情報を伝えるかも判明した。たとえば「状態良し」みたいな表現には、クランスマンにとって「アヤックさん」という名前が持つのと同じぐらいのはっきりした意味がある。この家は古いけどまだ倒れそうなところまでは行ってないよ、である。抜け目ない買い手にはそれがわかる（どっちにしても家を見たらすぐにわかる）けれど、家を売ろうとしている65歳のご隠居の目には「状態良し」なんてちょっと付け足しただけとしか映らない。で、それが不動産屋さんの思う壺ってわけだ。

不動産広告で使われる言語を調べると、ある種の言葉が家の最終売却価格と強く相関していることがわかる。家を「状態良し」と呼んだらそれが原因で、同じような家より安く売れてしまうとは必ずしも言えない。でも、不動産屋さんが家を「状態良し」と呼んだら、買い手に買い叩けと巧妙なサインを送っている香りがする。

次に並べるのは不動産広告でよく使われる表現10個だ。5個は最終的な売却価格と強い正の相関があり、残りの5個は強い負の相関がある。どれがどちらか当ててみてください。

不動産広告でよく見る表現10個

最高（Fantastic）
御影石の（Granite）
広々（Spacious）
最先端技術（State-of-the-Art）
！

コーリアンの（Corian）（訳注：人工大理石、デュポンの商品名）
素敵（Charming）
カエデ材の（Maple）
環境良好（Great Neighborhood）
料理好きに最適（Gourmet）

「最高」の家ならもちろん最高なんだから値段は間違いなく高いよね？ 「環境良好」で「素敵」で「広々」した家ならどうだ？ ｎｏ、ｎｏ、ｎｏ、さらにｎｏだ。二つに分けると次のとおり。

より高い売却価格と相関している表現5個
御影石の（Granite）
最先端技術（State-of-the-Art）
コーリアンの（Corian）
カエデ材の（Maple）
料理好きに最適（Gourmet）

より低い売却価格と相関している表現5個

最高（Fantastic）
広々（Spacious）
！
素敵（Charming）
環境良好（Great Neighborhood）

より高い売却価格と相関している表現5個のうち3個は家の物理的な描写だ：御影石、コーリアン、そしてカエデ材。情報としてこういう表現は具体的で率直で——だからとても役に立つ。御影石が好きならその家はいいかもしれない。好きでなくても、「御影石」ならボロ屋ではないだろう（訳注：granite には堅固という意味もある）。「料理好きに最適」や「最先端技術」も同じで、両方ともある程度、本当に最高だと買い手に教えているようだ。

一方「最高」というのはあいまいで危ない形容詞で、「素敵」もそうだ。この2個の言葉は不動産屋さんの営業担当者《エージェント》が使う暗号で、その家は具体的に言えるようないいところはあんまりないよということのようだ。「広々」した家はだいたい古くて使い物にならない。「環境良好」は買い手に、あのね、この家はあんまりよくないかもしれないけど周りの家はいいかもしれませんよ、と語っている。不動産広告で感嘆符（！）を見たら間違いなく悪いニュースで、本当に足りないところを中身のない勢いでごまかそうとしているのだ。

不動産屋さんの営業担当者が自分の家を売るときの広告に使われている言葉を分析してみると、当然、説明的な表現（とくに「新しい」、「御影石の」、「カエデ材の」、そして「即入居可」）を強調していて、中身のない形容詞（「素晴らしい」、「完璧」、そしてダメ押しの「！」）を避けているのがわかる。そうしておいて、不動産屋さんは最高の買い手が現れるのを根気よく待つ。買い手が現れれば、つい最近近くの家が売り手の考えていた価格の2万5000ドル上で売れたとか、今、別の家が入札合戦になっているとか、そんな話をする。情報の非対称性を注意深く、隅々まで利用するのだ。

しかし、葬儀屋さんや車のディーラーや生命保険会社と同じように、不動産屋さんもインターネットで情報優位が揺らいでいる。結局、今や家を売る人は誰でもインターネットで売買動向や在庫、ローン金利を調べることができる。情報は解き放たれた。近年の売買データがその結果を示している。不動産屋さんは相変わらず自分たち自身の家をお客の同じような家より高く売っているけれど、不動産ウェブサイトが広まって以来、両者の価格の差は3分の1も縮まった。

人が情報を悪用するのは専門家や取引の代理人として行動しているときだけだと思ったらそれは甘い。代理人も専門家も人間だ——だから、私たちだって私生活の中で情報を悪用している可能性が大きい。正しい情報を隠したり、出すことにした情報に手を加えたりするのである。不動産屋さんが「状態良し」の家を広告に出すときには、ウィンクしたり頷いたりするかもしれないけれど、私たちだってお互い同じような合図を使っている。

仕事の採用面接と最初のデートで、自分がそれぞれどう自分のことを表現するか考えてみればいい（相手は同じとして、初めてのデートでの会話と、結婚10年目の会話を比べてみるともっと面白い）。あるいは初めて全国放送のテレビ番組に出るときに自分をどう見せようとするかでもいい。どんなイメージでいこうとするだろう？　頭がいいとかルックスがいいとか、そんなふうに見せようとするかもしれない。冷酷だとか偏見を持っているとか、そういうふうには思われたくないはずだ。ＫＫＫの全盛期、団員たちは、保守的な白人のクリスチャン以外をおおっぴらにさげすんでは得意になっていた。でも、今では、公の場で差別を見かけることはほとんどなくなった（ステットソン・ケネディは今88歳になっていて、大昔に自分も参加した「ひそめた眉の力」運動がこうした進歩をもたらしたものの一つだと思っている）。ほんの少し偏見を見せただけでも、公になれば大きな代償が伴う。アメリカ上院の共和党院内総務であったトレント・ロットは２００２年に、自分と同じ上院議員で南部人だったストローム・サーモンド生誕１００年のお祝いで乾杯の音頭をとった後、それを思い知った。ロットは挨拶の中で、１９４８年にサーモンドが大統領選に出馬したことに触れた。サーモンドは人種分離政策を掲げていた。ミシシッピ州――ロットの地元だ――は、サーモンドが勝ったたった４つの州の１つだった。「私たちの誇りであります」。ロットはパーティの出席者に向かってそう言い放った。「他州が私たちに従っていれば、近年続いているさまざまな問題も、まったく起きてはいなかったでしょう」。ロットは人種分離政策を支持しているという含みだけで十分世間の怒りを買い、彼は上院院内総務を辞任するはめになった。

一般市民でも、人前に出たら偏見を持っているとは絶対思われたくないだろう。では、公の場で人種差別をテストする方法はないものだろうか？

そうは思えないかもしれないけれど、テレビのゲーム番組『ウィーケスト・リンク』は差別を研究できるまたとない実験場だ。イギリスから輸入された『ウィーケスト・リンク』は、短い間だったがアメリカで大人気になった。ゲームには８人（その後昼に放送されるようになってからは６人）の挑戦者がいて、それぞれトリビア・クイズに答え、賞金がもらえるただ１人を目指して競う。ところが、一番正解の多い挑戦者が先へ進めるとは限らない。ラウンドごとに、そのラウンドの挑戦者全員が投票を行って挑戦者の１人を降ろす。考慮する要因といえば、挑戦者がトリビアにどれぐらい強いか、それだけのはずだ。人種も性別も年も関係ない。で、どうだっただろう？　挑戦者の実際の投票と、挑戦者自身にとって一番有利な投票を比べれば、その挑戦者が差別をしているかどうかがわかる。

投票戦略はゲームが進むに従って変わっていく。賞金は誰かが正解したときだけ増えるので、初めの数ラウンドではアホを降ろすのが正しい。後のほうになると、戦略上のインセンティブがひっくり返る。賞金を増やすことの価値よりも挑戦者それぞれの賞金を勝ち取りたいという欲求のほうが大きくなる。それなら他の強い挑戦者を降ろしたほうがいい。だから、おおざっぱに言うと、典型的な挑戦者は、初めのほうのラウンドでは弱い挑戦者を降ろし、後のほうのラウンドでは強い挑戦者を降ろすべく投票する。

『ウィーケスト・リンク』の投票データを計測するための鍵は、挑戦者のゲームでの能力をその人の人種や性別や年から分離することにある。若い黒人の男性が片っ端から正解しているのに投票で早くに降ろされたら、たぶん差別のせいだろう。一方、年老いた白人の女性が1問も正解できないのにずっと生き残っていたら、何かえこひいきみたいなものが働いているかもしれない。

ここでも、そうしたことがみんなテレビカメラの前で起きていることに注意しよう。挑戦者は、自分の友だちや家族や同僚が見ているのを知っている。それじゃ『ウィーケスト・リンク』で差別される人がいるとしたらそれはどんな人だろう？

やってみると、黒人ではなかった。160回分を超えるデータを分析してみると、黒人挑戦者は、初めのほうのラウンドでも後のほうのラウンドでも、降ろされる割合はトリビア能力に見合っている。女性挑戦者に関しても同じだ。ある意味、どちらもそう驚くことではない。ここ半世紀、一番強力だった社会運動といえば公民権運動にフェミニスト運動で、それぞれ黒人と女性に対する差別を吊るし上げた。

だからたぶん、というかそうであってほしいってことだろって言われるかもしれないけど、20世紀の間に差別は撲滅されたのだろう。小児マヒみたいに。

それよりもっとありそうなことだけれど、一部の人たちを差別するのは本当にはやらなくなっていて、どうしようもなく無神経な連中以外は、少なくとも人前では、少なくとも公平なフリをするようになったのかもしれない。差別がなくなったということではぜんぜんない——ただ、みんな人にばれるのが恥ずかしいと思っているだけだ。黒人や女性への差別が見られないのは、本当に差別がないのか、それとも見せかけだけか、どうやったらわかるだろう？　社会がそれほど保護していない他のグループを見ればいい。実際、『ウィーケスト・リンク』の投票データによると、いつも差別されている挑戦者が2種類いる。お年寄りとヒスパニックだ。

経済学者は、代表的な差別には2種類あると考えている。面白いのは、『ウィーケスト・リンク』でお年寄りがあう差別とヒスパニックがあう差別は種類が違うようだという点だ。一つ目のタイプは選好に基づく差別で、この場合、人が差別をするのは単にその人が特定の種類の人とかかわりたくないからである。二つ目のタイプは情報に基づく差別で、この場合、人は特定の種類の人が能力的に劣っていると信じていて、それに従って行動する。

『ウィーケスト・リンク』で、ヒスパニックは情報に基づく差別にあう。挑戦者たちは、ヒスパニックはトリビア・クイズが下手だと思いこんでいるようだ。そんなことはない場合でも、である。そういう思い込みのせいで、ヒスパニックはよくやっていても初めのほうのラウンドで降ろされてしまうが、後のほうのラウンドでは降ろされない。他の挑戦者たちは、ヒスパニックを残しておいて競争を弱めたいと思っているからだ。

一方、お年寄りの挑戦者は選好に基づく差別の犠牲者だ。彼らは初めのほうと後のほうの両方で、能力から考えられるよりずっと高い割合で降ろされている。他の挑戦者たちは――出演者の平均年齢は34歳だ――お年寄りにはあっちへ行ってて欲しいみたいだ。

典型的な『ウィーケスト・リンク』挑戦者はヒスパニックとお年寄りを自分が差別していること

（あるいは、黒人と女性を差別していないこと）に気づいてさえいないかもしれない。スタジオの照明に照らされながらすごいスピードで進むゲームをやっているのだから、なんにせよピリピリしているし、興奮しているにちがいない。そう考えると次のような疑問が自然と湧いてくる――それじゃそんな人は家で一人っきりのとき、自分の好みをどう表現するだろう――また、自分に関する情報をどんなふうにさらけ出すだろう？

＊＊＊

1年間で4000万人ものアメリカ人が自分の詳しい個人情報をまったく見ず知らずの人と交換し合っている。インターネットの出会い系サイトの話だ。そんなサイトにはマッチ・ドットコムやｅハーモニー・ドットコム、ヤフー・パーソナルズといった、幅広く一般の人を対象にしているものもある。また、特定の性癖を持った人を相手にしているサイトもある。クリスチャンシングルズ・ドットコム（訳注：キリスト教徒専門）、Ｊデート・コム（訳注：ユダヤ人専門）、ラテンマッチャー・ドットコム（訳注：ヒスパニック系専門）、ブラックシングルズコネクション・ドットコム（訳注：黒人専門）、カントリーウェスタンシングルズ・ドットコム（訳注：レッドネック専門）、ＵＳミリタリーシングルズ・ドットコム（訳注：ミリタリーオタク専門、含む軍人）、プラスサイズシングルズ・ドットコム（訳注：デブ専）、ゲイ・ドットコム（訳注：説明不要）といったサイトだ。出会い系サイトはインターネット上で最も成功している会費制ビジネスだ。

それぞれのサイトの仕組みは少しずつ違っているけれど、ようはこんな感じだ：自分の個人広告を自分で書き、写真、人口統計的なデータ、収入の水準、教育の水準、好き嫌い等々を載せる。広告が誰かの気まぐれに引っ掛かったら、その人はあなたにメールしてきてデートの約束にたどり着ける、たぶん。デートの目的も選ぶサイトが多い――「長期的な関係」、「割り切り」、「ちょっと覗いてみただけ」。

ここには掘り返せるデータの山が2つある。人が自分の広告に入れる情報と、具体的な広告で得られたレスの数だ。データの山はそれぞれ疑問を投げかけている。広告の内容に関しては、人は自分の個人情報を公開するとき、どれぐらい率直（で正直）だろう？　レスに関しては、個人広告にどんな情報を入れるのが一番いい（あるいはよくない）だろう？

最近、経済学者2人と心理学者1人が手を組んで、こうした疑問を追究している。アリ・ホルタッチュ、ギュンター・J・ヒッチ、ダン・アライエリーの3人は、主な出会い系サイトの1つを取り上げ、ボストンとサンディエゴ半々の利用者約2万3000人のデータを分析した。利用者の57％は男性で、全利用者の年齢層の中央値は26歳から35歳だった。人種についても何らかの結論が得られるだけの十分に代表的な人種構成になっていた。圧倒的に白人が多かったということだけれど。

彼らは平均よりずっとお金持ちで、背が高くて、痩せていて、ルックスもよかった。少なくとも、自分じゃそう書いていた。出会い系サイトにいる人たちのうち、年に20万ドル以上も稼いでいる人は

4%を上回っていた。実際、典型的なインターネット利用者でそんなに稼ぐ人は1%もいない。つまり、高給取りだと自称する連中の4人に3人はサバを読んでいる。典型的な利用者は、男性も女性も全国平均身長よりだいたい3センチ背が高い。体重に関しては、男性はだいたい全国平均と同じだが典型的な女性は全国平均より10キロぐらい軽い。

もっと印象的なのは、70%もの女性がルックスは「人並み以上」だと主張している点で、24%は「ルックスはとてもいい」と言い張っている。インターネット上では男性もゴージャスだ。67%はルックスが「人並み以上」だと言うし、21%が「ルックスはとてもいい」としている。残るたった30%ほどの人がルックスは「人並み」だと言い、「人並み以下」だと言う人は1%と微々たるものだ。つまり、出会い系サイトに出入りする連中は、大ボラ吹きかナルシスト、さもなきゃ「並み」という言葉を生理的にうけつけないかのどれかだということになる（あるいは、たぶん彼らはみんなよーくわかってるだけなんだろう。不動産屋さんならみんな知ってるように、典型的な家は「素敵」でも「最高」でもないけれど、そう言わないと誰もわざわざ見にきてくれたりはしないのだ）。サイトにいる女性の28%はブロンドだと言っている。全国平均をずっと上回る割合だ。染めているか、嘘をついているか、その両方かだ。

一方、すがすがしくも正直な人たちがいる。男性の8%——だいたい12人に1人——は既婚だと明かしていて、その8%の半分が自分の「結婚生活は幸せ」だと告白している。しかし、正直だからといってバカがつくとは限らない。サンプルに含まれていた「結婚生活は幸せ」な258人の男性のうち、自分の写真を載せているのはたった9人である。愛人を作ることで得られるものを、奥さんに自分の広告が見つかるリスクが上回っているわけだ（「ところで、お前のほうこそあんなサイトでなにしてたんだ？」とわめいてごまかそうとする夫もいるんだろうが、どう見ても勝ち目はない）。

出会い系サイトでうまく行かない理由はいろいろあるが、一番確実なのは自分の写真を載せないことだ（自分の写真じゃなくて、もっとルックスのいい他人の写真を載せてもぜんぜんかまわないわけだが、そういうインチキをやると後で間違いなく裏目に出る）。自分の写真を載せていない男性は載せている男性の4分の1しかメールが来ない。女性が写真を載せないと6分の1だ。稼ぎが少ない、学がない、仕事がつまらない、あまり魅力的でない、小太り、さらにハゲ、そんな男性でも写真を載せれば年収20万ドルで死ぬほどハンサムだと言いつつ写真を載せない男性よりもメールが来る可能性は高いのだ。写真を載せない理由はいろいろあるんだろう――パソコンを使うのに不自由な人であるとか、友だちに見つかったら恥ずかしいとか、ただただブサイクだとか――けど、買ったばかりの車を売るときと同じように、見込み客は、ボンネットを開けると何かとてもまずいことになっているんだろうと考えるのだ。

だいたい、デートの相手を見つけること自体とても難しい。広告を載せた男性の57％は1通もメールが来ない。女性の23％には1つのレスもつかない。一方、大きな反響を呼ぶ内容はというと、男女のことをよくわかってない人でもあたりまえと思うようなものだ。実際、出会い系サイトにいる人たちが挙げる好みなんて、男や女の一番よくあるステレオタイプとまったく変わらない。

たとえば、長期的な関係を結びたいという男性は割り切った関係にしたいという男性よりもずっと成績がいい。ところが、女性の場合割り切りのほうがうまくいく。男性にとって女性のルックスは何よりもずっと大事だし、女性にとって男性の収入はどうしようもなく重要だ。男性がお金持ちであればあるほど来るメールも多い。ところが女性の収入の魅力度はベル型のカーブを描く：男性は稼ぎの「低い」女性と付き合うのを嫌がるが、女性があんまり稼ぎすぎてもビビってしまうようだ。男性は学生、アーティスト、ミュージシャン、獣医、そしてセレブとデートしたがる（一方、秘書や仕事をしていない人、軍人や警官は避けて通る）。女性は軍人や警官、消防士が大好きだ（ポール・フェルドマンのベイグル屋さんで回収率が高くなったのと同じような9・11効果かもしれない）。加えて弁護士や金融関係も。女性は肉体労働者や俳優、学生、飲食関係や接客業の男性を避ける。男性にとって背が低いのはとても不利だ（だからこそたくさんの人が身長で嘘をつくんだろう）が、体重はあまり関係ない。女性にとって、デブは致命的だ（で、だからこそ彼女たちはみんな体重ではサバを読む）。赤い髪やクセ毛の男性はダメ、ハゲもダメ――丸坊主はOKだけど。女性の丸刈りはダメでブロンドはすごくいい。出会い系サイトの世界では、ブロンド頭1個が大学卒業証書1枚と同じぐらいの価値を持つ――髪を染めて100ドル、対する学費が10万ドルとして、染めるほうがもうぜんぜん安あがりだ。

収入、教育、そしてルックスといった情報に加えて、出会い系サイトでは男性も女性も人種を載せる。さらに、デートする相手はどの人種がいいかも書く。選択肢は2つあって、「自分と同じ」か

「どうでもいい」かのどちらかだ。『ウィーケスト・リンク』の挑戦者と同じように、出会い系サイトの利用者たちは、自分たちと見かけが違う人たちについてどう思うか、公に宣言しているわけだ。そうしておいて、彼らは本当の好みに基づいて行動する。つまり付き合いたい相手に非公開のメールを出すのである。

サイトにいる白人女性のだいたい半分、また白人男性の80％が人種は「どうでもいい」と宣言している。でも、レスのデータを見るとそうでもないようだ。人種は関係ないと言った白人男性たちのメールの行き先は90％が白人女性だ。人種は関係ないといった白人女性たちのメールは97％ほどが白人男性宛てである。

この手の白人の男女が、人種はぜんぜん気にしないのだが、ただ興味を持てる非白人の相手が見つからなかったなんて、そんなことがありえるだろうか？　それとも、もっとありそうな話だけれど、彼らが人種は関係ないと言うのは、心の広い人だと——とくに自分と同じ人種の異性に——思われたいからだろうか？

私たちが広く公表している情報と、私たちが本当であると知っている情報はずいぶんと違っているようだ（というか、もっと平たく言うとこうだ：言っていることとやっていることが違う）。個人的な関係でも商業的な取引でも、もちろん政治でもそうだ。

いまどき、政治家が公に自分を評するときの嘘に、私たちは完全に慣れてしまっている。でも、投票する側だって嘘をつく。黒人候補と白人候補が争う選挙を考えてみよう。白人有権者は世論調査では嘘をついて、黒人候補に投票すると言うだろうか？　実際よりも色覚異常だと見せかけるために？

どうもそうみたいだ。ニューヨーク市の１９８９年の市長選挙で、デイヴィッド・ディンキンス（黒人候補）とルドルフ・ジュリアーニ（こっちは白人）が争ったとき、ディンキンスはほんの数ポイントの差で勝った。ディンキンスは同市初めての黒人市長になったのだが、彼が僅差でしか勝てなかったのは驚きと取られた。選挙前の世論調査では、ディンキンスが15ポイント近くリードしていたからだ。白人至上主義者のデイヴィッド・デュークが１９９０年にアメリカ上院に立候補したときの得票率は、選挙前の世論調査から予想されていたよりも20％近く高かった。ルイジアナには人種差別主義者の候補に投票すると正直に言わない有権者がたくさんいたわけだ。

デュークはときどき重要な政治ポストに立候補しては毎度落選してきたが、情報悪用の達人だと身を持って示している。ＫＫＫ騎士団で大魔王《グランドウィザード》を務める彼は、何千人ものヒラの団員やその他支持者の名簿を握っていた。そうした人たちがのちに彼の政治基盤になった。自分で名簿を使うだけでは飽き足りず、名簿をルイジアナ知事に15万ドルで売った。何年も経ってから、デュークはまたしても名簿を使い、自分は今厳しい状況にあって困っている、皆さんの寄付が必要だと支持者に訴えた。そうやって何十万ドルも調達しないと白人至上主義を推し進める使命を続けられなくなると言うのだ。彼は支持者たちに宛てた手紙で、自分は本当に破産状態で、銀行が家を差し押さえようと画策していると述べている。

本当は、デュークはとっくに家を売り払っていて、しかもそれでがっぽり儲けていた（不動産屋さんを使ったかどうかは定かでない）。支持者から得たお金を、デュークは白人至上主義の大義のためにはほとんど使わず、賭博癖を満足させるために注ぎ込んでいた。彼はそんなちょっとしたインチキを働いていたのだ――逮捕され、テキサス州ビッグ・スプリングの連邦刑務所に放り込まれるまで。

レヴィットはどこにでもはまるが、どこにもなじまない。彼は、知の世界にいる誰も捕まえたことのない蝶だが、誰もが彼は自分のものだと言う（彼はクリントンの経済チームから一緒に働いてくれないかと言われた。２０００年の選挙ではブッシュ陣営が彼を犯罪対策アドバイザーに呼ぼうとした）。彼は単純でうまい解決策を生み出す達人として定評がある。ドタバタ劇の真ん中で、機械が動かないのでエンジニアたちがみんなジタバタやっているのを見て電源が入っていないことに気づく、そんな人だ。

――『ニューヨーク・タイムズ・マガジン』２００３年８月３日

第3章

ヤクの売人はどうしてママと住んでるの?

Why Do Drug Dealers Still Live with Their Moms?

これまでの2つの章では、正直、ヘンな疑問ばかり2つ考えた——「学校の先生と相撲の力士、どこがおんなじ?」そして「ク・クラックス・クランと不動産屋さん、どこがおんなじ?」だ。でも、たくさん疑問を立てていくと、最初はヘンだと思うかもしれないけれど、そのうちなにかいいことがわかるかもしれない。

疑問を立てるときの最初の秘訣は、立てた疑問がいい疑問かどうかをはっきりさせることだ。それまで問われたことのない疑問だからといって、いい疑問だとは限らない。これまで何世紀もの間、頭のいい人たちがいろいろな疑問を考えてきた。だからこれまで問われなかった疑問には、ほとんどの場合、つまらない答えしか出ない。

でも、もしもみんなが本当に気にしていることを疑問として立て、みんなが驚くような答えを見つけることができれば――つまり、通念をひっくり返すことができれば――いいことがあるかもしれない。

「通念（conventional wisdom）」という言葉を作ったのはウルトラ筆達者な経済学の賢人ジョン・ケネス・ガルブレイスだ。彼は通念という言葉をいい意味では使わなかった。「私たちは真理を自分に都合のよいことと結びつける」と彼は書いている。「自分の利益や幸せと一番相性のよいことを真理だと考えたり、あるいはしんどい仕事や生活の大変な変化を避けるために一番いいやり方を正しいことだと思ったりする。また、私たちは自尊心を強くくすぐってくれることが大好きだ」。ガルブレイスは続けて、経済・社会的行動は「複雑であり、その性質を理解するのは精神的に骨が折れる。だから私たちは、いかだにしがみつくようにして、私たちのものの見方に一致する考えを支持するのだ」。

つまり、ガルブレイスの見方によれば、通念は、単純で都合がよくて居心地よさそうで、実際居心地がよくなければならない――正しいとは限らないけれど。通念は必ず間違っていると言いきるのはバカなことだ。でも、どこかで通念は間違っているかもしれないと気づいたら――いい加減な、あるいはお手盛りな考えが残した飛行機雲に気づいたら――そのあたりは疑問を立ててみるのにはいいところだ。

アメリカにおけるホームレスの最近の歴史を考えてみよう。1980年代の初め、ミッチ・スナイダーという名のホームレス擁護派が、アメリカにはホームレスが約300万人もいるとぶち上げ、当然のように世間の注目を集めた。100人に1人以上はホームレス？　そりゃどう見ても多すぎるよ、でも……うむ、専門家が言ってるわけだしなあ。それまで見向きもされなかった問題が突然国民の意識に刻み込まれた。スナイダーはこの問題の大きさについて議会証言までやった。彼は学生の聴衆に向かって、1秒ごとに45人のホームレスが亡くなっていると語ったとも言われている――なんと毎年14億人ものホームレスが死んでいるわけだ（ちなみにその頃、アメリカの人口は2億2500万人だった）。仮に、スナイダーが言い間違ったか間違って報道されたかで、本当は45秒ごとに1人のホームレスが亡くなっていると言いたかったのだとしよう。それでもまだ毎年死ぬホームレスは約70万1000人だ――アメリカの年間全死亡者数のだいたい3分の1である。むむむむ。結局、スナイダーは300万人のホームレスという数字のことを問い詰められて、実はでっち上げだったと白状した。マスコミがどうしても具体的な数字をよこせとまとわりつくので手ぶらで帰すわけにいかなかったのだと彼は言っている。

スナイダーのような専門家でも、でまかせを言うほど自分の利益が大事なのかと思うと、残念ではあるけれど別に驚くことではない。しかし、彼らも自分一人じゃそんなインチキはやれない。専門家はマスコミが必要だし、マスコミも同じぐらい専門家が必要だ。新聞の紙面やテレビのニュースは毎日埋めなければならないわけで、人騒がせなことをしたり顔で喋れる専門家はいつでも大歓迎だ。マスコミと専門家が手に手を取って、ほとんどの通念をでっち上げている。

広告も通念を創造するいい道具だ。たとえばリステリンが手術用の強力な消毒液として発明されたのは19世紀である。その後、蒸留したものが床用洗剤や淋病の薬として売られるようになった。しかし、大ヒットするのは1920年代になってからのことで、用途は「慢性口臭」対策だった――その頃のよくわからない医学用語だが、ようは臭い息のことだ。リステリンの新しい広告に出ているのは打ちひしがれた若い男女だった。結婚しようと思ったのに、相手の腐った息に嫌気がさしたのだ。「あんなので彼とやっていける？」きれいな女の子がそう自問しているのである。それまでは、臭い息は一般的にそこまで破壊的なものじゃなかった。でも、リステリンがそれを変えてしまった。広告研究者のジェイムズ・B・トウィッチェルは次のように述べている。「リステリンが作り出したのは、うがいよりもむしろ口臭のほうだ」。たった7年の間に、メーカーの売上高は11万5000ドルから800万ドルを上回るまでになった。

どうやってできたにせよ、通念はなかなか変わらない。『ニューヨーク・タイムズ』紙のコラムニストにしてジョージ・W・ブッシュ批判の急先鋒であるポール・クルーグマンがそのことを嘆いている。2004年の初め、ブッシュの再選運動が始まったころのことだ。「ミスター・ブッシュに関しては、彼は我慢強くて正直で率直な人だという筋立ての報道と、そういう報道に合う話以外は認めてもらえない。でも、もし逆に、ヤツは銀のスプーン咥えて生まれてきたお坊ちゃまのくせにカウボーイのフリしてるイカサマ野郎だというのが通念だったら、マスコミにだって書けるネタが山ほどある」。

2003年にアメリカがイラクに侵攻するまでの間、イラクの大量破壊兵器に関して、専門家たちはまるっきり相対立する予測をさまざまに戦わせていた。しかし、ミッチ・スナイダーのホームレス「統計」がそうだったように、通念を目指す戦いではいずれかの立場が勝つ。たとえば女性の権利推進派は性的暴力の実態を大きく膨らませて語ってきた。アメリカの女性の3人に1人は死ぬまでの間にレイプやレイプ未遂の犠牲になる、なんてことを言う（実際の数字は8人に1人ぐらいだ——でも推進派は、自分たちの言うことに声高に反論できるような図太い人はあんまりいないのをわかってやっている）。各種の悲惨な病気の治療法を普及させようと活動している人たちもそんなことをしょっちゅうやっている。やらない手があるか？　ちょっと創造性を発揮して嘘をつくだけで、注目も、共感も、そして——たぶんこれが一番大事なんだろうが——お金も政治力もみんな手に入る。それを使って本当の問題にも立ち向かえる。

もちろん、専門家は、女性の健康推進派だろうが政治アドバイザーだろうが広告会社役員だろうが、私たちとはインセンティブが違っていることが多い。専門家のインセンティブは状況によって180度変わってしまうこともある。

警察を考えてみればいい。最近の監査によれば、アトランタ市警は1990年代の初め以来、犯罪を激しく過少申告していた。明らかに、そういうやり方が始まったのはアトランタ市が1996年のオリンピックを招致しようと動き始めたころだ。同市の暴力的なイメージを拭い去る必要があったのだ、それもすばやく。それで、毎年何千件という凶悪犯罪がもっと軽い犯罪に格下げされて報告されたり、単純に報告書が捨てられたりしていた（そんなことを長年やっていたのに——どこへ行ったかわからない調書は2002年だけでも2万2000件を上回る——アトランタ市はずっと、アメリカで最も凶悪犯罪の多い街の一つに数えられている）。

一方、他の街の警察が1990年代に何をしていたかといえば、彼らは彼らで別のでっち上げを語っていた。クラック・コカインが急激に蔓延してきたため、国中の警察当局が対策のための財源を求めて闘っていた。彼らはおおっぴらに、この戦いは不利だと公言していた――麻薬の売人たちは最先端の武器と底なしの資金で武装している。不正な資金を強調したのは大当たりだった。法に従う善良な市民を何が怒らせるといって、億万長者の麻薬売人というイメージほど怒りを呼ぶものはない。マスコミもこの話に飛びつき、クラックの密売をアメリカで一番儲かる仕事として描き出した。

でも、クラックがよく売られている団地にちょっと行ってみれば、なんかおかしいと気づく：クラックの売人はほとんどみんな団地に住んでいる。それだけならまだしも、ほとんどがママと実家に住んでいるのだ。で、あなたは頭を掻きつつ言うわけだ――なして？

答えは正しいデータを見つけられるかどうかにかかっている。そして正しいデータを見つけるには正しい人を見つければいいのが普通だ――言うほど簡単ではないけれど。麻薬の売人が経済学を勉強していることはめったにないし、経済学者が売人とつるんでいることもほとんどない。だからこの疑問の答えを見つけるには、まず、本当に売人に囲まれて暮らし、そのうえ麻薬取引の秘密を知りながら生き延びられた人を見つけなければならない。

スディール・ヴェンカテッシュ――子供のころの友だちは彼をシドと呼んでいたけれど、その後スディールに戻った――はインドで生まれ、ニューヨークのアップステートと南カリフォルニアの郊外で育ち、カリフォルニア大学サンディエゴ校を数学専攻で卒業した。1989年にシカゴ大学の社会学博士課程に進んだ。彼が興味を持っていたのは、若い人たちが自分のアイデンティティをどう形成するかということだった。そんなわけで、彼は3カ月間グレイトフル・デッドを追いかけて国中を回った。彼が興味を持てなかったのは、社会学者が典型的にやる、実地調査という苦行だった。

ところが、彼の指導教授は貧困研究で名高いウィリアム・ジュリアス・ウィルソンで、ウィルソンがヴェンカテッシュを実地調査に送り込んだ。与えられた仕事：クリップボードと選択式の質問70個のアンケートを持って、シカゴで一番貧しい黒人の住む界隈へ行く。アンケートの最初の質問：

ご自分が黒人で貧しいことについて、どう感じていますか？

a. とても悪い
b. 悪い
c. 良くも悪くもない
d. いくらか良い
e. とても良い

ある日ヴェンカテッシュは、大学から20ブロック行ったところにある、ミシガン湖のほとりの団地へアンケートを取りに行った。黄ばんだ灰色のブロックでできた16階建ての建物が3つあった。すぐに、自分がもらった名前も古すぎて使えないことがわかった。建物はボロボロで廃墟同然だった。下のほうの階には住んでいる人たちもいて、水や電気を勝手に使っていたけれど、エレベーターは使えなかった。廊下の電気も灯いてなかった。冬の初めの昼下がりで、外は暗くなりかけていた。

ヴェンカテッシュは賢くハンサムで背も高い。とりたてて勇敢な人というわけではないのだけれど、6階まで上がって誰かアンケートに答えてくれる人はいないか探してみた。突然、踊り場でサイコロをやっているティーンエイジャーの集団に出くわした。彼らはその建物を根城にしているクラック売人のチンピラ・グループで、彼らはヴェンカテッシュに会えて嬉しい……わけはなかった。

「私はシカゴ大学の学生で」アンケート用のセリフをなぞりながらもヴェンカテッシュは早口になった。「アンケートを――」

「ファック・ユー、ニガー、わりゃウチの階段でなにやっとるんじゃ」。

シカゴではギャングの抗争が起きていた。その頃、状況は悪くなっていて、ほとんど毎日のように発砲事件が起きていた。このギャングはブラック・ギャングスタ・ディサイプル・ネイションの傘下で、見るからにピリピリしていた。彼らはヴェンカテッシュをどうしたものかわからなかった。敵のギャングのメンバーには見えない。でも、もしなんかのスパイだったら? サツでないのはたしかだ。黒人じゃないし、白人でもない。危なそうではない――持ってる武器といえばクリップボードだけだ――けれど、人畜無害というわけでもない。3カ月間グレイトフル・デッドのオッカケをやっていたせいで、彼のみてくれは、後日彼が言ったところによると、「芯から頭のおかしいやつみたいだった。髪の毛はケツまで伸ばしてたし」。

ギャングのメンバーたちはヴェンカテッシュをどうしたものかと話し合いを始めた。行かせるか？　でもここの踊り場にオレたちが溜まってるって敵のギャングに本当に教えやがったらどうすんだ、奇襲を食らったらヤバいぞ。落ち着きのない子が手の中で何かブラブラさせながら――暗い中だったが、そのうちヴェンカテッシュはそれが銃だと気づいた――ボソボソ言う。「殺らせてくれよぅ。殺らせてくれよぅ」。ヴェンカテッシュは、とても、とても怖くなった。

人の数が増え、やかましくなった。年上のギャング・メンバーが現れた。ヴェンカテッシュの手からクリップボードを取り上げて、質問が書いてあるのを見て頭をひねった。

「こんなクソみたいなもん読めるか」。

「おめーは字が読めねぇからだろが」。ティーンエイジャーの１人が言ってみんな年のいったそのチンピラをあざ笑った。

彼は、聞いてやるからアンケートの質問を読めと言う。ヴェンカテッシュは「ご自分が黒人で貧しいことについて、どう感じていますか？」という例の質問から始めた。みんなゲラゲラ笑い、怒っている子もいた。後日、ヴェンカテッシュは学校の同僚に、ａからｅまでの選択肢では十分でないことがわかったと言っている。実際には、答えの選択肢は次のようでなければならないそうだ。

a.　とても悪い

b. 悪い
c. 良くも悪くもない
d. いくらか良い
e. とても良い
f. ファック・ユー

もう絶体絶命かに見えたちょうどそのとき、また1人別のメンバーが現れた。ギャングのリーダー、J.T.だった。J.T.はいったいどうしたんだと言った。話を聞いて、ヴェンカテッシュにアンケートの質問を読んでみろと言う。彼は聞いていたが、自分は黒人じゃないから質問には答えられないと言う。

「なるほど、それでは」とヴェンカテッシュは言った。「ご自分がアフリカ系アメリカ人で貧しいことについて、どう感じていますか？」（訳注：ややPCな言い方）

「オレはアフリカ系アメリカ人でもねぇんだよ、このアホが。オレはニガーだ」。それからJ.T.は「ニガー」と「アフリカ系アメリカ人」と「黒人」の違いについて、激しく、しかしそれほど敵意を持ったふうでもなく、一席ぶった。彼が話を終えると、重苦しい静けさがやってきた。それでもまだ、ヴェンカテッシュをどうしたらいいのか誰にもわからない。J.T.は20代後半で、手下たちをおとなしくさせたが、彼らの獲物に直接手を伸ばそうとは思っていないようだった。暗くなってから

J.T.は出て行った。「ここから生きちゃ出られないんだぜ」。銃をもった落ち着かないティーンエイジャーの子がそう言った。「わかってんだろ、ええ?」

夜が更けると、みんな落ち着いてきた。彼らはヴェンカテッシュにビールを1本くれた。もう1本。また1本。おしっこしたくなると、彼はみんながするところでした――1階上の踊り場だ。その晩、J.T.は何回かやってきたが、あまり何も言わなかった。朝が来て、それから昼になった。ヴェンカテッシュはたびたびアンケートを取ろうとしたが、若いクラック売人たちは笑うだけで、質問がどれだけアホかという話ばかりするのだった。そしてついに、ヴェンカテッシュが飛び込んでからほとんど24時間経ったところで、彼らはヴェンカテッシュを解放した。

彼は家に帰ってシャワーを浴びた。ほっとしたけれど、とても気になった。自分も含めてほとんどの人がゲットー（訳注：少数民族が、強制の場合も含め、集中して住むスラム街。アメリカでは貧しい黒人が多数住む地域を指す）の犯罪者の日常なんて考えたこともないじゃないか、そう閃いた。彼はブラック・ディサイプルズが上から下までどんな仕組みになっているか、ぜひ研究したいと思った。

数時間後、彼は団地へ戻ることにした。それまでにはもっとましな質問も考えついていた。

データを集めるための定番の方法はこの場合お話にもならないと身をもって学んだので、ヴェンカテッシュはアンケートなんかやめてギャングについて回ろうと心に決めた。彼はJ.T.を見つけ出して自分の提案を説明した。J.T.は、こいつ頭がおかしい、マジで、と思った――大学生がクラック売りのギャングとお友だちになりたいだと? でも、彼は同時に、ヴェンカテッシュがやろうとしていることを褒めてくれた。実はJ.T.は大卒で、専攻はビジネスだった。大学を出た彼は事務用品を販売するループという会社のマーケティング部に勤めた。とても場違いな感じがしたので――アフロ・シーンの会社で働いてる白人の男みたいだったとJ.T.はよく言っていた――辞めた。しかし、学んだことは決して忘れなかった。彼はデータを集めたり新しい市場を開拓したりすることの大事さを知っていた。いつも、より優れた経営戦略を考えていた。つまり、J.T.が売人グループのリーダーになったのはたまたまではなかった。彼はボスになるべくしてなったのだ。

いくらか話し合った末、J.T.は、公表されるとまずいことになる情報に関しては自分が拒否権を持つという条件付きで、ギャングの活動すべてを自由に調べさせてやると約束した。

ヴェンカテッシュが初めて訪れてからすぐ、黄ばんだ灰色の建物はとり壊され、ギャングはシカゴ南部へいっそう入ったところにある別の団地へ移った。その後6年間、ヴェンカテッシュは実質的にそこで暮らした。J.T.の庇護の下、彼はギャングのメンバーたちを、仕事の場や家で、間近に観察した。彼は延々質問をした。チンピラたちも、彼の好奇心の強さにうんざりすることもしばしばだったけれど、ヴェンカテッシュが話を聞いてくれるので、喜んで話すことのほうが多かった。「お前よぅ、この辺は戦争なんだよ」。ある売人が言う。「っちゅーのはよぅ、みんな毎日生き延びるので必死なんだよ。だからさぁ、やれることとやるしかねぇ、わかるだろ。他にどうしようもねぇんだ、それで殺されたって、そりゃクソだけど、この辺じゃニガーはみんなそうやって家族に食わしてるんだ」。

ヴェンカテッシュはいろいろな家族のところを渡り歩いた。皿洗いをして床で眠った。子供におもちゃを買ってやったりもした。一度、目の前でティーンエイジャーの売人が撃たれて死に、女性が赤ん坊のよだれ掛けでその売人の血をぬぐうなんていうこともあった。ウィリアム・ジュリアス・ウィルソンはシカゴ大学で、ヴェンカテッシュの代わりに毎晩うなされていた。

ギャングは何年も血で血を洗う縄張り争いを続け、その後ＦＢＩの捜査が入った。Ｊ．Ｔ．の1ランク下にブーツィという名前のメンバーがいた。あるとき彼がヴェンカテッシュのところへやってきて、話があると言う。みんな、サツの手が入ったのはオレのせいだって言うんだ、そのうち殺されるんじゃないかとブーツィは恐れていた（彼の言うとおりだった）。だが、ブーツィはその前にちょっとした罪滅ぼしをしたかった。ギャングはクラックの密売なんてぜんぜん悪いことじゃないと言っていたが――黒人のお金を黒人社会に取り返すんだとさえよく嘯《うそぶ》いていた――ブーツィは後ろめたさを感じていた。彼は次の世代のためになるものを何か残したかったのだ。彼はヴェンカテッシュに、擦り切れたらせん綴じのノートの束を渡した――ギャングのシンボルカラーである青と黒のノートだった。それは4年間にわたるギャングのお金の出入りを完全に記した帳簿だった。Ｊ．Ｔ．の指示で、厳しく帳簿がつけられていたのだ。売上げ、給料、上納金、殺されたメンバーの家族に払った死亡保険金まで載っていた。

最初、ヴェンカテッシュはそんなものもらいたくなかった。自分が持ってるのをＦＢＩが見つけたら――ひょっとしてオレも捕まるのかな？　それにこんなデータ、どう分析すればいいんだ？　彼は数学科の出身だったけれど、数字で考えるのはずいぶん前にやめてしまっていた。

シカゴ大学での研究を終えるにあたって、ヴェンカテッシュはハーヴァード大学のソサイエティ・オブ・フェローズで3年間過ごす栄誉を与えられた。鋭い思索と気さくな空気――ウォールナットの壁、かつてはオリヴァー・ウェンデル・ホームズが使っていたシェリー・カート――がヴェンカテッシュは気に入った。彼はソサイエティでソムリエまで務めた。そして、それでも、彼は定期的にケンブリッジを離れ、シカゴのクラック売人たちのところへたびたび戻った。そんな場末での調査のおかげでヴェンカテッシュはちょっとした変り種になった。他の若い研究者たちは、ほとんどがツイードのスーツに染まったインテリたちで、ギリシャ語でダジャレを言うような連中だ。

ソサイエティの目的の一つは、機会でも作ってやらないと出会うことさえないような、さまざまな分野の研究者を引き会わせることだ。ヴェンカテッシュはすぐに、もう1人の変り種に出会った。やっぱりソサイエティの紋切り型にはまらない若い研究者だった。そいつは経済学者で、壮大《マクロ》な理論を考える代わりに、自分のアンテナにひっかかった常識はずれの瑣末《ミクロネタ》な材料を集めてつつきまわしていた。彼のリストの一番上にあったのは犯罪だった。そんなわけで、出会って10分で、スディール・ヴェンカテッシュはスティーヴン・レヴィットにシカゴで手に入れたらせん綴じのノートの話をし、2人は一緒に論文を書くことにした。そんなプライスレスな財務データが経済学者の手に渡ったのは初めてのことだった。それまで誰も踏み込んだことのない犯罪組織の分析が、こうして可能になった。

で、実際、ギャングはどんな仕組みになってるんだろう？　ほとんどのアメリカ企業と変わらない。

たぶんほんとにマクドナルドなんかとそっくりだ。マクドナルドの組織図とブラック・ディサイプルズの組織図を並べてみたら、どっちがどっちかわからないだろう。

ヴェンカテッシュがつるんでいたギャングはもっと大きなブラック・ディサイプルズ傘下に約100ある下部組織――というか、フランチャイズ店――の一つだった。J.T.は自分のフランチャイズを切り盛りする大学出のリーダーで、20人ほどからなる中央組織の配下だった。この中央組織は、いや冗談でもなんでもなく、取締役会と呼ばれていた（山の手に住む白人の子たちは熱心に黒人ラッパーがやってるゲットーの流儀を真似している一方、ゲットーの黒人ギャングは山の手に住む子たちのパパがやってる会社の流儀を真似してたってわけだ）。J.T.は、与えられた12ブロックの四角い区域でクラックを売る権利の使用料として、売上高の20％近くを取締役会に収めていた。残りのお金は彼が自由に分配できた。

J.T.には3人の幹部が従っていた。用心棒（ギャングのメンバーの安全を守る）、金庫番（ギャングの流動資産を管理する）、そして運び屋（大量の麻薬とお金を運んで卸し元との間を行き来する）だ。幹部の下は通りで売人をやる連中だ。歩兵と呼ばれていた。歩兵の目標はいつか幹部になることだ。J.T.はいつも、25人から75人の歩兵を雇っていた。それが何人かは季節（クラック売人にとって秋はかきいれどきだった。夏とクリスマスのころは売れ行きが鈍った）と担当する地区の広さ（ある時期、ブラック・ディサイプルズが他の組織の縄張りに敵対的買収を仕掛け、2倍になった）で決まった。J.T.の組織の最底辺は200人にもなるメンバーたちで、ヒラ呼ばわりされていた。

彼らは雇われてさえいなかった。それどころか、ギャングに上納金まで払っていた――他の対立するギャングから守ってもらうためや、いつか歩兵の仕事を手にするチャンスを貰うためだ。

ノートに記録がつけてあった4年間はちょうどクラック流行の最盛期と重なっていて、商売は大繁盛だった。J.T.のフランチャイズではこの期間に売上げが4倍になっている。最初の年、毎月のアガリは平均で1万8500ドルだった。最後の年には、それが6万8400ドルにもなっている。3年目の月次収益はこんな感じだ。

麻薬売上高	$24800
上納金	$5100
ミカジメ料	$2100
計：月次総収入	$32000

「麻薬売上高」はクラック・コカインの販売で得られた現金だけを表す。ギャングは一部のヒラのメンバーに縄張りでヘロインを売るのを認めていたが、利益の一部ではなく固定の使用許可料を取っていた（そうしたお金はオフバランスで、J.T.の懐にそのまま入る。たぶん彼は他のことでも上前をはねていたのだろう）。上納金5100ドルはヒラのメンバーからの支払いだけだ。ギャングの正式メンバーからは上納金を取らないからだ。ミカジメ料はギャングの縄張りで事業を行う他の企業か

らの支払いだ。そういう企業には食料品店、白タク、ポン引き、盗品売買や車の路上修理などがあった。

　さて、月に3万2000ドル稼ぐためにJ.T.が払っているコストは、給料を除くと、こんなふうになっている。

麻薬売上原価	$5000
取締役会費	$5000
傭兵費	$1300
武器費	$300
雑費	$2400
計：給料を除く月次費用	$14000

　傭兵とは、縄張り争いのために短期契約《テンプ》で雇った非メンバーたちだ。武器費がここではとても安い。ブラック・ディサイプルズは地元で営業する武器の運び屋と提携していたからだ。運び屋が近所を通るときにはそれを助ける代わりに、銃を無料とか大幅割引とかで提供してもらっているのである。雑費には弁護士費用、パーティ代、賄賂、そしてギャング主催の「地域行事」の費用が含まれる（ブラック・ディサイプルズは団地社会で、害なすものではなく支えだと見られようと、とても企業努力を

していた）。加えて、雑費にはギャングのメンバーが死んだ場合にかかるコストも含まれている。ギャングは葬式代を持つだけでなく、犠牲者の家族に3年分の給料に相当するお金まで渡していた。ヴェンカテッシュはあるとき、そういうときにギャングがこんなにも太っ腹なのはなんでだと聞いてみた。「アホかお前は、なにファックぬかしとるんじゃ」と言われた。「お前、ずいぶんオレらの周りをちょろちょろしとるのに、あいつらの家族はオレらの家族だってまだわからんのか。ほっとけるわけないやろ。お前、オレらは生まれてこの方ずっとあいつらをよく知っとるんや。あいつらが悲しきゃオレらも悲しいんじゃ。家族っちゅーのはリスペクトするもんや」。死亡保険金を払う理由はもう一つあった：ギャングたちは地域社会の反発を食らう（そもそもギャングのシノギは有害であるし）のを恐れている。あっちで数百ドル、こっちで数百ドル、それでご機嫌が取れるなら安いもんだとわかっているのだ。

残りのお金はメンバーの懐に入る。最初に取るのはJ．T．だ。ギャングの予算の中でJ．T．を一番喜ばせる項目と言えばこれしかない。

月次純利益、リーダーの取り分	$8500

月に8500ドルだからJ．T．の1年の給料はだいたい10万ドルになる——もちろん税金はかからないし、オフバランスで彼が受け取ったいろんなお金も含まれていない。これは、彼が短い間ルー

プ社で働いていたときの稼ぎよりずっと多い。そして、J．T．はブラック・ディサイプルズのネットワークにいる同じ階級のリーダー約100人の1人にすぎないのだ。だから、事実、麻薬ディーラーには豪勢な暮らしができる人もいるし――ギャングの取締役なら――ものすごく豪勢な暮らしができる人もいるのである。トップ20人のボスたちは、年にだいたい50万ドルも稼ぐ（ただし、いつもだいたい彼らの3分の1は刑務所にいるので、非合法産業の要職には大きなマイナス面もある）。

さて、ブラック・ディサイプルズのピラミッドのトップ120人はとても儲かっていた。しかし、彼らが頂点に座るピラミッドはとても大きい。J．T．のフランチャイズ――幹部3人と歩兵約50人――を物差しに使うと、120人のボスの下で働いている人は5300人ほどいることになる。それから、お給料ももらえないヒラが2万人。彼らの多くはただただ歩兵になるチャンスが欲しくてそこにいる。そんなチャンスを手にするために上納金まで納めている。

それじゃ、彼らが夢の仕事に就いたらどれぐらい稼げるんだろう？　J．T．がギャングのメンバーに払った1カ月の給料の総額は次のとおり。

3人の幹部の給料合計	$2100
歩兵全体の給料合計	$7400
ギャングの月次給料合計（リーダーを除く）	$9500

つまり、J.T.は従業員に全体で月に9500ドルしか支払っていない。これはJ.T.の公式の給料よりたった1000ドル多いだけだ。J.T.の時給は66ドルだ。3人の幹部はそれぞれ月に700ドル受け取っているので、時給はだいたい7ドルになる。そして歩兵の時給たるや3.30ドルであり、これは最低賃金より低い。ということは、元の疑問——ヤクの売人がそんなに稼いでるんなら、どうしてママと住んでるの？——に対する答えは、元締めでない限りそんなに稼いじゃいないから、ということになる。ママの家に住むほかないのだ。大金持ちが1人いれば、他に地べたを這いずり回っている連中が何百人もいるのである。ブラック・ディサイプルズのトップ120人はこのギャングの正式メンバー中ほんの2.2%だけれど、アガリの半分以上は彼らが取る。

言い換えると、クラック売人ギャングの仕組みは普通の資本主義企業とほとんどおんなじ：でっかく稼ぐにはピラミッドのてっぺん近くにいないとダメだ。社員は皆家族とか言ってる経営者のタテマエとぜんぜん違って、ギャングの給料は企業社会と変わらないぐらい偏っている。歩兵はマクドナルドでハンバーグをひっくり返してる人やウォルマートで棚を並べ替えてる人といろんな意味でそっくりだ。実際、J．T．の歩兵はだいたいみんな、違法な仕事のしょぼい稼ぎを補うために、まっとうな業種で最低賃金レベルの仕事もやっている。別のクラック売人ギャングのリーダーは、歩兵にもっと払ってもやっていくのは簡単だけどそれは賢いやり方ではないと語っている。「ええか、ワシの仕事を狙っとるニガーを山ほど抱えとるわけよ」と彼は言っていた。「そりゃまああいつらの面倒はみてやらんといかんけど、ボスはワシやっちゅーのをたたき込んでやらんといかんのや。まずワシがワシの取り分を取らんと、ワシはもうボスやのうなってしまう。ワシが損かぶったりしたら、あいつらワシをヘタレのクソったれじゃと思いよるからな」。

歩兵は、給料が安いのに加えて、職場環境も最悪だ。最初は通りの角っこに一日中突っ立ってヤク中ども相手に商売をしなければいけない（ギャングのメンバーたちは商売品に手を出すのを固く禁じられていた。この指示は必要なら拳で伝達される）。歩兵には逮捕されるリスクもあるし、もっと悪くすると暴力沙汰に巻き込まれるかもしれない。ギャングの財務諸表とヴェンカテッシュの他の調査を使えば、問題の４年間のうちにJ．T．のギャングに降りかかった災難を、指標にして示すことができる。結果は唖然とするほど荒涼としている。この４年間あなたがJ．T．のギャングのメンバーだったとしたら、その間にあなたに降りかかる運命は典型的にこんな感じになる。

逮捕される回数	5・9
致命傷でない負傷の回数 （ただし、規則への抵触等に対してギャング自身から与えられた処罰による負傷を除く）	2・4
殺される可能性	4人に1人

4人に1人は殺される！　このオッズをきこりと比べてみればいい。労働統計局がアメリカで一番危険な仕事と呼んだ職業だ。4年間できこりが死ぬ可能性は200人に1人だ。なんなら彼らクラック売人をテキサスの死刑囚と比べてみてもいい。どこよりも死刑を執行している州だ。2003年、テキサス州は24人を死刑にした――これは、この年に死刑囚だった500人近くのたった5％にすぎない。ということは、シカゴの団地でクラックを売っていると、死ぬ確率はテキサスの死刑囚より高い。

それじゃ、クラックの密売がアメリカで一番危険な商売で、給料はたったの時給3・30ドルなら、いったいなんでそんな仕事を選ぶ人がいるんだろう？

さしずめ、ウィスコンシンの農家のかわいい娘がハリウッドに行くのとおんなじってとこだ。高校のクォーターバックが朝5時に起きて筋トレするのともおんなじだ。彼らはみんな、ものすごく競争が激しいけれど、トップにたどり着けば大儲けできる（一緒に栄光や権力がついてくるのは言うまでもない）分野で成功したいと思ってそうするのである。

シカゴ南部の団地で育った子にとって、クラックの売人は夢の職業なのだ。彼らの多くにとって、ギャングのボスは——とても目立つしがっぽり儲かるし——彼らの周りではダントツで最高の仕事なのである。育った環境が違っていたら、彼らだって経済学者や物書きになろうと思ったかもしれない。でも、J．T．のギャングが商売をやっていた界隈では、そこそこ儲かるまっとうな商売なんてぜんぜん見当たらないのだ。かの界隈では、子供の56％は極貧と呼ばれる水準の暮らしをしている（全国平均は18％）。78％は片親の家庭の出だ。大卒の大人は5％もいないし、働いている大人でさえやっと3人に1人である。近隣地域の所得の中央値は年1万5000ドルであり、アメリカの全国平均の半分を大きく下回っている。J．T．のギャングと暮らしている間、ヴェンカテッシュは歩兵に、彼ら言うところの「いい仕事」をつかまえるのを手伝ってくれとよく頼まれた。何の仕事かと言えば、シカゴ大学の用務員だ。

クラック商売につきまとう問題は他のきらびやかな職業につきまとう問題と同じである——たくさんの人が一握りの獲物を狙って争っている。クラック売りのギャングでがっぽり稼げる可能性はウィスコンシンの農家の娘が映画スターになったり高校のクォーターバックがNFLの選手になったりする可能性とあんまり違わない。でも、犯罪者も、他の誰もがそうであるように、インセンティブで動く。だから、もし獲物がとても大きければ、チャンスを逃すまいと1ブロック向こうまで続く列に喜んで入る。シカゴ南部では、クラックの売人になりたい人の数が、使える通りの角の数より多かった。

そういう売り出し中の麻薬貴族は労働市場不変の法則にぶち当たった――たくさんの人がやりたいと思い、たくさんの人がやれる仕事は、普通、給料が悪い。これは給料を決める四つの重要な要因の一つだ。他の三つは、その仕事に必要な特殊技能、その仕事のつらさ、そしてその仕事が提供するサービスに対する需要である。

こうした要因の微妙なバランスを考えると、たとえば、典型的な売春婦が典型的な建築家よりも稼いでいるのがどうしてかわかる。一見、そんなの間違っていると思うかもしれない。建築家のほうが高度な技術（「技術」を普通に言うときの意味だとして）を要求されるようだし、（やっぱり普通の意味で）勉強もしているはずだ。でも、ちっちゃい子が売春婦になりたいと夢見て大きくなることはないので、売春婦の潜在的供給は相対的に限られている。彼女たちの技術は、まあ「専門的」というわけではないかもしれないけれど、とても特殊な状況で用いられる。仕事はきついし、少なくとも二つの重要な点で近寄りがたい――凶悪犯罪に巻き込まれる可能性があることと、安定した家庭生活を得る機会が失われることだ。では需要は？　ま、建築家が売春婦を呼ぶことのほうがその逆よりも多いとだけ言っておこう。

派手な仕事――映画、スポーツ、音楽、ファッション――には普通とは違う仕組みが働いている。二線級の派手な仕事、たとえば出版、広告、マスコミなんかでも、給料の悪い、それでいて徹底的に働かされるつらい仕事に、頭のいい若い人たちが飛び込んでいる。マンハッタンの出版社で、2万2000ドルの給料で働く編集アシスタント、お金ももらわずにやっている高校のクォーターバック、時給3・30ドルでクラックを売るティーンエイジャー、彼らはみんな同じゲームをやっている。このゲームはトーナメント制だと考えると一番ぴったりくる。

トーナメントのルールは単純だ。頂点を目指すためには一番下から始めなければならない（メジャーリーグのショートはたぶんリトル・リーグから始めただろうし、KKKの大竜王はたぶん下っ端から始めただろうし、麻薬貴族も典型的に最初は通りの角っこでヤクの売人だ）。世間並みに満たない給料で、長い間必死に働く気がなければならない。トーナメントで勝ち上がるには、単なる並以上ではなく、あっけに取られるほど優れていなければならない（そういう差を見せつけるための方法は、もちろん仕事によってそれぞれだ。J.T.は当然歩兵の売上げ実績をチェックしていたけれど、本当に効いたのはむしろカリスマ性のほうだ――たとえば、ショートなんかの場合に比べると）。そして最終的に、自分はトップには立てないという悲しい現実を思い知らされると、トーナメントから降りる（他人より長くしがみつく人もいる――髪が白くなってもまだニューヨークでウェイターをしている「俳優」とか――が、一般的にはけっこう早い時期に思い知ることになる）。

J.T.の歩兵のほとんどは、昇進しそうにないとわかるといつまでも歩兵をやってたりはしない。とくに、撃ち合いが始まると。比較的平和な日々がしばらく続いたのち、J.T.のギャングは近くのギャングと縄張り争いを始めた。走ってきた車から撃たれるなんてことは日常茶飯事になった。歩兵――ギャング版一般庶民《マン・オン・ザ・ストリート》――にとって、こういう展開はとくに危険だ。商売柄、お客が彼らを簡単にすばやく見つけられないといけないわけで、歩兵たちが他のギャングから隠れていてはクラックは売れない。

ギャング間の抗争が始まるまでは、J．T．の歩兵たちにとって、リスクが高くて実入りの少ない仕事と昇進という見返りのバランスが取れていた。でも、抗争が始まると、ある歩兵がヴェンカテッシュに言ったように、リスクが高くなった分だけ実入りも増えないと、と考えた。「こーゆークソが起きてるときにその辺に突っ立ってたいか？　んーなもんやってられるか、だろ？　命張ってくれっちゅーなら、おめぇ、まず金だろうが。戦争やっとるときにこんなとこで立ちんぼやらされるんだからよー、もっとくれるのが筋だろって」。

J．T．だって戦争なんかやりたくなかった。一つには、リスクが高くなった分だけ歩兵に払う給料も割り増ししてやるはめになったからだ。もっと悪くしたことに、ギャング同士で抗争をやると商売に響く。バーガーキングとマクドナルドが市場シェアを上げるために価格戦争をやっても、価格で失った分の一部は数を捌いて取り返せる（それに誰も撃たれたりしない）。ところが、ギャングの抗争では、お客が暴力沙汰を恐れて通りにクラックを買いにやってこなくなるので、売上げは大きく減る一方なのだ。どう考えてもJ．T．にとって戦争は高くつく。

それじゃなんで戦争なんて始めたんだろう？　実際のところ、彼が始めたわけじゃなかった。始めたのは彼の歩兵だったのだ。ふたを開けてみると、売人のボスは思うようには手下を掌握できていなかった。なぜかと言うと、手下たちのインセンティブは違っていたからである。

J.T.にとって、暴力沙汰は目先の商売の邪魔になる。できることならメンバーが発砲なんてまったくしないでいてくれたほうがいい。しかし、歩兵にとって暴力沙汰は目的に沿っている。歩兵が差をつけられる――そしてトーナメントを勝ち進む――数少ない方法の一つが抗争で根性見せることだ。誰か殺せばリスペクトされ、恐れられ、噂になる。歩兵のインセンティブは名を上げることだ。対するJ.T.のインセンティブは、事実上、歩兵に名を上げさせないことなのである。「下っ端どもには真面目な組織なんだぞって教え込んでるんだがな」とJ.T.はヴェンカテッシュに語っている。「人殺しするためにやってるんじゃないんだ。あいつらクソみたいな映画見て、クソどもをぶち殺すのがシノギだって思ってやがる。違うんだって。組織の一員だってのをわかってもらわんと。四六時中ケンカばっかりやっとれんのよ。商売上がったりだまったく」。

結局勝ったのはJ.T.だった。彼は新しい縄張りを手に入れ、新たな繁栄と比較的平和な時代を呼び込んだ。J.T.は優勝者だった。彼のやったことをできる人なんてほとんどいなかったので、彼はたくさん稼いでいた。背が高く、ハンサムで、賢くて、タフな男だった。どうやったら人をやる気にさせられるか知っていた。加えて、彼は抜け目がなく、逮捕されないように銃や現金を持ち歩かなかった。他の連中がママと貧しい暮らしをしているときに、彼は家をいくつも持ち、女を何人も抱え、車を何台も持っていた。そしてもちろん、彼はビジネスの教育も受けていた。彼はいつも、この強みを生かそうと努めていた。だからこそ彼は会社よろしく帳簿をつけさせていたのであり、それが回りまわってスディール・ヴェンカテッシュの手に渡ったのだ。そんなことをやったフランチャイズのリーダーは他にいなかった。J.T.はあるとき、取締役会に帳簿を見せて、自分の商才がどんなものか証明しようとした。まるで何か証拠がいるとでも言うように。

で、それはうまくいった。地回りのギャングを率いて6年、J.T.は取締役に昇進した。34歳になっていた。彼はトーナメントに勝ったのだ。でも、このトーナメントには、出版やプロスポーツにも、ハリウッドにさえない落とし穴があった。なんだかんだ言っても麻薬を売るのは法律違反なのだ。取締役会に入ってそう経たないうちにFBIの捜査が入り、ブラック・ディサイプルズは実質的につぶれてしまった――ブーツィという名のチンピラがノートをヴェンカテッシュに手渡すことになった、あの捜査だ。そしてJ.T.は刑務所に送られた。

ここでありえない疑問をもう一つ：クラック・コカインとナイロン・ストッキング、どこがおんなじ？

1939年、デュポンがナイロンを発売したとき、アメリカ中で数え切れないほどの女性が、まるで自分たちのために奇跡が起きたみたいだと思ったにちがいない。それまでのストッキングはシルクでできていて、繊細で高価、そのうえ品薄だった。1941年までに、6400万足ほどのナイロン・ストッキングが売れた――これは当時のアメリカにいた大人の女性の数より多い。ナイロン・ストッキングは簡単に買える安さでしかもかっこよく、人をほとんどやみつきにした。

デュポンはマーケティングをしている人なら誰でも夢に見る芸当をやってのけたのだ：高嶺の花を

普通の人々の手へ。そういう意味で、ナイロン・ストッキングの発明はクラック・コカインの発明ととてもよく似ている。

1970年代、もしもあなたが麻薬をやるタイプの人だったら、コカインほどおしゃれなヤクはなかった。ロックスターや映画スター、野球選手、ときどき政治家までが好んで使っていたコカインは、富と力の象徴たる麻薬だった。清潔で真っ白で見栄えのいい麻薬、それがコカインだった。ヘロインはダウナー系だしマリファナはぼーっとするだけだけれど、コカインは美しきハイへ連れて行ってくれた。

ああ、でも、コカインはとっても高かった。そのうえ長くはハイでいられなかった。そこでコカインを使う連中は、この麻薬の効能を高めてみることにした。彼らがやったのは基本的にフリーベイス――アンモニアとエチル・エーテルを塩酸コカインかコカインの粉末に加え、それを燃やしてコカイン「塩基」を遊離させる――という方法だった。しかし、このやり方は危なかった。有名な話だけれど、リチャード・プライアーが証明した――フリーベイスをやっていて死にかけた――ように、化学物質は化学者に任せておいたほうが身のためだ。

一方、コカインの売人や熱烈なファンは全国にいて、たぶんカリブ海にも南アメリカにもいたんだろうが、もっと安全に純化コカインを作るべくせっせと励んでいた。彼らは、粉末にしたコカインを膨らし粉と水に混ぜ、鍋で煮て水を飛ばすと、煙にして吸えるコカインの小さな粒ができることに気がついた。もっと心のこもった名前もすぐにできた――ロック、クリプトナイト、キブルズ〝ン〟ビッツ、スクラブル、そしてラヴ。１９８０年代の初めには、高嶺の花だった麻薬を大衆にいきわたらせる準備が整った。クラックを大ブームにするのに必要なものはあと二つだけだ：生のコカインの豊富な供給、そして新しい商品を大衆市場に持ち込む方法。

コカインを手に入れるのは簡単だった。クラック・コカインが発明されたころ、ちょうどコロンビアではコカインがあふれていたからだ。１９７０年代の終わり、アメリカでのコカインの卸売価格は、純度が向上していたにもかかわらず、大きく下がった。ニカラグアからの亡命者、オスカー・ダニーロ・ブランドンという一人の男が、コロンビアからコカインを誰よりもずっとたくさん持ち込んだ人間だと考えられていた。ブランドンはロサンゼルスのサウスセントラル地区で新進のクラック売人と盛んに商売をしたので、クラックのジョニー・アップルシード（訳注：19世紀の初めから50年近くにわたり、アメリカ東部と北西部でリンゴの種を一人で播いて回った人）と呼ばれるようになった。のちにブランドンは、母国ニカラグアの、CIAに支援を受けたコントラに、コカインを売った資金を回していたと暴露した。彼はよく、CIAが味方だからアメリカでは堂々とコカインを売れるんだと言っていた。この発言で、CIA自体がアメリカでのクラック売買の主なスポンサーだと考えられるようになった。今日でもとくに都会の黒人の間では信じられている話だ。

それが本当かどうかはここでは考えない。一方、どう見ても本当なのは、アメリカの歴史を変えた結びつき――コロンビアのコカイン・カルテルとゲットーのクラック商人の――を作ったのはオスカー・ダニーロ・ブランドンだということだ。ブランドンなどの連中は、大量のコカインをストリート・ギャングに流してクラックの一大ブームを巻き起こした。そしてブラック・ギャングスタ・ディサイプル・ネイションは新しい存在基盤を手にしたのだ。

都市というものがある限り、何らかの形でギャングもあり続ける。アメリカでは、ギャングは伝統的に最近移民してきた人たちの社会訓練施設みたいなものだった。1920年代には、シカゴだけでも1300人を超えるストリート・ギャングがいて、考えられる限りのあらゆる民族、政治的立場、犯罪にかかわっていた。ギャングは、普通お金儲けよりも暴力のほうが得意だ。たしかに事業会社を夢見るものもいたし、一部は――一番際立っていたのがマフィア（訳注：厳密な意味ではシシリー人とシシリー移民のギャング）だ――本当に（少なくともトップの連中は）儲けていた。でも、ほとんどのチンピラは、その名のとおりチンケでヒラヒラしたハンパ者だった。

黒人ギャングはとくにシカゴで大きくなった。1970年代にはメンバーが何万人もいた。罪の重さはどうであれ、彼らは都会の生き血をすする犯罪者になった。問題の一つは、そういう犯罪者が牢屋に放り込まれることはぜんぜんなさそうだった点だ。今から振り返ると、だいたいアメリカのどの街にいても1960年代と1970年代は犯罪者にとって天国だった。刑罰を受ける可能性はとても低く――犯罪者の権利運動と進歩派が法曹業界を席巻していたころだ――罪を犯しても代償はたいして大きくなかった。

しかし、1980年代になって、裁判所はそんな流れをひっくり返した。犯罪者の権利は抑え込まれ、厳しい判決を与えるようガイドラインが敷かれた。シカゴのチンピラ黒人たちはどんどん連邦刑務所に放り込まれた。このとき、運の良いことに、ムショ仲間にはコロンビアの売人たちに強いコネを持つメキシコ人ギャングのメンバーたちがいた。黒人のチンピラたちは、それまで、マフィアの仲買いを通して麻薬を買っていたが、連邦政府が新しく作った反密輸法のおかげで、その頃マフィアは壊滅状態だった。しかし、シカゴにクラックがやってくるころ、黒人のチンピラたちはコロンビアの売人から直接コカインを買えるようコネをつけていた。

それまで、コカインがゲットーで大ヒットしたことはなかった。高すぎたのだ。でも、それはクラックが発明される前のことだ。新製品は貧乏な市井の人たちには理想的だった。クラックは純粋なコカインがちょっとだけあれば作れるので、ほんの数ドルしかしなかった。ほんの数秒で頭がものすごくハイになって――それからすぐに効き目が切れてしまうので、お客はもっとくれと戻ってくる。クラックはのっけから大ヒット間違いなしだった。

そして、ブラック・ギャングスタ・ディサイプル・ネイションみたいなストリート・ギャングの、数千人もいる下っ端メンバーほどうってつけの売り子が他にいるか？　ギャングたちは最初から縄張りを持っているし――突き詰めると彼らの中核事業は不動産なのだ――みてくれも相応に怖いので、お客は彼らからかっぱらおうなんて考えもしないだろう。突然、ストリート・ギャングは不良のガキどものクラブ活動から本物の事業組織へと華麗に進化を遂げたのだった。

それに、ギャングは長く勤められる職場を提供できるようになった。クラック以前、ストリート・ギャングで食っていくなんてことはほとんど無理だった。養う家族ができれば、ギャングを辞めなければならなかった。30歳のチンピラなんてありえなかった――普通の仕事に就くか、死ぬか、刑務所だった。でも、クラックが出てきてからは稼げるようになった。あきらめて後進に道を譲るなんてことをしないベテランが居座るようになった。そんなことが起き始めたのは、ちょうど古式ゆかしき一生の仕事――とくに工場での仕事――がなくなりつつあるころだった。それ以前、シカゴでちょっと手に職のある黒人は工場で働けばけっこう稼げたものだった。できることが少なくなってきたので、クラックの売人の仕事がなおさら輝いて見えた。あんなもんどこが難しいんだ。ありゃすぐ中毒になるから、アホでも売れるって。

クラックのゲームでトーナメントに勝てるやつはほんの一握りだ、それがどうした？　危ない――そこの角っこに立って、逮捕してやるだのカツアゲしてやるだの殺してやるだの考えてるやつが来ないか気を配りながら、マクドナルドでハンバーガー売るみたいに、どこのどいつか知らないやつに、自分も誰とも名乗らずに手っ取り早くクラックを売る――それがどうした？　売ったブツに12のガキだかババァだか牧師だかがハマって次のイッパツ以外なんにも考えられなくなる、それがどうした？　クラックで街がつぶれる、だからどうしたって？

アメリカ黒人にとって、第2次世界大戦からクラック・ブームまでの40年間は、安定した、時によっては急激な改善がはっきり見られた時期だった。とくに1960年代に公民権が法律に盛り込まれてからは、アメリカ黒人の社会的地位がやっと向上した証拠がはっきり現れている。黒人と白人の所得格差は縮小していた。黒人の子供の試験の点と白人の子供の点もそうだった。おそらく一番心強い進歩は乳児の死亡率だ。1964年でさえ黒人が乳児の間に死ぬ確率は白人の2倍だった。それも下痢や肺炎みたいな初歩的な病気で死ぬことが多かった。病院が区別されていて、黒人の患者は発展途上国並みの治療しか受けられなかったのだ。連邦政府が病院の区別をやめさせてからはそれが変わった――たった7年間で、黒人乳児の死亡率は半分に減った。1980年代までに、アメリカ黒人の生活はほとんどすべての面で良くなっていたし、改善がとどまる兆しは見えなかったのだ。

そんなときにクラックがやってきた。

クラックが黒人に限って大流行したわけではぜんぜんないけれど、黒人の住む界隈での吹き荒れ方が一番ひどかった。先ほど挙げた社会的地位向上の指標でもそれがわかる。何十年も下がってきていた黒人の乳児死亡率が1980年代に急に上がっている。未熟児や捨て子の比率もそうだ。黒人の子供と白人の子供の成績格差も広がった。投獄される黒人の数は3倍になった。クラックが与えた害はとても大きく、クラック利用者とその家族だけでなく、アメリカ黒人全体で平均してみても、この集団に戦後見られた進歩が急に止まってしまったばかりか、10年分も逆戻りしている。一つの原因がクラック・コカインほどひどい被害をアメリカ黒人に与えたのはジム・クロウ法以来だった。

そしてさらに犯罪がある。5年間で、都会の若い黒人による殺人は4倍になった。突然、シカゴやセントルイスやロサンゼルスのどこかに住むのはボゴタに住むのと同じぐらい危なくなった。

クラック・ブームはありとあらゆる無慈悲な犯罪と結びついた。その20年ほど前から始まっていた、アメリカのより幅広い犯罪増加の波にも乗っていた。そうした犯罪の増加はクラックよりずっと前から始まっていたけれど、クラックで増加に拍車がかかったので、犯罪学者たちもあれほどはっきりこの世の終わりを予言したのだ。ジェイムズ・アラン・フォックスは、たぶん一般向けマスコミに一番よく登場する犯罪学者だ。彼は若年犯罪の「血の雨」が降ると警告した。

でも、フォックスたち通念派はみんな間違っていた。血の雨は降らなかった。実際には犯罪発生率は低下した──あまりに思いがけなく、劇的に、幅広く犯罪が減ったので、あれから数年しか経っていないのに、あんなにも荒れ狂っていた犯罪の波が、いまじゃ思い出すのも一苦労だ。

なんで減ったんだろう？

理由はいくつかあるけれど、そのうち一つは他にも増して思いもよらないことだった。オスカー・ダニーロ・ブランドン、人呼んでクラックのジョニー・アップルシードは、真ん中に居座って、一つの大きな波を起こした人間だったのだろう。一人の人間のちょっとした行動がたくさんの人を失意のどん底に突き落とした。一方、ほとんど誰にもわからなかったことだけれど、別のとてつもなく強力な波──これはまったく逆の方向に働いた──がちょうど伝わり始めたのだった。

2001年に発表した中絶に関する論文で、レヴィットと共著者のジョン・ドナヒューは次のように断っている。自分たちの発見が「中絶を支持する、あるいは女性の出産に関する選択について国家の介入を求めていると考えたとしたら、それは誤解である」。彼らは、「将来的に犯罪に手を染める可能性の高い子供たちに、より良い環境を提供する」ことによって、犯罪は容易に抑制できるとも述べている。

それでも、彼らの題材自体があらゆる人たちから非難を浴びた。保守派は中絶が犯罪と戦うのに使えるという考えに激怒した。進歩派は貧しい黒人女性を標的にしていると呆れ返った。経済学者たちはレヴィットの手法は信頼できないとブツブツ言った。マスコミは中絶と犯罪の話に食いつき、レヴィットは矢面に立たされた。彼は（保守派と進歩派の双方から）夢想家と呼ばれ、また優生主義者、差別主義者、まごうかたなき悪魔とまで呼ばれた。

実際には、彼はそのどれにも見えない。彼は政治にはあまり関心がなく、道徳にはもっと関心がなかった。彼は温和でおとなしく、冷静で、自信を持ちながらもうぬぼれてはいない。彼はとても舌足らずな話し方をする。見た目はものすごくオタクだ——チェックのボタンダウンシャツ、さえないカーキのパンツに編みヒモのベルト、はき古した茶色の靴。彼のポケットカレンダーはNBER（全米経済研究所）のロゴ入りだ。「年に3回以上散髪に行ってくれるといいんだけど」。妻のジャネットが言う。「それから、15年前と同じ眼鏡かけてるのはやめてほしいなと。そのころでももう十分ダサイ型だったけど」。彼は高校時代、ゴルフがうまかったが、体力が衰え、自分は「生存する人類の中で最も虚弱」だと称してジャネットに家中のビンを開けてもらっている。

つまり、彼のみてくれやたたずまいは、どう見ても火炎放射器ではない。

――『ニューヨーク・タイムズ・マガジン』2003年8月3日

第4章 犯罪者はみんなどこへ消えた?

Where Have All the Criminals Gone?

ニコラエ・チャウシェスクはルーマニアの共産主義独裁者になって1年後の1966年、中絶を禁止した。「胎児は社会全体の財産である」。彼は高らかに宣言した。「出産を忌避する者は、国家存続のための諸法を犯し、義務を怠る者である」。

チャウシェスクの御代にはそんな大げさな宣言がしょっちゅう行われた。彼がやろうとしていた——新社会主義的人間にふさわしい国家の建設——のは、そんな大げさなことをほんとに実践することだったからだ。彼は自分のための宮殿を建設し、その一方で国民を虐げ、顧みなかった。農業を切り捨て、工業を奨励し、地方に住むたくさんの人を暖房もないアパートに詰め込んだ。親族を40人も政府の要職に就かせ、その一人である妻のエレナは40軒の家とそれに見合った毛皮や宝石を要求した。チャウシェスク夫人は公式にはルーマニア至高の母と呼ばれていたが、とりたてて母親らしいわけではなかった。「虫ケラどもというのはどれだけエサを与えようが満足ということを知らない」と彼女は言った。夫の失政で食糧不足が起き、ルーマニア国民が不満を言っていたときのことである。彼女は自分の「子供たち」を盗聴していた。忠誠を確保するためだ。

チャウシェスクが中絶を禁止したのは目標の一つを果たすためだった。人口を増やしてルーマニアを速やかに強化するためだ。1966年までのルーマニアは世界で一番中絶に寛大な政策を採る国の一つだった。実際、産児制限の主な方法の一つが中絶で、出産1件に対して4件の中絶が行われていた。そんな中、ほとんど一晩で中絶が禁止された。例外を認められるのは、すでに子供が4人以上いる女性の場合と共産党で高い地位にいる女性の場合だけだった。同時に、避妊や性教育も全部禁止された。担当する政府の役人は皮肉をこめて生理警察と呼ばれ、定期的に女性の職場を巡回しては妊娠検査を実施した。女性が何度も妊娠しないでいると、高い「禁欲税」を払わされた。

チャウシェスクの与えたインセンティブは狙ったとおりの効果を上げた。中絶が禁止されてから1年で、ルーマニアの出生率は2倍になった。そうして生まれた赤ん坊たちの国、ルーマニアでは、そもそもチャウシェスクの一族か共産党のエリートでない限り人生は悲惨だった。でも、その子たちの人生は、それに輪をかけて悲惨だった。中絶が禁止されてから生まれた子供の世代を、ちょうど前年に生まれた子供と比べてみると、どの指標も悪化している——学校の成績は悪く、仕事で成功することも少なく、そして犯罪者になる可能性はずっと高くなっていた。

中絶禁止はチャウシェスクが権力の座から追われるまで続いた。1989年12月16日、何千人もの人がティミショアラ市の通りに出てチャウシェスクの腐った体制に抗議した。デモに参加した人の多くがティーンエイジャーや学生だった。警察が彼らを何人も殺した。反体制派のリーダーの1人は41歳の教授で、後日、怖がっている自分にデモに参加しろと言ったのは13歳の娘だったと語っている。「興味深いことに、恐れていてはだめだと教えてくれたのは、私たちの子供たちだったのです」と彼は言う。「ほとんどは13歳から20歳の子供たちでした」。ティミショアラの大虐殺から数日後、チャウシェスクはブカレストで10万人を前に演説した。このときも若い人たちが大挙して押し寄せた。彼らは「ティミショアラ！」とか「人殺しを打ち倒せ！」とかと叫んでチャウシェスクを黙らせた。彼の時代に終わりが来たのだ。チャウシェスクとエレナは10億ドルも抱えて国から逃げようとしたが捕まり、形だけの裁判で、クリスマスの日に銃殺された。

ソヴィエト連邦の崩壊前後に権力を追われた共産党の指導者の中で、惨殺されたのはニコラエ・チャウシェスクだけだ。彼が殺されたのは、ルーマニアの若者たちの手によるところが大きい点は決して見過ごせない。彼らの多くはチャウシェスクの中絶禁止がなければ生まれてこなかった子供たちだった。

ルーマニアの中絶の話をマクラにして、1990年代におけるアメリカの犯罪の話を始めるのはなんかヘンな感じがするかもしれない。でも、ぜんぜんヘンじゃない。ある重要な点で、ルーマニアの中絶の話はアメリカの犯罪の話の裏返しなのだ。二つの話が重なるのは、ニコラエ・チャウシェスクが教訓を頭に叩き込まれた――銃弾といっしょに――あの1989年のクリスマスの日だ。彼が学んだのは、中絶禁止は彼が思いもよらなかったようなずっと深いところに影響を与えたということだった。

この日、アメリカでは犯罪がほぼピークに達していた。それまでの15年間で、凶悪犯罪は80%も増えていた。晩のニュースや国を論じるときに出てくるのはまず犯罪の話だった。

1990年代の初めに犯罪発生率が下がり始めたとき、下がり方が急でしかも突然起きたので、誰もが驚いた。犯罪が減り始めたと気づくのに何年もかかった専門家もいた。ずっと増えつづけると頭から信じきっていたのだ。実際、犯罪がピークに達してから何年も後に、まだ前にも増して暗い将来を語る人までいた。しかし、もう証拠ははっきりしていた。長く急増を続けていた犯罪件数はそれまでとは逆に急減し、40年前の水準に戻るまでその傾向は止まらなかった。

そこで専門家たちは自分の予測が大外れしたことをものすごい勢いで言い訳し始めた。犯罪学者ジェイムズ・アラン・フォックスは、「血の雨」が降ると警告したのはもちろんわざと大げさな言い方をしたのだと言い張っている。「通りが血で真っ赤になるなんてぜんぜん言ってませんよ」と彼は言う。「ただ、『血の雨』みたいな強烈な言葉で人の注意を引こうと思ったんです。うまくいきました。人騒がせなことを言ったからって、悪いなんてぜんぜん思いませんね」（フォックスが違う言葉――「血の雨」と「血で真っ赤になる」――を使って、意味のない区別をしているような気がするなら、専門家ってやつは退却するときでさえ自分に有利なことしか言わないことを思い出そう）。

犯罪減少の説明	言及の回数
1．画期的な取締まり戦略	52
2．懲役の増加	47
3．クラックその他の麻薬市場の変化	33
4．人口の高齢化	32
5．銃規制の強化	32
6．好景気	28
7．警官の増員	26
8．その他の説明（死刑の増加、武器隠匿の規制、銃の買い上げ他）	34

安心感が広がって、みんなが犯罪を恐れなくてもいい生活がどんなものか思い出したころ、自然と、ある疑問が湧いた：犯罪者はみんなどこへ消えた？

ある意味、その答えを出すのは難しい。結局、犯罪学者も警察も経済学者も政治家も、その他こういうことにかかわりあっている連中は誰も犯罪が減るとは予測していなかったのなら、そんな彼らに突然原因がわかるようになるわけはないでしょう？

ところが、いろんな専門家は、今じゃ犯罪の減少を説明する仮説を山ほどばら撒いている。この話題について書かれた新聞記事はとてもたくさんある。そういう記事の内容は、だいたい、専門家がどんな話を記者に最近吹き込んだかで決まってしまう。上の表は、1991年から2001年の間に発行部数が多いほうから10位までの新聞に載った犯罪減少の説明を、レクシスネクシス・データベースに基づいて、触れられた回数の順に並べたものだ。

クイズが好きならここでしばらく立ち止まって、ここに挙げた説明のうちどれに効果がありそうで、どれに効果がなさそうか、じっくり考えてみてほしい。ヒント：表に挙げた七つの主な説明のうち、犯罪の減少に貢献したのは三つしかない。他はほとんど、誰かの妄想か、我田引水か、希望的観測から出たでっち上げだ。さらにヒント：犯罪を減らした一番決定的な原因はリストにはまったく出てきていない。いっぺんも新聞に載ったことがないからだ。

どちらかと言うと誰もが賛成しそうなものから見ていこう。好景気だ。犯罪が減り始めた１９９０年代の初めはアメリカ全体の景気が拡大して失業率が大きく下がった時期でもある。犯罪を減らした要因の一つが景気だというのは納得がいきそうな気がする。でも、データをよく見るとこの説は吹っ飛ぶ。労働市場が強いと、ある種の犯罪が相対的に魅力的でなくなるというのは本当だ。でも、そういうことは直接的にお金に結びついた犯罪——賄賂や強盗、自動車泥棒——についてしか言えない。殺人や傷害、レイプといった暴力犯罪とは関係ない。そのうえ、研究によると、失業率が１％下がると非暴力犯罪が１％減る。１９９０年代、失業率は２％下がった。一方、非暴力犯罪はというと、約40％も下がっている。でも、好景気説のもっと大きな嘘は、暴力犯罪に関する点だ。１９９０年代に殺人は他のどの種類の犯罪よりも大幅に減っているし、景気と暴力犯罪の間には何の関係もないことを示す、信頼のおける研究がたくさんある。そんなもともと弱い関係が、ごく最近の１９６０年代を見ればなおさら弱いことがわかる。景気は大変な勢いで伸びた——で、犯罪も同じように伸びた。そんなわけで、１９９０年代の好景気は、一見、犯罪の減少を説明できそうに見えるけれど、ほとんど犯罪者の行動に影響を与えなかったのはほぼ間違いない。

ただし、「景気」をもっと広い意味で解釈しない限り、だけれど。つまり、刑務所を何百も建ててやっていくお金が得られるという意味で。そんなわけで、次の説を見ることにしよう。懲役の増加だ。まず犯罪に関する疑問をひっくり返してみるといいかもしれない。なんで犯罪が減ったかを考える代わりに、こう考えるのだ：そもそも、どうしてあんなに急に増えたんだろう？

20世紀の前半、アメリカの暴力犯罪は、だいたいいつも、まあまあ安定していた。ところが1960年代の初めにそれが増え始めた。振り返ってみると、この傾向を押し進めていた主な要因の一つが寛大な司法制度であるのは明らかだ。1960年代に有罪判決の比率は下がり、投獄された犯罪者も短めの懲役で済んでいた。罪を犯した人たちの権利が拡大されたこともあって、そういう傾向がいっそう強まった。人によってはもっと前から拡大されているべきだったと言うかもしれない（むしろいきすぎだったと言う人もいる）。同時に、政治家たちはどんどん犯罪に寛大になった——「彼らは人種差別主義者だと思われるのを恐れたのだ」と経済学者のゲイリー・ベッカーは言う。「重罪を犯した人に占めるアフリカ系アメリカ人とヒスパニックの割合は不釣合いなほど高いからだ」。だから、あなたが悪いことをしようと思う類の人なら、インセンティブが列をなしてあなたをそそのかしていたわけだ。つまり、放り込まれる可能性は低く、放り込まれても短期間だ。犯罪者だってみんなと同じようにインセンティブには敏感に反応するから、その結果犯罪が急増したのである。

そんなインセンティブは結局切り詰められることになるのだが、それにはしばらくかかり、大きな政治的混乱も起きた。それまでなら行ってよしと言われていた犯罪者——とくに麻薬関連の罪や仮釈放が取り消されるようなことをした場合——が投獄されるようになった。1980年から2000年までで、麻薬関係の犯罪で刑務所に送られる人の数は15倍になった。他の犯罪に対する懲役、とくに暴力犯罪に対する懲役も長くなった。全体としての効果は劇的だった。2000年には200万人を超える人が刑務所にいて、これは1972年のだいたい4倍にあたる。そうした増加のまるまる半分が1990年代に起きている。

刑罰を強化したことと犯罪発生率の低下を結びつける証拠はとても強力だ。厳しい懲役は、抑止力（街にいる犯罪予備軍に対して）としても予防薬（すでに刑務所にいる犯罪予備軍に対して）としても、効果を発揮したことが研究で示されている。こんなにも筋が通っているのに、犯罪学者には反対する人もいる。1977年に発表された学術論文「刑務所建設の一時停止を求める立場を代表して」は、投獄率が高いとき犯罪発生率も高いことを指摘して、投獄率を下げない限り犯罪は減らないと結論づけている（運よく、看守たちが突然獄舎を開け放ち、犯罪が減るのを座って待ってるようなことにはならなかった。政治学者のジョン・J・ディユーリオ・Jr.が後日語っている。「犯罪学者の世界では、博士号でも持ってないと危険な犯罪者を投獄しておいたほうが犯罪は減るというのがわからないようだ」）。「一時停止」論を主張する人は相関と因果の違いを根本的にわかっていない。同じような話を考えてみればいい。ある町の市長が、自分たちの町のチームがワールドシリーズに勝つと市民は大喜びするのに気がついた。市長はこの相関関係に興味を持ったのだが、「一時停止」論文の著者と同じように、相関がどっちからどっちへ流れているのかはわからなかったようだ。そこで翌年、市長はワールドシリーズのお祝いを第一球が投げられる前に始めると宣言した――彼の混乱しきった脳内では、これで勝利は確実になった。

刑務所の囚人の数が大きく増えるのが嫌だという理由は、たしかに山ほどある。アメリカ国民、とくに黒人がけっこうな割合で鉄格子の向こうで過ごしているというのは、誰もが喜ぶことじゃない。それに、刑務所が犯罪の根本的な原因を解決してくれるわけでもない。犯罪の原因はさまざまだし複雑なのだ。そして最後に、刑務所はお手ごろな解決からはほど遠い。誰かを檻に入れておくためには1年間でだいたい2万5000ドルもかかるのだ。でも、もしここでの目的が1990年代に犯罪が減ったのを説明することなら、懲役刑は間違いなく重要な答えの一つだ。犯罪減少のだいたい3分の1がこれで説明できる。

次の説明はよく懲役と並んで挙げられる：死刑の増加だ。アメリカでの死刑の執行は1980年代から1990年代で4倍になった。それを見てたくさんの人が――何十年も続いている論争の文脈で――死刑は犯罪の数を押し下げるのに役立ったと考えた。でも、論争では重要な事実が二つ見落とされていた。

一つ目は、アメリカではめったに死刑が執行されないし、されてもそれまでにはとても長い時間がかかるので、犯罪者でもおつむがまともなら死刑になるかもしれないぐらいでビビったりはしないということだ。10年ほどのうちに死刑の執行が4倍になったとはいえ、1990年代にアメリカ全土で執行された死刑は、それでもたったの４７８件だ。言うことを聞かない子供に「ようし、10数えるうちにちゃんとしないと今度はほんとにお仕置きだからね」と言ってみたことのある親なら本物の脅しとこけ脅しの違いを思い知らされているだろう。たとえば、ニューヨーク州は今ここの文章を書いている時点で、１９９５年に死刑を再導入して以来１回も執行していない。全国の死刑囚で見ても、１年間でたった２％しか死刑は執行されていない——ブラック・ギャングスタ・ディサイプル・ネイションのクラックの売人たちが１年間に７％の確率で死ぬのと比べてみてほしい。街の生活より死刑囚の生活が安全なら、死刑になるかもという心配で犯罪者の頭がいっぱいになるとはとても思えない。イスラエルの保育園が遅れてくる親に課した３ドルの罰金と同じように、死刑という負のインセンティブはたいしたことなさすぎて犯罪者に態度を改めさせるにはぜんぜん足りない。

死刑説がうまくいっていない点の二つ目はもっと明らかだ。ちょっとの間、仮に、死刑は抑止力を持つとしよう。それで、犯罪は実際どれだけ減るだろう？　経済学者アイザック・エーリッヒが１９７５年に発表した論文がよく引き合いに出される。彼の推定は一般的には楽観的すぎると考えられている：１人死刑にすれば、その犯罪者が犯す殺人が７件減る。さて、それじゃ計算してみよう。１９９１年にアメリカで行われた死刑は14件だった。２００１年には66件だ。死刑が52件増えたので、エーリッヒの計算だと、２００１年の殺人は３６４件減ったはずだ——もちろん小さい数字ではないけれど、これは実際の殺人減少のたった４％にも満たない。だから、死刑賛成派に一番有利なシナリオでさえ、死刑では１９９０年代に起きた殺人減少の25分の１も説明できない。そのうえ、殺人以外の犯罪で死刑になることはめったにないから、他の暴力犯罪に至ってはたいして説明できるはずもない。

だから、今のアメリカのやり方で、死刑が犯罪発生率を抑えるのに本当に効果があった可能性は大変低い。一度はこの説を支持していた人たちの多くも、結局、同じ結論に至っている。「私は、道徳的にも知的にも、死刑という実験は失敗だったと告白する義務があると思う」と、アメリカ連邦最高裁判所判事のハリー・A・ブラックマンが１９９４年に述べている。彼はその20年近く前、死刑の再導入に賛成票を投じている。「死刑台をあれこれこねくり回したりするのはもうやめだ」。

さて、そんなわけで、犯罪を減らしたのは死刑でも好景気でもない。一方、高い投獄率が果たした役割は大きい。放り込まれた犯罪者たちは、もちろん自分で刑務所までやってきたわけじゃない。誰かが犯罪を捜査して悪いやつを捕まえ、調書をまとめて有罪にしなければならない。そう考えると、自然に関連する説明二つにたどり着く。

画期的な取締まり戦略

警官の増員

まず二つ目から見ていこう。アメリカにおける人口1人あたりの警官の数は１９９０年代に14％増加した。でも、警官を増やしただけで犯罪が減るんだろうか？　答えはあたりまえみたいに思える——ｙｅｓだ——けど、それを証明するのは簡単ではない。というのも、犯罪が増えるとみんな守ってくれと大騒ぎするので、だいたいは警察に回ってくる予算が増える。だから、警官と犯罪の相関をそのまま見てしまうと、警官が多いときには犯罪も多いという傾向が出る。もちろん、警官が犯罪を起こしているわけじゃない。ちょうど、一部の犯罪学者が言うような、犯罪者を出獄させれば犯罪が減るということにはならないのと同じだ。

因果関係を見るためには、犯罪の増加とはまったく無関係な理由で警官が増える、そんなシナリオが必要だ。たとえば、でたらめに選ばれた一部の街には警官がばら撒かれ、他の街ではそうでないということがあれば、たまたま警官たちがやってきた街で犯罪が減っているかどうかを調べられる。

考えてみると、票に飢えた政治家がぴったりのシナリオを頻繁に作り出してくれている。選挙の投票日前の数カ月間、現職の市長は決まって警官を増やし、法と秩序を愛する市民の票を取り込もうとする。警官が増える——犯罪発生率は変わってないのに。だから、最近選挙をやった（だから追加で警官を雇った）市を集め、もう一方で選挙をやっていない（だから追加で警官を雇っていない）市を集め、二つのグループを比べれば、増えた警官が犯罪に与える影響を取り出すことができる。で、答え：もちろんｙｅｓだ。警官が増えれば犯罪発生率は大きく下がる。

ここでも、そもそも犯罪がとても増えたのはなぜだったのかを振り返ってみるとわかりやすい。１９６０年から１９８５年、警官の数は犯罪の数に対して相対的に50％以上も下がった。警官の数を増やすのは進歩主義に照らして醜いことだと考えられたこともあった。そうでなくても単にお金がかかりすぎると考えられていた。警官が相対的に50％も減ったので、犯罪者が捕まる可能性もだいたい同じぐらい下がったのだ。先ほど説明した、司法のもう一方の側である裁判所が寛大になったことと合わさって、警官の減少は犯罪者に強い正のインセンティブを与えた。

1990年代になって世の中の考え方——とニーズ——が変わった。警察に対する風潮も逆転し、国中の都市が警官を大幅に増員した。そうした警官たちは抑止力になったし、そのうえ、それまでなら捕まらなかった犯罪者を捕まえられるだけの人手にもなった。警官の増員は1990年代の犯罪減少のだいたい10％ぐらいを説明している。

でも、1990年代に変わったのは警官の数だけではなかった。犯罪減少の原因として、何にも増してよく言われている要因を考えよう——画期的な取締まり戦略だ。

画期的な取締まり戦略が犯罪を止めるという説ほど魅力的な説はたぶん他にないだろう。この説は、悪者が減っただけだと言う代わりに、正義と真実の味方のおかげだと言うんだから。この説は一気に広まり、誰もが信じるお題目になった。ジョン・ケネス・ガルブレイス言うところの、通念を作る最も強力な材料に訴えたからだ——つまり、考え方のわかりやすさ、そして私たちそれぞれの利害である。

この筋書きが一番ドラマティックに演出されたのがニューヨーク市で、当選したばかりのルドルフ・ジュリアーニ市長と、彼が自ら任命した警察本部長ウィリアム・ブラットンは、同市のどうしようもない犯罪の現状を何とかすると誓った。ブラットンが行った取締まりは画期的だった。ある警察幹部が後日語ったところによると、彼の着任はニューヨーク市警（ＮＹＰＤ）にとって「アテネ文明時代」の始まりだった。つまり、新しい考え方がそれまでの化石みたいなやり方よりも重んじられた。ブラットンは部下の警官を甘やかさず、説明責任を課した。古式ゆかしき警官のノウハウに頼らず、コンプスタットなどの最新技術を活用して解決策を探った。コンプスタットはコンピュータを使って犯罪の起こりやすい場所を特定する方法である。

　ブラットンが生み出した新しいアイディアの中で一番魅力的だったのは、犯罪学者のジェイムズ・Ｑ・ウィルソンとジョージ・ケリングが唱えた割れ窓理論を元にしたやり方だった。割れ窓理論によると、軽い迷惑ぐらいのことでも放っておくとそのうちそれが大きな迷惑に発展する。誰かが窓を割って、それがすぐに直されないのを見ると、その人は他の窓を割ったって大丈夫だろうと思い、そのうちビルに火までつけるかもしれない。

　そこで、人殺しがあっちこっちで起きているさなかに、ビル・ブラットン配下の警官たちはそれまで相手にしなかったようなことを取り締まることから始めた：地下鉄の改札機を飛び越えて無賃乗車する連中、しつこい物乞い、道で立ちションするやつ、ドライバーがしかるべき「寄付金」を払うまで車の窓ガラスをこきたない布切れで拭き続ける連中。

　ほとんどのニューヨーカーはこの取締まりを気に入った。そうした取締まり自体に価値があったからというのもあるが、彼らがとくに気に入ったのは、ブラットンとジュリアーニが高らかに吹聴した、ちょっとした犯罪を取り締まれば大きな犯罪の芽を摘むことができるという考え方だった。今日無賃乗車したやつは明日誰かを殺そうと思っているかもしれない。そこの通りで立ちションしてるヤク中はこれから泥棒しにいくところかもしれない。

凶悪犯罪が大幅に減り始めると、ニューヨーカーたちは喜んで、芝居がかったブルックリン育ちの市長と、ひどいボストン訛りで喋る、痩せてとんがった顔の警察本部長を褒め称えた。でも、この固い意志を持った2人の男は栄冠を分け合うのがうまくなかったようだ。同市の防犯体制の立て直しが成ったすぐ後に、ブラットンは『タイム』誌のカバーを飾った――でもジュリアーニは飾れなかった。ブラットンは無理やり辞めさせられた。彼が警察本部長をやっていたのはたった27カ月だった。

1990年代に犯罪が減っていたとき、ニューヨーク市は間違いなく取締まり戦略に革命を起こしていたし、アメリカの大都市のどこよりも大幅に犯罪が減った。殺人率は1990年の10万人あたり30・7件から2000年の10万人あたり8・4件まで下がった。73・6％の減少だ。でも、事実をよく調べてみると、そんな大幅な減少に対して、画期的な取締まり戦略はたぶん、ほとんど何の効果も与えてはいないのだ。

まず、ニューヨーク市で犯罪が減り始めたのは1990年だ。1993年の終わりまでに、窃盗や、殺人を含む暴力犯罪は、もう20％近く減っていた。でも、ルドルフ・ジュリアーニが市長になった――そしてブラットンを任命した――のは1994年の初めだ。二人がやってくるずいぶん前に犯罪は減っていたのである。それに、ブラットンが職場を追い出されてからずいぶん後まで犯罪は減り続けた。

それから、新しい取締まり戦略には警官隊自体の大きな変化も含まれていた。大幅な増員である。1991年から2001年までの間にNYPDの人員は45％増えた。これは全国平均の3倍を超えている。もう説明したが、警官の数が増えれば戦略がどうだろうが犯罪が減るのは初めからわかりきっている。控えめに見積もっても、ニューヨークでそれだけ警官が増えれば同市の犯罪は全国平均に比べて18％減るはずだ。警官の増員の効果を差っ引くと、ニューヨークの殺人の減少は全国一の73・6％から転げ落ち、その他大勢の真ん中あたりに隠れてしまう。実は、新しく警官になった連中を雇ったのはデイヴィッド・ディンキンス、つまりジュリアーニが選挙で破った前市長だ。ディンキンスは法と秩序系の票を自分の側につかせようと必死だった。自分の対立候補は元連邦検事のジュリアーニだとわかっていたからだ（二人はその4年前の市長選でも戦っている）。そんなわけで、犯罪が減ったのはジュリアーニのおかげだと思いたい人は、なんならそう思っててもいい。ディンキンスがあれだけ警官を増やしたのは、ジュリアーニが法と秩序の業界で得た評判に対抗するためだったからだ。警官の増員は、もちろん最終的にはみんなのためになった――ただ、ディンキンスよりもずっとジュリアーニのためになったのだけれど。

ニューヨーク市の画期的な取締まり方法が犯罪を劇的に減らしたという主張に、なにより不利な証拠が一つある。とても単純でよく見過ごされている事実だ：1990年代を通じて、犯罪はアメリカ中どこでも減っていた。ニューヨーク市だけじゃなかったのだ。ニューヨークみたいな戦略を試してみた街は他にあまりないし、あれほど一所懸命になっていた街はもちろん他にない。でも、ニューヨーク市の警官増員の影響を差し引いてみると、警察がどうしようもないことで有名なあのロサンゼルスでさえ、ニューヨークと同じぐらいの割合で犯罪は減っていた。

賢い取締まり戦略なんて別に意味ないと言ってしまうのは乱暴だ。もちろん、ビル・ブラットンはニューヨークの警官隊を活気づけた点で高く評価してやるべきである。でも、彼の戦略がどんな犯罪にも効く万能薬だという彼やマスコミの言い分にはあいた口がふさがらないほど根拠がない。画期的な取締まり戦略が、たとえば、ブラットン自身が2002年の後半に警察本部長になったロサンゼルス市でどれだけ効果を発揮したかを測ってみればいい。彼は当然、ニューヨーク市で彼の旗印になった発明をいくつか実施したけれど、彼が最優先の仕事に掲げたのはもっと基本的なことだった：お金を調達して警官を何千人も雇うこと。

さて、犯罪減少のよくある説明をもう二つ見てみよう。

銃規制の強化

クラックその他の麻薬市場の変化

まず銃。この話になるとみんな頭に血がのぼる。銃賛成派は規制が厳しすぎると信じている。反対派はまるっきり逆のことを信じている。みんな頭いいのに、なんでこうも考えが違うんだろう？　それは、銃が、文脈一つで性質の変わる複雑な問題を抱えているからだ：つまり、そのときたまたま銃を握っているのは誰の手か、という問題である。

ここで一歩下がって根本的な疑問を考えてみよう：そもそも、銃ってなに？　もちろん、人を殺すための道具なんだけど、もっと重要なことがある。それは、銃は事の自然な成り行きを大きく変えてしまうということだ。

どんなもめごとも銃1丁でどうにでもなる。強いやつとそうでもないやつがバーで言い争いになり、とうとう殴り合いになったとする。そうでもないやつがぶちのめされるのはどう見ても自然な成り行きなのに、どうして殴り合いなんか始めたんだろう？　力関係は動かしようがない。でも、もしそうでもないやつがたまたま銃を持っていたら、勝てる可能性はけっこうある。このシナリオに銃を持ち込めばとてもひどいことになるかもしれない。

さて、強いやつとそうでもないやつの代わりに高校生の女の子を思い描こう。彼女が夜、散歩していて強盗に出くわしたとする。強盗だけが銃を持っていたらどうなる？　女の子だけが銃を持っていたら？　両方とも銃を持っていたら？　銃に反対の人なら、そもそも強盗の手に銃が渡らないようにしなければいけないんだと言うだろう。銃に賛成の人は、今ではすっかり自然になってしまった成り行きに高校生の女の子が抗うためには銃が必要だと言うだろう。つまり、いまどきの悪いやつらは普通に銃を持っているってことだ（もし、女の子が銃で強盗を撃退できたなら、シナリオに銃を持ち込んだことでひどいことにならずに済んだことになる）。アメリカみたいに銃のブラックマーケットが繁盛していて誰でも銃が手に入る国では、強盗をやろうとちょっとでも思えばまず銃を手に入れるに決まってる。

アメリカには銃が本当にたくさんあって、大人にそれぞれ銃を1丁ずつ渡していくと、銃より先に大人が足りなくなる。アメリカで起きる殺人の3分の2近くが銃によるものだ。これは他の工業国に比べてずっと高い割合である。だから、アメリカの殺人率がこんなに高いのは銃がこれほど簡単に手に入るからだと思うだろう。実際、調査するとたしかにそのとおりになっている。

でも、話は銃だけじゃ終わらない。スイスでは、軍務のために大人の男性全員に突撃ライフルが支給されていて、家に銃を置くことが許されている。人口1人あたりで見ると、スイスにある小火器の数はほとんどどの国よりも多いけれど、それでもスイスは世界で一番安全な国の一つだ。言い換えると、銃が犯罪を起こすのではない。そのうえで言うが、犯罪を起こす連中の手から銃を離しておくためにアメリカがやっていることは、贔屓目に見ても弱腰だ。そして銃は——コカインとか車とかパンツとかと違って——ものすごく長持ちするので、新しい銃を作るのをやめさせても、使える銃はまだ山ほどある。

そういうことを全部頭に入れて、1990年代に実施されたいろいろな銃規制が犯罪にどんな影響を与えたか見ていこう。

一番有名な銃規制は1993年に施行されたブレイディ法だ。この法律は、拳銃を売るとき、身元調査期間を設けて買い手の前科などをチェックしなさいと定めている。そういう対策は政治家にならウケるだろうが、経済学者から見るとたいして意味はない。なんで？　合法的な市場を規制しても、同じ製品のブラックマーケットが大きく発達していれば、規制は失敗するに決まっている。銃はとても安くお手軽に手に入るので、普通の犯罪者なら地元の銃器店へ行って申込書を書いて一週間も待ってたりするインセンティブはない。だから犯罪を減らす方法として、ブレイディ法は現実には役に立たない（重罪で投獄された犯罪者を調べると、ブレイディ法の前でさえ、免許を受けた銃器店で銃を買ったという人はたったの5分の1ほどだった）。各州が行ったいろんな銃規制も、やっぱりうまくいかなかった。ワシントンDCとシカゴでは1990年代に犯罪が全国的に減り始めるずっと前から拳銃の所持が禁止されているけれど、全国規模で犯罪が減っていたとき、両市は国をリードするのではなく、むしろ遅れをとっていた。まあまあ効果があるとすでにわかっているのは、法に反した形で銃を持っているところを捕まった人に課す懲役を、ものすごく長くするというやり方だ。でも、これにはまだ改善の余地がある。そんなことになるわけないのだけれど、もし非合法に銃を持っていたら死刑だと決めて、死刑をとっとと本当に執行すれば、銃犯罪は間違いなく激減する。

1990年代における犯罪との戦い――というかそれを扱う晩のニュース――の要はもう一つあって、それは銃の買い上げである。こんな光景を覚えているでしょう――どす黒くもぎらぎら光る銃の山を囲む市長、警察署長、そして近所の活動家。まあ、絶好のシャッターチャンスなんだろうけど、買い上げられる銃と同じぐらいの意味しかない。そういうところに持ってこられる銃はだいたい骨董品かガラクタだ。銃を持ってきた人への支払いは――普通50ドルから100ドルぐらいだが、カリフォルニア州では一度、精神科の診断が3時間無料で受けられます、なんてのもあった――実際に銃を使おうと思っている人にとって、十分なインセンティブではない。それに、引き渡される銃の数は、その一方で新しく作られて市場に出回る銃の数に比べればお話にもならない。アメリカにある銃の数と各年の殺人の件数を考えれば、ある銃1丁がある年に、誰かを殺すのに使われる可能性は1万に1つだ。典型的な銃の買い上げ1回で引き渡される銃の数は100丁を下回る――ということは、買い上げキャンペーンを1回やっても殺人は10分の1件も減らせそうにない。これでは犯罪の減少に髪の毛1本ほどの影響さえ与えちゃいない。

そこで、正反対の意見が出てくる――街にもっと銃を、ただし正しい人（さっきの例なら、強盗じゃなくて高校生の女の子）の手に。経済学者のジョン・R・ロット・Jr.がそういう考え方のチャンピオンだ。彼の名刺代わりは著書『もっと銃を、それで犯罪は減る』だ。同書でロットは、法を守る市民が銃を隠し持つことを認めている地域では凶悪犯罪が減っていると主張している。彼の議論は、意外に聞こえるかもしれないけれど、理屈は通っている。狙った獲物が武装しているかもしれないと思うなら、犯罪者も結局は犯罪を起こさないかもしれない。ロットは銃反対派から夢見る銃信者と呼ばれ、集中砲火を浴びた。そのうえ、インターネット上での論争で「メアリ・ロッシュ」というハンドルネームを使って自説を擁護するべく自作自演までやり、自分の立場をいっそう悪くした。ロッシュはロットの授業を受けたことがあると言い、ロットの賢さ、公平さ、カリスマを褒め称えた。「習った先生の中で一番だったよ」と彼（女）は書いている。「授業に出れば『右翼』だなんて絶対思わないし……（中略）……彼が教える授業ならなんでも片っ端から取ろうとする生徒が私も含めてたくさんいたよ。とうとう先生が、他の先生の授業も取って、他の教え方にも触れておいたほうがいいって言わなきゃならないほどだった」。そのうえ、実はロットは自分の「銃が増えれば犯罪が減る」説を支持するようなアンケート結果をでっち上げたんじゃないかという困った疑惑が湧いて出た。データがでっち上げかどうかはともかく、ロットの説はたしかに興味深いが、正しいとは思えない。他の学者が彼の得た結果を追試してみると、銃を持つ権利を認める法律では犯罪はぜんぜん減らないという結果になった。

次の説明に行こう：クラック・バブルの崩壊だ。クラック・コカインは強力で中毒性の高い麻薬なので、とてつもなく儲かる市場がほとんど一晩のうちにでき上がった。そりゃまあたしかに、儲かるのは売人ギャングのリーダーだけだった。でも、下っ端の売人たちはそれでなおさら昇進しようとがんばって働いた。彼らの多くはそのためならライバルを殺すぐらい平気でやった。ライバルが同じギャングのやつだろうがよそのギャングのやつだろうが関係なかった。アガリの大きい通りの角っこを争って撃ち合いも起きた。クラック絡みの殺人で多いのは、クラックの売人1人が他の売人（1人でも2人でも3人でも）を撃つ形で、通念とは違い、頭に虫の湧いたヤク中がほんの数ドル欲しさに店員を撃つ形じゃなかった。こうして暴力犯罪がものすごく増えた。ある調査によると、1988年にニューヨークで起きた殺人の25%以上はクラック絡みだった。

1991年ごろになってクラックに絡む暴力沙汰は減り始めた。それを見てクラック自体が衰えたんだと思った人は多い。そうじゃなかった。今でも、クラックを吸うのはほとんどの人が思っているよりずっとはやっている。アメリカでの逮捕全体のうち5%近くは今もコカイン絡みだ(クラック全盛期でも6%だった)。クラックを吸って救急病院に担ぎ込まれる人の数だってたいして減ってない。

それじゃ衰えたのは何かというと、クラック売人の儲けだ。コカインの価格は何年も下がりっぱなしで、クラックの人気が高まるにつれてどんどん安くなった。売人たちは価格競争を始めた。利益は吹き飛んだ。クラック・バブルの崩壊は、その後起きたナスダック・バブルの崩壊と同じぐらい劇的だった(クラック売人の第1世代はマイクロソフト株長者みたいなもの、第2世代はペッツ・ドットコム株ホルダーみたいなものだ)。ベテランのクラック売人が殺されたり刑務所送りになったりするのを見て、若い売人たちはあんまり儲からないしこれじゃリスクに見合わないと考えた。トーナメントは魅力を失ったのだ。誰かをぶっ殺してまでクラックを売る縄張りを広げても儲からないし、それで殺されたんじゃ元も子もない。

そんなわけで、凶悪犯罪は減った。1991年から2001年で、若い黒人男性——クラックの売人には圧倒的に多かった——による殺人率は48%下がった。もっと年配の黒人男性や年配の白人女性では30%だ(殺人率を引き下げるのにちょっとだけ貢献した要因がもう一つあって、それはクラックの売人たちが敵を撃ち殺さなくなり、代わりにお尻を撃つようになったことだ。暴力的に侮辱するこのやり方は、殺すよりももっとコケにしたと受け取られていたし、捕まっても明らかに刑罰は軽く済む)。こうしたことを全部ひっくるめて、クラック市場の暴落で1990年代の犯罪減少のだいたい15%ぐらいの説明がつく——たしかに大きな要因ではあるけれど、ここで言っておかなければいけないのは、そもそもクラックが1980年代の犯罪増加に果たした役割は15%どころじゃ済まないことだ。つまり、クラックの効果は、差し引きすれば、いまでも凶悪犯罪の形で残っているし、言うまでもなく麻薬そのものが引き起こす悲劇も続いているのである。

犯罪減少を説明する要因の最後は人口趨勢上の傾向二つである。一つはマスコミでもよく目にする——人口の高齢化だ。

犯罪があれほど激しく減少するまで、こういう説を口にする人は誰もいなかった。実際、犯罪学「血の雨」派はまるっきり逆のことを言っていた——人口に占めるティーンエイジャーの割合が増えて凶悪殺人鬼が山ほど生まれ、国をどん底に突き落とす。「地平線の向こうに雲がわき上がり、もうすぐ風が雲をこちらへ連れてくる」とジェイムズ・Q・ウィルソンが1995年に書いている。「人口はまた若くなり始める——身構えろ」。

でも結局、人口に占めるティーンエイジャーの割合はたいして増えなかった。ウィルソンやジェイムズ・アラン・フォックスなんかの犯罪学者は人口統計をどうしようもなく読み違えていた。1990年代に人口が増加したのは、実際には高齢者が増えたからだ。高齢者向け医療保険や社会保障を考えるとこれは恐ろしいニュースだけれど、爺さん婆さんが大群になって押し寄せても普通のアメリカ人が怖がることじゃない。お年寄りがあんまり罪を犯さないと聞いて驚く人はあんまりいないだろう。平均的な65歳の人は平均的なティーンエイジャーに比べて、逮捕される可能性は5分の1だ。ここが犯罪減少の人口高齢化説の筋が通っていて魅力的なところである：年を取れば人は丸くなるので、お年寄りが増えれば犯罪は減るにちがいない。でも、データをちゃんと見ればアメリカが年老いたことは１９９０年代の犯罪減少とぜんぜん関係ないのがわかる。人口構成の変化はとてもゆっくりちょっとずつ進む――ガキがチンピラを卒業して数年でよぼよぼになったりはしないでしょう――ので、犯罪が急に減ったのをちっとも説明できない。

しかし、人口構成の変化にはもう一つ、予想がつかなかった、また長く表に出てこなかった、重要な点がある。これが１９９０年代に犯罪を劇的に減らしたのだ。

１９６６年のルーマニアにもう一度戻ってみよう。何の前触れもなく突然に、ニコラエ・チャウシェスクは中絶を禁止すると宣言した。中絶禁止以降に生まれた子供たちはそれ以前に生まれた子供たちより犯罪者になる可能性がずっと高かった。なぜだろう？　他の東欧諸国やスカンジナビア諸国の、１９３０年代から１９６０年代のデータを調べても同じような傾向が現れる。ほとんどの場合、中絶は全面的に禁止されてはいなかったが、中絶を受けるためには裁判所から許可を取らなければならなかった。中絶を却下された女性は子供を愛せなかったりいい家庭環境を作れなかったりする場合が多かったのを研究者たちが発見した。所得や年齢、教育、母親の健康といったデータを調整してもなお、そういう子供は犯罪者になる可能性がとても高いことがわかったのだ。

一方、中絶に関してアメリカは、ヨーロッパとは違う歴史をたどった。国ができて間もない頃、アメリカでは「胎動」が始まる前なら中絶は認められていた――つまり、おなかの子供が動くのがわかるまでの、普通は妊娠16～18週目までの間だ。1828年、ニューヨーク州は中絶を規制した最初の州になった。1900年には全国的に中絶が禁止された。20世紀には中絶は危険であることが多かったし普通とてもお金がかかった。だから、貧しい女性が中絶を受けることはほとんどなかった。彼女たちは避妊もあまりできなかった。だから、とてもたくさんの子供が生まれた。

1960年代の後半に一部の州が特別な場合に限って中絶を認めるようになった。レイプ、近親相姦、母体が危険といった場合だ。1970年までには5つの州が中絶を完全に合法化し、広く認めるようになった。ニューヨーク、カリフォルニア、ワシントン、アラスカ、そしてハワイの各州だ。1973年1月22日、「ロー対ウェイド」裁判に対する連邦最高裁判決が出て、中絶の合法化は一気に全国へと広がった。判決文で、ハリー・ブラックマン判事の書いた多数意見が、生まないことを選ぶ人たちの苦しい立場に詳しく触れている。

州がこうした選択を一切認めないことで妊娠女性に与える損害は明らかである……（中略）……母となること、あるいは新たに子供を生むことが、女性に痛ましい生涯と未来を強いる場合がありうる。心理的な被害は甚大でありうる。子育ては精神的および肉体的健康の足かせとなりうるのである。望まぬ子供を持つことは関係する者すべてにも苦痛を与えるうえ、心理的あるいはその他の理由で、すでに子供をいつくしむことのできなくなっている家族に、その子供を迎えさせることになる点も問題である。

最高裁はルーマニアやスカンジナビア——さらにあらゆる場所——の母親たちがずっとよく知っていたことを代弁したのだ：女性が子供を持ちたくないと思ったとしたら、普通、そう思わざるを得ない理由があるのだ。結婚していないかもしれないし、結婚がうまくいっていないのかもしれない。貧乏で子供を育てられないと思ったのかもしれない。自分の人生は不安定だ、あるいは不幸せだと思っているのかもしれないし、酒や麻薬をやるので子供の健康が心配なのかもしれない。若すぎるとか、もっと教育を受けたいと思っているのかもしれない。とても子供が欲しいけれど、それは何年か先のことで、いまはまだだと思っているのかもしれない。何百もありうる理由のどれかいくつかで、元気ないい子を育てられる家庭環境が作れないと思うかもしれない。

「ロー対ウェイド」裁判後の1年間で、アメリカでは75万人の女性が中絶を受けた（生まれた子供4人に対して中絶1件の割合だ）。1980年には中絶の件数は160万件に達し（生まれた子供2・25人に対して1件）、そこで横ばいになった。人口が2億2500万人の国で、毎年160万件の中絶——アメリカ人140人あたり1件——というのはそれほど大きい数字には見えないかもしれない。ルーマニアではニコラエ・チャウシェスクが死んだ翌年に中絶が再開され、ルーマニア人22、人あたり1件もの中絶が行われている。それでも、1年で160万人もの妊娠したアメリカ人女性が、突然その子を産まないことに決めているのである。

「ロー対ウェイド」裁判以前、非合法だが安全な中絶を受けられ、またそれだけのお金を支払えたのは、圧倒的に中産階級や上流階級の女性たちだった。裁判以降、500ドルもかかる非合法な手術を受けなくても、女性なら誰でも簡単に中絶が受けられて、お金は100ドルもかからないことが多くなった。

「ロー対ウェイド」裁判の結果に乗じた可能性の高い女性はどんな人たちだろう？　結婚していない、ティーンエイジャーだ、貧しい、あるいは3つ全部、そういう女性が多かった。こういう場合、子供にはどんな未来が待っているだろう？　ある調査によると、中絶が合法化されて間もないころに中絶された子供が生を受けていたら、平均的な子供に比べて貧乏な生活を送る可能性は50％も高かった。片親だけで育つことになった可能性も60％高かった。これら2つの要因――子供時代の貧困と片親の家庭――は、子供が将来犯罪者になるかどうかを予測できる最も強力な要因に数えられる。片親の家庭で育つと子供が将来罪を犯す可能性はだいたい2倍になる。母親がティーンエイジャーの場合もそうだ。また別の調査によると、母親の教育水準が低いことが犯罪者に至るかどうかを予測する一番強力な要因だ。

言い換えると、アメリカで何百万人もの女性に中絶を決心させた要因は、そうした人たちの子供が、もしも生まれていたら不幸せな人生を送り、たぶん罪を犯していただろうと予測する要因そのもののでもあるようなのだ。

実際、アメリカでは中絶の合法化がさまざまな結果を招いた。子殺しが劇的に減った。できちゃった結婚も減ったし、養子に出される赤ん坊の数も減った（代わりに外国で生まれた赤ん坊を養子にするのがはやった）。妊娠は30％近く増え、一方出産のほうは6％減った。つまり、女性たちは中絶を産児制限の方法として使い始めたわけだ。さしずめ、荒っぽくも劇的な保険といったところなんだろうか。

でも、中絶合法化がもたらした一番劇的な効果が現れるまでには何年もかかった。犯罪への影響だ。1990年代の初め、「ロー対ウェイド」裁判の後に生まれた最初の世代が10代後半になるころ――つまり、若い男の子たちが一番犯罪者になりやすい年代になるころ――犯罪発生率は下がり始めた。この世代に欠けていたのは、もちろん、犯罪者になる可能性が一番高い子供たちだ。そして、子供をこの世に連れて来たくなかった母親の子たちが欠けたこの世代全体が成年になるにつれて、犯罪発生率は下がっていった。中絶の合法化で望まれない子供が減ったのだ。望まれない子供はたくさんの犯罪を引き起こした。中絶の合法化は、そうして、犯罪の減少をもたらした。

こんなことを言えば、疑いから嫌悪感まで、さまざまな反発を食らうと相場は決まっている。加えて、世俗的なものから道徳的なものまでさまざまな反論も。一番ありそうなのは一番単純な反論だ：うそでしょ？ たぶん、中絶と犯罪は相関しているだけで因果関係じゃないよ。

犯罪が減ったのは画期的な取締まり戦略と賢い銃規制と好景気のおかげだと言う新聞を信じられた

らそのほうがずっとよかったかもしれない。私たちには、物事を遠くで起きた事件や難しいことよりも自分で手にとってさわれることに結びつける傾向がある。とくに、物事の原因は時間的にそう遠くないところにあると思いがちだ。友だちがヘビに咬まれた。友だちはあまりの痛さに叫んで死んだ。ヘビに咬まれたから死んだにちがいない、あなたはそう思う。ほとんどの場合、そんなふうに考えて正解だろう。でも、原因と結果について言えば、そんな入口から入ってすぐ出口みたいな考え方には落とし穴が潜んでいることが多い。私たちは、古代文化が物事の原因を取り違えていたのをバカにしたりする――たとえば、処女をレイプすれば戦いに勝てると信じていた戦士たちとか。でも、私たちだって間違った原因を信じ込むことはある。自分の利益に絡んだことを真理と称して高らかに吹聴する専門家にせっつかれて何事かを思い込むことは多い。

それじゃ、中絶と犯罪の結びつきが単純な相関じゃなくて因果だってなんでわかるんだろう？

中絶が犯罪に与えた影響を実証する方法の一つとして、最高裁判決の前から中絶が合法だった5つの州の犯罪データを調べてみよう。ニューヨーク、カリフォルニア、ワシントン、アラスカ、そしてハワイの各州では、「ロー対ウェイド」裁判の少なくとも2年前から中絶が認められていた。そして事実、先に中絶を認めていた州では、他の45州やコロンビア特別区よりも早く犯罪が減り始めている。そして、1988年から1994年の間に、先行した州での凶悪犯罪は、他の州に比べて13％減っているし、1994年から1997年の間の殺人率は他の州より23％余計に減っている。

でも、先に合法化した州は単に運が良かっただけかも？　中絶と犯罪の関係をはっきりさせるためにはデータのどこを見ればいいだろう？

見るべき材料の一つに各州の中絶率と犯罪発生率の相関がある。思ったとおり、１９７０年代に中絶率が高かった州は１９９０年代の犯罪がより大幅に減少している。一方、中絶率が低かった州は犯罪の減少幅も小さい（こうした相関は犯罪に影響を与えるいろいろな要因を調整しても残った。調整したのは、州の投獄率、警官の数、経済状態だ）。１９８５年以降、中絶率の高い州は低い州に比べて、だいたい30％も犯罪が減っている（ニューヨーク市は中絶率が高く、そのうえ中絶を先に合法化した州だ。ということは、画期的な取締まり戦略で犯罪が減ったなんて言う連中の立場はなおさら弱くなる）。さらに、１９８０年代後半――中絶合法化に影響された最初の世代が一番犯罪を起こしやすい年齢に達したころ――になるまでは各州の中絶率と犯罪発生率の間に関係は見られなかった。これもまた、犯罪を抑え込んだのは「ロー対ウェイド」裁判だと示している。

中絶と犯罪の関係をいっそう強める正や負の相関はまだ他にもある。中絶率が高い州では犯罪の減少はすべて、お年寄りの犯罪者ではなく、「ロー対ウェイド」裁判以降の世代で起きている。また、オーストラリアとカナダを調査してみても、中絶合法化と犯罪に同じような関係があった。そして、「ロー対ウェイド」裁判以降の世代には、若い男性の犯罪者数千人だけでなく、未婚でティーンエイジャーの母親数千人も欠けていたのだ――中絶された女の子の赤ん坊は、生まれていれば、自分自身の母親に似た特徴を持つ可能性が高い。

アメリカで犯罪を減らした史上最大の要因の一つが中絶だなんていうのは、もちろん嫌な話だ。なんだか、ダーウィン主義よりもスウィフト主義の香りがする。大昔、G・K・チェスタトンが言ったらしい言葉が頭に浮かぶ：帽子が足りないからといって頭を切り落としても問題の解決にはならない。経済学者の業界用語で言うと、犯罪の減少は中絶合法化の「意図せざる便益」である。しかし、道徳的な立場や宗教上の理由で中絶に反対していなくても、個人の不幸が大勢の幸せに変身するなんてショックだ。

そもそも、中絶自体が凶悪な犯罪だと考えている人はたくさんいる。ある法学者は、中絶の合法化は、奴隷制度よりも（必ず死が伴うわけだから）、ホロコーストよりも（「ロー対ウェイド」裁判以降にアメリカで行われた中絶は2004年現在3700万件で、ヨーロッパで殺されたユダヤ人600万人を超えるから）もっと悪いと言う。中絶についてそれほど強い感情を持っていようがいまいが中絶はとても大きな問題だ。ブロンクスとミネアポリスで警察の最高幹部を務めたアンソニー・V・ボウザは、1994年にミネアポリス州知事に立候補したとき、それを思い知った。ボウザはその数年前に本を出し、「おそらく、1960年代の終わり以降にわが国が採用した犯罪対策の中で有効だったのは唯一」中絶だと書いていた。ボウザのそういう意見は選挙直前になって知れ渡り、世論調査で彼の支持は急落した。で、結局負けた。

中絶に対してどんな意見を持っていようが、疑問が一つ思い浮かぶ——中絶が増えれば犯罪が減るとして、私たちは中絶と犯罪のどんな交換になら応じるだろう？　そんな難しい取引に数字を当てはめるなんてできるんだろうか？

たまたま、経済学者には、難しい取引に数字を当てはめずにはいられないというおかしな習性がある。たとえばシマフクロウを絶滅から救おうという努力を考えよう。ある経済学での調査によれば、約５０００羽のシマフクロウを守るためにかかる機会費用――つまり、木材産業なんかがあきらめ

失われた、または損傷した体の部分	補償期間（週）
人差し指	36
中指	29
薬指	21
小指	17
親指（利き手）	63
親指（利き手でないほうの手）	54
利き手	168
利き手でないほうの手	155
利き腕	208
利き腕でないほうの腕	194
足指（親指）	28
足指（親指以外）	9
足	125
鼻	35
目	157
腎臓	117
肝臓	347
すい臓	416
心臓	520
乳房	35
卵巣	35
睾丸	35
陰茎	35－104
膣	35－104

なければならない儲け――は460億ドル、つまりフクロウ1羽あたり900万ドルをちょっと超えるぐらいだ。1989年に起きたエクソン・バルディーズ号の原油流出事故の後、別の論文が、アメリカの平均的な家庭がああいう事故を避けるために払ってもいいと考えるお金の額を推定している：31ドルだ。経済学者ともなると、身体の一部にだって値札を貼れる。コネティカット州が労災を補償するのに使っている表は前のページのとおりだ。

さて、話を進めるために、一つひどい疑問を考えよう：胎児と新生児の相対的な価値はどれだけだろう？　何人だかの胎児を新しく生まれた赤ん坊1人の命のために犠牲にしなければならないなんていうソロモン王みたいな問題が降りかかったとして、あなた、どんな数字を選びますか？　単なる頭の体操だ――もちろん正しい答えなんてない――けれど、中絶が犯罪に与える影響をはっきりさせるのに役立つ。

かたくなな中絶反対派か、かたくなな中絶賛成派なら、計算は簡単だ。命は妊娠で始まると信じる人にとって、生まれた赤ん坊の価値対胎児の価値は1対1だ。女性が中絶を選ぶ権利が他のことより重要だと信じる人なら、胎児が何人だろうが生まれた赤ん坊の価値には届かないと言うだろう。

ではここにもう1人、3人目がいるとしよう（あなたが今挙げたどちらかのタイプに当てはまるなら、これからする話はとても不快かもしれない。そういう人はこのパラグラフと次のパラグラフは飛ばしてください）。この3人目の人は、胎児が1対1の割合で生まれた赤ん坊と同じ価値を持つとも思わないし、また胎児の相対的な価値はゼロだとも思わない。議論を進めるために、その人は数字を当てはめろと無理に迫られ、生まれた赤ん坊1人は胎児100人分の価値があると決めたとしよう。

毎年アメリカではだいたい150万件の中絶が行われている。生まれた赤ん坊1人は胎児100人分の価値があると考える人にとって、この150万件の中絶は、換算すると——150万を100で割って——1万5000人の命が失われるのに等しい。いちまんごせんにんのいのち。この数字は、実は毎年アメリカで殺される人の数とほぼ同じなのだ。そしてこの数字は、中絶合法化のおかげで起きずに済んだ殺人の件数よりはるかに多い。だから、胎児は人間の100分の1の価値しかないと思う人にとってさえ、中絶増加と犯罪減少の交換条件は、経済学者の言葉を使えば、ひどく非効率なのである。

中絶と犯罪の関係からはっきりわかることはこれだ：中絶について、政府が女性に判断を委ねれば、普通、女性は、子供をちゃんと育てられるかどうか自分で正しく判断する。育てられないと判断した女性は、中絶を選ぶことが多い。

でも、ひとたび女性が子供をちゃんと育て、ら、れ、る、と判断したとたん、差し迫った疑問が湧いて出る：子供が生まれたら、親は何をすればいいんだろう？

シカゴ大学が差し伸べる支援は、学問に関することにとどまらないとレヴィットは身をもって教えられた。大学に雇われた翌年、妻は最初の子供、アンドリューを出産した。1歳になってまもないある日、アンドリューは微熱を出して寝込んだ。医者は耳の炎症と診断した。翌朝、彼は嘔吐し始め、両親は彼を連れて病院に駆け込んだ。その翌日、アンドリューは肺炎球菌性の髄膜炎で亡くなった。

ショックと悲嘆のまっただなかにも、レヴィットには教えなければならない学部生の授業があった。代役を務めたのは、ノーベル賞受賞者であり、まもなく70歳の誕生日を迎えようとしていたゲイリー・ベッカーその人だった。もう1人、同僚のD・ゲイル・ジョンソンはお悔やみのカードを送ってくれた。レヴィットは強く心を動かされ、今でもカードに書かれていた言葉をそらんじることができるほどだ。

レヴィットとジョンソン——80代の農業経済学者——は、よく話をするようになった。レヴィットは、ジョンソンの娘は中国から養女を迎えた最初のアメリカ人の1人だと教えられた。すぐにレヴィットはそれに倣おうと手続きを始め、迎えた養女をアマンダと名づけた。アマンダに加えて、今では、3歳になる娘ともうじき1歳になる息子がいる。しかし、アンドリューの死はその後もいろいろな場面で顔を出した。レヴィット一家はアンドリューの肝臓を移植した幼い女の子の家族と親しくなった（彼らは心臓も提供したが、その赤ん坊は亡くなっている）。そして、現実の世界にかかわる物事を研究する学者として当然のように、アンドリューの死はレヴィットの仕事にもつながった。

彼とジャネットは悲嘆に暮れる両親のための支援グループに入った。レヴィットはプールで溺死する子供の多さに衝撃を受けた。そうした死は新聞の記事にはならない――たとえば、銃で遊んで死ぬ子供と違って。

レヴィットは興味を持ち、真実を告げる数字を探した。彼は得られた結果を『シカゴ・サン・タイムズ』紙のコラムにまとめた。このコラムが示した、直感に反する悲しい事実は、レヴィットの名を世に知らしめることになった。「もしあなたが銃を持っていて、裏庭にはプールがあるとする。プールがあるせいで子供が死ぬ可能性は銃のおよそ100倍である」。

――『ニューヨーク・タイムズ・マガジン』2003年8月3日

第5章 完璧な子育てとは？

What Makes a Perfect Parent ?

子育ての技ほど熱心に、科学にまで高められた職人技が他にあるだろうか？

ここ数十年、さまざまな子育て専門家が山ほど湧いて出た。なんとなく彼らの言うとおりやってみようかと思っただけでも一苦労だ。子育てに関する通念というのは1時間ごとに変わるのかと思うほどだからである。専門家によって言うことが違うこともある。かと思うと、声のでかい専門家たちが束になって、古い通念は間違っている、新しい通念がどうみても正しいと合唱する。少なくともほんのしばらくの間は、だけれど。たとえば、母乳で育てないと元気で賢い子供にはならない――人工乳《ミルク》のほうがいいっていう話になるまではね。赤ん坊はいつも仰向けに寝かせておかなければいけない――うつ伏せに寝かせたほうがいいってことになるまでだけど。レバーを食べるのは子供の脳の発育に（a）有害だ、そうでなければ（b）絶対必要だ。子供を絶対ぶたない？　甘えた子になるよ。子供のお尻をたたく？　刑務所行きだね。

『アメリカを育てる――専門家、親、子供に関するアドバイス、その一世紀』で、著者のアン・ハルバートは、子育て専門家たちがお互いに矛盾することを言ったり、自分自身とさえ相反することまで言ったりしていると述べている。連中をおちょくるのは面白いかもしれないけれど、それもあんなにむちゃくちゃで怖いぐらいでなければの話だ。『赤ん坊がわかる本』シリーズの著者、ゲイリー・エッツォは、ママやパパに、「素晴らしい子育てを実現する」ための「乳児管理戦略」を勧めている。エッツォは、赤ん坊には早いうちから夜一人で寝られるようしつけるのがとても大事だと強調している。そうしないと睡眠不足で「子供の中枢神経系の発達に悪い影響があり」、学習障害につながると述べている。一方、「一緒に寝る」派は、一人で寝かせると赤ん坊の心理に悪い影響があるので、「家族のベッド」で一緒に寝るのが正しいと言う。それじゃ刺激を与えるのはどうなんだろう？

１９８３年、Ｔ・ベリー・ブラゼルトンは、赤ん坊はこの世に「自分自身や周りの世界について学ぶ準備が素晴らしくでき上がったうえで生まれてくる」と書いている。ブラゼルトンは早いうちから積極的に刺激を与えるのを勧めている――「対話型ベイビー」だ。しかし、今をさかのぼること約１００年、Ｌ・エメット・ホルトが、赤ん坊は「おもちゃ」じゃないと警告している。生まれてから最初の2年間は、「強制や圧力、いきすぎた刺激」を与えてはいけないとホルトは考えた。脳はその間とても大きな成長を遂げるので、刺激を与えすぎては「大きな害になる」と彼は言う。加えて、赤ん坊が泣いても、何か痛がっているのでなければ抱き上げてはいけないと言う。ホルトの説明によると、１日15分から30分は泣かせておくのがいい。「赤ん坊はそうやって運動するからだ」。

他の分野でもそうだけれど、典型的な子育ての専門家はやたらと自信たっぷりな言い方をする。彼らはどちらかの立場に与して自分の旗を高々と掲げる。この問題にはいろいろな側面があって、なんてことは言わない。条件とかニュアンスとか、そういうものの臭いがすることを言う専門家の話なんて誰も聞いちゃくれないからだ。自分が編み上げた平凡な説を通念に押し上げるなんて錬金術をやろうと思ったら、専門家はあつかましくやらなければいけない。それには一般の人たちの感情に訴えるのが一番だ。感情は筋の通った議論の天敵だからである。感情に関して言えば、そのうち一つ――恐れ――は他よりとくに強力だ。凶悪殺人鬼。イラクの大量破壊兵器。ＢＳＥ（牛海綿状脳症）。幼児の突然死。専門家はまずそういう怖い話で私たちを震え上がらせる。意地の悪い叔父さんがまだ小さな子にとても怖い話をするみたいに。そうしておいてアドバイスをするから、とても聞かずにはいられない。

誰がそんな怖い話を売り歩く専門家に弱いといって、親ほど弱い人たちはいない。実際、恐れは子育てという営みの重要な要素だ。結局、親は別の生き物の命を預かっているわけで、しかもその生き物は、最初、ほとんどの種の赤ん坊よりも無力だ。そんなわけで、とてもたくさんの親御さんたちが、子育てに使うエネルギーを、ただただ怖がることに注ぎ込むことになる。

問題は、おうおうにして彼らが間違ったことで怖がっている点だ。いや、でも、彼らが悪いってわけじゃない。ほんとに。本当の話と単なる噂を区別するのはいつだって難しい。とくに、親御さんたちは忙しいわけだから。そのうえ、専門家がしらじらしくも脈絡のない雑音をわめきたてる――もちろん他の親御さんからもプレッシャーを食らう――から、圧倒されてもう自分じゃほとんどなんにも考えられなくなってしまう。自分で落穂拾いよろしく集めた事実まで、消えてなくなるか大げさな話になるか、さもなきゃ誰か他の人の利益のためにぜんぜん違う文脈で使われてしまうのだ。

8歳の女の子がいる親御さんを考えよう。女の子の名前は、そうだな、モリーという。彼女には仲のいいおともだちが2人いる。名前はエイミーとイマニで、近くに住んでいる。モリーの両親はエイミーの家に銃があると知っていて、エイミーのおうちで遊んじゃいけないよと言い聞かせている。だからモリーは代わりにイマニのおうちでよく遊んでいる。裏庭にプールのある家だ。モリーの親御さんは娘を守るべく正しいことをしたと思い、安心している。

ところがどっこい、データを見ると、ご両親の選択はぜんぜん正しくない。アメリカでは、1年間に家のプール1万1000個あたり子供が1人溺れている（この国にはプールが600万個もあり、10歳未満の子供がだいたい毎年550人溺れている）。一方、銃のほうは、100万丁強あたり1人の子供が銃で死んでいる（銃は2億丁あると推定されていて、毎年銃で死ぬ10歳未満の子供はだいたい175人だ）。プールで死ぬ可能性（1万1000個あたり1人）と銃で死ぬ可能性（100万強丁あたり1人）では比較にもならない。モリーがイマニの家のプールで溺れて死ぬ確率は、エイミーの家で銃で遊んでいて死ぬ確率の、だいたい100倍である。

それなのに私たちのほとんどは、モリーの親御さんとおんなじように、リスクの見積もりがうまくできない。アメリカでBSEがたった1件発生しただけで牛肉は食べられないと大騒ぎになったことを取り上げてこの問題を指摘したのは、ニュージャージー州プリンストンで自称「リスク・コミュニケーションズ・コンサルタント」をやっているピーター・サンドマンだ。2004年の初め、サンドマンは『ニューヨーク・タイムズ』紙に次のように語っている。「本質的な事実として、人が怖がるリスク要因と人を殺すリスク要因はまったく別なのです」。

サンドマンはBSE（ものすごく恐ろしいけれどめったに起きない）と普通の家の台所で食べ物を介してばい菌が繁殖すること（ものすごくよくあるけれど一応そんなに怖くない）を比べて説明している。「自分でコントロールできないリスク要因に比べると、コントロールできるリスク要因は怖がられないのです」とサンドマンは言う。「BSEの場合、コントロールできないような気がする。今食べている牛肉にプリオンが入っているかどうかわからない。見えないし匂いもしない。それに比べると、台所の汚れは自分でコントロールできる。スポンジをきれいにしておいたり床を掃除したりできるわけです」。

サンドマンの言う「コントロール」の原則で考えると、ほとんどの人が車を運転するより飛行機に乗るのを怖がるのはなぜかわかる。こんなふうに考えているわけだ――車は自分で運転するから、自分の安全は自分で確保できる。飛行機は自分で運転しないから、どうにもならないたくさんの要因に振り回される。

それじゃ、飛行機に乗るのと車を運転するのとでは、怖がったほうがいいのはほんとはどっちだろう？

まず、もっと基本的な疑問から始めたほうがいいだろう。厳密に言うと、私たちはいったい何がそんなに怖いんだろうか？　死ぬことだろうね。でも、死ぬのが怖いというのをもっと絞り込もう。もちろん私たちはいつか死ぬに決まっているし、なんとなくそれが怖くなったりもする。でも、もし10％の確率であなた来年中に死ぬよと言われたらそのときの怖がり方はそんなもんじゃ済まないだろう。人生、まるっきり違った送り方をするかもしれない。そしてもし10％の確率で1分以内に死ぬと言われたらたぶんパニックを起こすだろう。つまり、怖いのはもうすぐ死ぬ可能性なのだ――それなら、死の恐怖を測る一番いい方法は、時間あたりの死ぬ確率を見ることだ。

旅行するとき、車と飛行機のどちらかを選べるなら、それぞれの時間あたりの死亡率を考えるといいかもしれない。アメリカでは、毎年車の事故で死ぬ人（だいたい4万人）のほうが飛行機の墜落で死ぬ人（1000人未満）より多いのはたしかにそうだけれど、ほとんどの人は車に乗っている時間のほうが飛行機に乗っている時間よりずっと長いというのもやっぱりそのとおりだ（飛行機の墜落で死ぬ人に比べればボートの事故で死ぬ人のほうが毎年ずっと多い。プールと銃の関係で見たように、みなさんが思っているより水はずっと危険なのです）。しかし、時間あたりの死亡率で比べると、車と飛行機はだいたい同じぐらいだ。これら2つの機械で死ぬ（というか、もっと正確に言うと死なない）可能性は同じぐらいなのである。

しかし、恐れは現在形で語ってこそ膨れ上がる。専門家が恐れに頼って仕事をするのはそのせいだ。時間のかかることにますます我慢ができなくなっている現代社会では、恐れはすぐ効く強力な薬だ。

自分が役人で、テロ攻撃と心臓病という折り紙つきの死神二つのうち、どちらか一つを担当して予算を取り付けてこなければならないはめになったとする。議員さんたちが金庫を開けてくれやすいのはどっちだろう？　ある人がテロで殺される可能性は、同じ人が脂肪たっぷりのものばっかり食べて動脈を詰まらせて心臓病で死ぬ可能性に比べるとものすごく小さい。でも、テロ攻撃は今起きる。心臓病で死ぬというのはずっと遠くで静かに起きる災いだ。テロリストの行動はコントロールできない。フライドポテトはコントロールできる。コントロール要因と同じぐらい大事なのがピーター・サンドマン言うところの恐れ要因だ。テロ（なりＢＳＥなり）で死ぬのはものすごく怖い。心臓病で死ぬのは、なぜか、そうでもない。

サンドマンは向かい合った敵同士のどちらの側にでも立てる専門家だ。あるときは環境保護派のグループを手伝って公衆衛生問題を暴露したりする。その翌日のお客さんは大腸菌の発生で右往左往しているファーストフード企業のＣＥＯだったりする。サンドマンは自分のノウハウを簡単な方程式にまとめている：リスク＝危険＋恐れ。ハンバーガーにばい菌が湧いて困っているＣＥＯの場合、彼がやるのは「恐れの抑制」である。環境保護派には「恐れの煽り」だ。

サンドマンが扱うのが恐れで、危険そのものではないところに注意してほしい。自分のリスクの方程式で、危険と恐れは重要度が違うと彼は認めている。「危険は大きいが恐れは小さいとき、人の反応は控えめです」と彼は言う。「そして、危険は小さいが恐れは大きいとき、人はオーバーな反応をするのです」。

さて、それじゃプールが銃みたく怖くないのはなぜだろう？　子供が近所の家の銃で胸を撃ち抜かれると思うと、おぞましいし、ドラマティックだし、ぞっとする――つまり、恐ろしい。プールは恐ろしいという感覚を呼び起こさない。これは、一つには慣れという要因があるからだ。ほとんどの人は飛行機よりも車の中で過ごす時間のほうが長いのと同じように、私たちのほとんどは銃を撃つ経験よりもプールで泳ぐ経験のほうに慣れ親しんでいる。でも、子供が溺れるのにはほんの30秒もあれば十分だし、そういう事故は音も立てずに起きることが多い。小さい子ならほんの10センチほどの深さでも溺れることがある。一方、子供が溺れないようにするのはとても簡単だ：大人が注意していること、プールの周りには柵を張っておくこと、勝手口には鍵をしておいて、よちよち歩きの子が誰も知らないうちに外へ行ってしまわないようにしておくこと。

親御さんたちがみんなそういう注意を守っていたら、たぶん毎年４００人ほどの小さい子の命が救われるんだろう。この数字は、記憶に新しいところでは一番盛んに広められた発明のうち二つで救われる命の数より大きい：安全なベビーベッドと車のチャイルドシートだ。データによると、チャイルドシートは、よくてもほんのちょっとしか役に立たない。前の座席で子供をひざの上に座らせておくより、後ろの座席に座らせておくほうが間違いなく安全だ。前の座席でひざの上だと、事故が起きれば子供は発射台にいるようなものだからである。でも、そうやってより安全になるのは、子供を発射台に座らせないようにしたからで、２００ドルのチャイルドシートにくくりつけておいたからじゃない。それなのに、親たちはチャイルドシートのご利益をやたら大げさにありがたがって、大挙して警察署だの消防署だのに押し寄せては正しく設置してもらっている。もちろん愛ゆえにということなんだけど、こうなるともう、むしろ子育てパラノイアだと言ったほうがいいかもしれない（子育てパラノイアになった親は自分がそうだとわかっていて、むしろそれを自慢に思っていることが多い。そうでない親も、子育てパラノイアの親を見ればそうだとわかるけれど、彼らのことを鼻で笑っていることが多い）。

子供の安全という分野での発明にはだいたい――ああ大ショック――新製品の発売がくっついてくることが多い（チャイルドシートは毎年５００万台近く売れている）。そういう製品はおうおうにして、ピーター・サンドマン言うところの恐れが危険を上回る類の懸念が広がっているとき、それに合わせて作られる。ちょっとプールに注意していれば救える４００人の生命を、もっとけたたましく騒がれているネタで救われる命の数と比べてみればいい。チャイルドシート（推定で年50人）、不燃性のパジャマ（10人）、車の中で子供をエアバッグから離す（導入されて以来、エアバッグのせいで死んだ幼児は年に５人未満）、安全のために子供服につけた引き紐（２人）、そんなもんだ。

ちょっと待てって言った？　親が専門家や商売人に惑わされてるからってそれがどうした？　実はたいしたことじゃなかろうが、うまいことやられてようが、ちょっとでも子供が安全になるならそれで十分じゃないのって？　そうでなくても心配しなきゃいけないことは山ほどあるって？　なんだかんだ言っても親はどっちみち考えられる限り一番大事なことを一つ背負い込まないといけないわけだよね？　子供の人格を作り上げるわけでしょう。でしょ？

子育てに最近起きた一番過激な通念の大転換は一つの単純な疑問から起きた：親でほんとにどれぐらい違うもの？

ひどい子育てをすれば大変なことになるのは明らかだ。中絶と犯罪の関係でよくわかるように、両親に望まれない子供――無視され、虐待されることが多い――は、とても望まれて生まれてきた子供に比べてひどい結果になっている。でも、実際のところ、熱心な親が子供のためにしてやれることはどれだけあるんだろうか。

この疑問を追究した研究は何十年にもわたって山ほど積み上げられている。生まれてすぐに離ればなれになった双子の分析など、たくさんの調査が行われた結果、遺伝子だけで子供の性格や能力のだいたい50％が決まってしまうことがわかっている。

子供の行く末の半分が生まれで決まるのなら、残りの半分はなんで決まるんだろう？　そりゃもちろん育ちに決まってる――『ベイビー・モーツァルト』（訳注：タイトルどおり、赤ん坊に聞かせるためのモーツァルト。大ヒット子育て商品。言語能力、創造性、記憶力などがよくなる、らしい）、教会での説教、美術館めぐり、フランス語のお勉強、話し合ったり抱きしめたりけんかしたりお仕置きしたり、そういうものを全部ひっくるめて子育てと言うのだ。でも、それじゃコロラド養子研究プロジェクト（Colorado Adoption Project）の有名な調査はどうしてあんな結果になったんだろう？　この調査が養子に出された赤ん坊２４５人のその後を追跡した結果によると、子供の個性と育ての親の個性はほとんど関係がない。他にも、保育園に通っていたかいなかったかとか、片親だけか両親ともいたか、母親が働いていたかいないか、ママが2人かパパが2人かそれともパパママ1人ずつか、そういうのはどれも子供の性格にあんまり関係ないという調査があるけれど、なんでそんな結果になったんだろう？

無名の教科書ライター、ジュディス・リッチ・ハリスが１９９８年に書いた本で、こうした生まれ対育ちという疑問に立ち向かっている。『子育ての大誤解――子どもの性格を決定するものは何か』（石田理恵訳、２０００年、早川書房）は、実質的に、子育てパラノイアを攻撃した本である。この本はものすごく挑戦的で、サブタイトルが二つも付いている：『どうしてそんな子になるか』そして『親は思っているほど関係ない、関係あるのは友だちだ』。ハリスは、やわらかい語り口で、親が子供の性格に強い影響を与えると思うのは間違いだと論陣を張っている。彼女によれば、そういう考えは「文化に根ざした神話」である。親から頭ごなしに受ける影響は友だちから草の根レベルで受ける働きかけに打ち負かされてしまうとハリスは言う。友だちや同級生から毎日のように受ける影響のほうが勝り、ボディブローのように効いてくるのだ。

ハリス――おばあちゃんで、博士でもなければ大学に勤めているわけでもなかった――の爆弾発言が寝耳に水だったので、世間は驚いたり悔しがったりした。「『ああまたか』と言われても仕方ないだろう」とある書評は述べている。「ある年は親子の絆が鍵だと言われ、それが翌年には何人目の子かが大事だということになる。あ、ちょっと待った、本当に大事なのは刺激を与えることだそうだ。生まれて最初の5年間が一番大事だ。いや最初の3年間だ。もとい、1年経てば完全に終わってる。

いやもう全部どうでもいい、遺伝子がすべてだ！」

　でも、ハリスの主張はたくさんの学界の重鎮から公に支持された。その一人が認知心理学者でベストセラーもあるスティーヴン・ピンカーだ。彼は著書『人間の本性を考える――心は「空白の石版」か』（山下篤子訳、上・中・下、2004年、日本放送出版協会）で、ハリスの見方に（いい意味で）「愕《がく》然とした」と述べている。「従来の形の心理療法では、患者は50分間費やして、子供時代の葛藤を追体験し、自分の不幸を親から受けた仕打ちのせいにすることを学ぶ」。ピンカーはさらに続けて言う。「たいがいの伝記は、大人になってからの失敗や成功の源をその人の子供時代を嗅ぎ回ってあさってくる。『子育ての専門家』は、女性が家を抜け出して働きに行ったり『おやすみなさいおつきさま』（瀬田貞二訳、1979年、評論社。訳注：アメリカの親が寝る前の子供に読む絵本の定番）を読むのをサボったりすると鬼みたいな言い方をする。そういった根の深い信仰は考え直す必要がある」。

　そうかぁ？　親は大事に決まってるじゃないか、そう思ったでしょ。それに、子供は友だちにとても影響されるって言うけど、子供の友だちを選ぶのは結局親でしょうが。親御さんがいいご近所といい学校といい仲間を血眼で探すのはそういうことじゃないの？

　それでも、親がどれぐらい重要なのかというのはいい疑問だ。ものすごく難しい疑問でもあるけれど。親の影響を割り出すには子供のどの面を測ればいいんだろう。性格？　学校の成績？　いい子にしてるかどうか？　独創性？　大人になったときの給料？　それに、子供の行く末に影響する要因はたくさんあるけれど、それぞれどんなウェイトを割り振ればいい？　遺伝、家庭環境、社会経済的な地位、学校教育、差別、運、病気、その他その他その他。

とりあえず話を進めるために、男の子が2人いるとしよう。1人は白人、1人は黒人だ。

白人の男の子はシカゴの郊外に住み、よく本を読んで学校改革にも取り組む両親の下で育った。製造業のまっとうな仕事についているお父さんは、よく、男の子を自然観察に連れて行った。お母さんは主婦で、その後大学へ戻り、教育学で学士を取ることになる。男の子は幸せで学校の成績もとてもいい。担任の先生は、男の子が正真正銘数学の天才かもしれないと思っている。飛び級したとき、両親は彼を励まし、とても自慢していた。彼には大好きな弟がいて、その弟もやっぱりとても賢い。一家は家で文学サロンまで開いている。

黒人の男の子はフロリダ州デイトナビーチで生まれ、2歳のときに母親が家を出た。父親はまっとうな営業の仕事をしているが大酒飲みで、彼が幼いころ、庭の水撒きに使うホースの金具が付いているほうでよく彼をぶった。男の子が11歳のころのある晩、テーブルの上に小さなクリスマスツリー——生まれて初めてだった——を飾っていると、父親が台所でガールフレンドを殴り始めた。父親がひどい殴り方をしたので、彼女の歯が折れて飛び、男の子が飾ったクリスマスツリーの根元に飛んできたけれど、男の子はそこで何か言うほどバカじゃなかった。彼は学校ではまったくなんにもしなかった。そのうち麻薬を売り、いいとこの子をカツアゲし、銃を持ち歩くようになった。父親が帰ってくる前に必ず眠り、父親が起きる前に必ず家を出るようになった。父親はそのうちレイプで懲役を食らった。12歳にして男の子は実質的に自立することになった。

別に子育てパラノイアでなくても、2番目の子にチャンスはないし、1番目の子は何もかもうまく行くと思う。2番目の子が、このうえ人種差別にまで打ち勝って、実り多い人生を送る可能性がどれぐらいあるだろう？　1番目の子が、どう見ても人生成功間違いなしのところから、なぜか失敗する可能性はどれぐらいあるだろう？　そして、2人それぞれの運命は、どこまで親のせいなんだろう？

完璧な子育てについてあれこれ理屈をこねようと思えばいくらでもできる。でも、この本ではそんなことはしない。理由は二つ。第一に、著者である私たちは2人とも子育ての専門家じゃない（2人合わせて5歳未満の子供ばかり6人もいるけれど）。第二に、私たちは子育て理論よりデータのほうを信じる。

子供の行く末のいくつかの面――たとえば個性とか創造性とか――はデータで測るのが難しい。一方、学校の成績は簡単に測ることができる。子供の人格形成に教育が中心的な役割を果たすという点にはほとんどの親が頷くので、はっきりしている学校のデータから見ていくのがいいだろう。

データは学校選びに関するものだ。この話になるとほとんどの人は、どっちにしても強硬な意見を持つ。学校選択の自由信者は、税金を払っているんだから子供を一番いい学校へ行かせる権利があると言う。反対派は、それじゃ一番できない生徒が最悪の学校で取り残されるじゃないかと言う。で、親はどうやらほとんどみんな、正しい学校、つまり勉強ができて課外活動も活発で雰囲気がよくて安全な学校に通いさえすれば、自分の子供は成功すると思ってるみたいだ。

シカゴでは早くから学校選択制度が導入された。都会の学区ならだいたいそうだけれど、シカゴ教育委員会（ＣＰＳ）の管轄する学区でも、少数民族の生徒の割合が高かったからだ。連邦最高裁が１９５４年に出した「ブラウン対トペカ教育委員会」判決で、人種別の学校制度を廃止するよう命じたのに、ＣＰＳの管轄する学区では、黒人の生徒はだいたい相変わらずほとんど黒人ばかりの学校に通い続けていた。そこで、１９８０年に連邦司法省とＣＰＳが協力し、市の学校をもっと統合するべく努力を始めた。次の新入生の代から、実質的に学区内のどの学校に出願してもよいことになった。

長い歴史がある点以外にも、ＣＰＳの学校選択制度は調査にもってこいだという理由がいくつかある。データが膨大なら――シカゴの学区はニューヨークとロサンゼルスに次いで全国第３位の規模だ――選択肢も膨大（高校の数は60を超える）で柔軟だ。利用率はとても高く、ＣＰＳ管轄下では生徒のだいたい半分が近所の学校には通っていない。でも、ＣＰＳの制度の中で、思いがけず――少なくとも調査という意味では――一番うまくいったのは、学校選択というゲームのルールだった。

あなたもそう思っただろうけど、シカゴ中の学校の門を開いて新入生全員にどこへ行ってもいいよと言えば、大混乱になる恐れがあった。試験の点がよくて卒業率が高い学校はすぐ定員オーバーになり、生徒全員が望みどおりにというわけにはいかなかった。

公平を期すために、ＣＰＳは抽選を行うことにした。研究者にしてみると、これは大変な贈り物だった。行動科学者が実験室でやるときだってこれほどうまく実験を設計できることはめったにない。科学者が実験で、無作為に選んだネズミ１匹を実験用のグループに入れ、別の１匹を比較対照用のグループに入れる。シカゴ教育委員会がやったのは実質的にそういうことだ。2人の生徒を思い浮かべよう。2人の特徴は統計的に同じだ。で、2人とも新しいよりよい学校へ行きたいと思っている。抽選機の中で玉が転がり、1人は新しい学校へ行き、もう1人は今までの学校にとどまることになった。さて、そんな生徒が何千人もいるとしよう。これで自然にできた大掛かりな実験の完成だ。抽選で決めることにしたシカゴ教育委員会の人たちは、もちろんそんなことをやろうと思ってたわけじゃない。でも、そういう見方をすると、抽選をやってくれたおかげで、学校の選び方が――というか正直なところ、いい学校が――本当はどれだけ大事なのかを測る素晴らしい方法が手に入ったのだ。

さあ、データはどう言っているだろう？

子育てパラノイアの親御さんたちには残念でした：この場合、学校選びはほとんど関係ない。たしかに、学校選択制度の抽選に参加したシカゴの生徒は参加しなかった生徒に比べて卒業にこぎつける可能性が高かった――学校選びで違いが出たということのようにも見える。でも、それは錯覚だ。こんな比較をすればそれがわかる：抽選に当たって「いい」学校へ行った生徒は、他の条件が同じで抽選に外れて入れてもらえなかった生徒と違わない。つまり、近所の学校を離れることにした生徒は、実際に新しい学校へ通えたかどうかに関係なく卒業する可能性が高い。新しい学校へ行くことの効果は、新しい学校自体とはぜんぜん関係ないみたいだ。ということはつまり、今までの学校を離れることを選んだ生徒――そしてその親――は、そもそも最初から賢く、勉強する気があるわけだ。でも、統計的には、学校を変えると勉強の面で何かいいことがあるわけではなかった。

では、近所の学校に取り残された生徒たちはひどい目に合ったか？　いーやぜんぜん。彼らは頭脳流出を起こすはずの制度が始まる前とだいたい同じぐらいの点を取っていた。

ところが、シカゴの生徒たちの中で、大きな変化を見せたグループが一つだけあった。専門学校や専修学校の生徒たちだ。彼らは以前の学校制度のときよりずっといい成績をあげ、それまでの成績から予測したよりずっと高い割合で卒業にこぎつけていた。だから、ＣＰＳの学校選択制度は、新しい制度がなければ苦労していたかもしれないひと握りの生徒たちに、仕事で役立つ技能を与え、彼らを立派な仕事ができるように仕込んだ。でも、新しい制度のおかげで誰かの頭がよくなったということはなかったようだ。

学校選びがあんまり関係ないなんてそんなのマジでアリ？　自尊心のある親なら、子育てパラノイアだろうがなかろうが、そんなこと信じたくないだろう。でも、ちょっと待って――ひょっとするとＣＰＳの調査が高校生のデータを使ったからじゃないか？　そのころにはもう勝負は決まってるってことかも？　「高校の授業を受ける準備ができていないまま高校に入学してくる生徒が多すぎます」。ニューヨーク州の教育長であるリチャード・Ｐ・ミルズが最近そう語っている。「小学校レベルの読み書き算数しかできない生徒が山ほど高校に進学してくるんです。この問題に対処しようと思ったら、もっと下の学年でなんとかしなければだめです」。

実際、学術的な調査でもミルズの懸念は裏付けられている。黒人と白人の大人の所得格差を調べた――黒人のほうがずっと所得が低いということはとてもはっきりしている――学者たちは、８年生時のテストの成績を調整すると、所得格差は完全に消えることを発見した。言い換えると、黒人と白人の所得格差はほとんど黒人と白人の教育格差であり、もうずっと昔からわかっていたことが原因だったのだ。「テストでの黒人と白人の成績格差を縮めることで」とある論文で研究者が書いている。「幅広い政治的な支援が必要な他の戦略よりも人種間の平等をもっと促進できるだろう」。

それじゃテストでの黒人と白人の成績格差は何が原因なんだろう？　長年にわたってさまざまな説が出されてきた——貧困、遺伝子の組み合わせ、「夏のつまずき」現象（学校が休みの間に起きる学力の低下は白人より黒人のほうが大きいと考えられている）、テストや先生の頭の中にある人種的偏見、そして「シロい振る舞い」に対する黒人の反感。

「シロい振る舞いの経済学」という論文で、ハーヴァードの若い黒人経済学者ローランド・G・フライヤー・Jr.は、一部の黒人生徒は「ある種の活動（勉強、バレエなど）に従事する意欲を挫かれている。白人のように振る舞おうとしている（「裏切る」と称される）と思われるかもしれないというおそれがあるからだ。そんなレッテルを貼られると、場所によってはさまざまな罰を与えられることになる。罰は、村八分から、殴られたり殺されたりすることまでさまざまである」と述べている。フライヤーは、ルー・アルシンダーと呼ばれていた若いころのカリーム・アブドゥル・ジャバーが語った思い出に触れている。新しい学校で4年生になってみると、読解力では7年生でも彼にはかなわないことがわかった。「他の子たちがそれに気づいて、オレはイジメの標的になった……（中略）……家から離れるのは初めてだった。周りが黒人ばっかりっていうのも初めての経験で、正しいって教えられたことをすれば全部ひどい目に遭わされた。オールＡの成績を取れば嫌われた。ちゃんとした喋り方をすればチンピラって言われた。そんなこと言われたくないばっかりに、新しい言葉を学んだよ。オレは行儀のいい、イイ子ちゃんだった。そんなことで罰を受けたんだ」。

フライヤーは「当初の２学年における黒人と白人の成績格差を解明する」という論文の著者の一人でもある。この論文は政府が集めた新しいデータを利用している。この膨大なデータは黒人と白人の格差という問題に取り組もうというときに頼りになる。たぶん、いっそう興味深いのは、このデータを使えば、親御さんたちなら誰でも――黒人も白人もそれ以外も――是非知りたい疑問にばっちり答えられるところだ：子供の学校の成績に影響を与える要因と与えない要因はなんだろう？

１９９０年代後半に、アメリカ教育省は「初等教育の縦断的研究（ＥＣＬＳ：the Early Childhood Longitudinal Study）」と呼ばれる画期的な調査を行った。ＥＣＬＳは2万人以上の子供の、幼稚園から5年生までにわたる勉強の進み具合を縦断的に計測しようというものだった。また、調査対象はアメリカの小学生の横断的な特徴を正しく反映するように全国から集められた。

ＥＣＬＳは生徒の成績を測り、また典型的なアンケートで聞く情報も集めていた。人種、性別、家族構成、社会・経済的な状況、両親の教育水準などだ。でも、調査項目はそんな基本的なことにとどまらなかった。生徒の親（そして学校の先生や経営者）との面接も行っていた。政府が行う典型的な面接よりずっと細かいことまで分け入ったたくさんの質問が長いリストに並べられていた。親は子供をぶつか、ぶつならどれぐらい頻繁にぶつか、図書館や美術館に連れて行くか、テレビはどれだけ見るか、などなどだ。

　こうして、とてつもなく実り豊かなデータができ上がった――聞く質問が正しければ、びっくりするような話を聞かせてくれるデータだ。

　そんなデータから信用できる話を引き出すにはどうしたらいいだろう？　経済学者が大好きな技をかけてやるのだ。回帰分析である。あ、いや、あの、回帰分析っていうのは昔はやってとっくに忘れ去られた精神科の治療法の一つじゃあなくって、統計的手法を使った強力な――限界もあるけれど――分析用具だ。これを使えば他の方法では見えにくい相関関係を見つけることができる。

　相関というのは、単に、２つの変数が一緒に動くかどうかを表す統計用語だ。雪が降るとき、外は寒いことが多い。雪と寒いという２つの出来事の相関は正だということになる。一方、日の光と雨の相関は負だ。簡単なもんだ――変数が２つだけならね。でも、変数が１００個あったりするとてきめんに話はややこしくなる。回帰分析は、経済学者がそんなデータの膨大な山を整理整頓できる道具なのだ。どうやるかというと、分析したい変数２つ以外の変数を全部作為的に一定に保ち、その２つの変数がどんなふうに連動するかを見る。

　なんでもそろう完全な世界なら、経済学者も物理学者や生物学者みたいに統制の効いた環境で実験をするだろう。つまり、サンプルを２つ用意して、１つをでたらめに動かし、その効果を測るというやり方ができる。でも、そんな純粋な実験ができるほど経済学者が恵まれていることはあんまりない

（シカゴの学校選択制度の抽選は、そんなわけで、とても運のいい出来事だった）。経済学者が典型的に持っているものといえば、とてもたくさんの変数を持つデータセットで、好き勝手に動かせる変数は一つもなく、変数同士は関係し合っていたりいなかったりする。経済学者はそういう大混乱の中からどの要因が関係あってどの要因が関係ないか、見極めなければならない。

ＥＣＬＳのデータの場合、回帰分析でこんなことをやるのだと思うといいかもしれない——２万人の小学生をそれぞれ配電盤に変身させる。どの配電盤にも同じ数のスイッチが付いている。スイッチはそれぞれ、子供に関するデータ１つを表している。つまり、１年生のときの算数の成績、３年生のときの算数の成績、１年生のときの国語の成績、３年生のときの国語の成績、お母さんの教育水準、お父さんの所得、家にある本の数、住んでいる地域が相対的にどれぐらい裕福か、などなどだ。

さて、これで研究者はとても複雑なこのデータセットから意味のある話を引っ張り出してくることができる。共通する特徴のある子供をみんな——スイッチが同じほうを向いている配電盤を全部——一列に並べ、その子たちにない特徴を一つ、突き止めるのだ。経済学者はそうやって、スイッチがあっちこっち向いた配電盤に、あるスイッチ一つが与えている正味の影響を抽出するのである。そうしてやっと、そのスイッチ——そして最終的にはすべてのスイッチそれぞれ——の効果がはっきりする。

ＥＣＬＳのデータに子育てと教育の根本的なことを聞いてみたいとしよう——家に本がたくさんあれば子供は学校の成績がよくなるか？　回帰分析じゃこの疑問には答えられないけれど、疑問をちょっとだけ変えれば大丈夫だ——家に本がたくさんある子は本がない子に比べて成績がいい傾向があるか？　一つ目の疑問と二つ目の疑問の違いは因果（一つ目）と相関（二つ目）の違いだ。回帰分析は、相関関係は示してくれるが因果関係は示してくれない。煎じ詰めると、2つの変数が相関するにはいろいろな形があるのだ。XがYを起こしているかもしれない。YがXを起こしているかもしれない。別の要因があって、それがXとYの両方を起こしているのかもしれない。回帰分析だけでは、寒いから雪が降るのか、雪が降るから寒いのか、それとも2つ一緒に起きることが多いだけかはわからない。

たとえば、ECLSのデータによると、家にたくさん本がある子は本がない子よりも試験の点が高い。つまり、これら2つは相関している、それはわかった。でも、試験の点の高さは他にもたくさんの要因と相関している。たくさん本を持っている子と本を持っていない子を単純に比べても、出る答えにはあんまり意味がない。ひょっとすると、子供の家にある本の数は親御さんがどれぐらい稼いでいるかを表しているだけかもしれない。本当は、一つの特徴——この場合は家にある本の数——以外は全部が同じの子供2人を比べて、その特徴で学校の成績に違いが出るかを見たいのだ。

正直な話、回帰分析は科学というより職人技だ（そういう意味では子育てそのものととてもよく似ている）。でも、うまい人になるとそれを使って相関にどれぐらい意味があるかを言い当てたりもできる——そればかりか、相関関係が表しているのが因果関係かどうかまで言い当てられる。

それじゃECLSのデータを分析すると、子供の学校での成績についてどんなことがわかるんだろう？　いろんなことがわかる。最初は、黒人と白人の成績格差だ。

ずいぶん昔から、黒人の子は初めて教室に足を踏み入れる前から、白人の子より成績が悪いことがわかっていた。そればかりか、黒人の子の成績は幅広くいろいろな変数を調整してもまだ悪かった（変数を調整するというのは、ようはその変数の影響を消すということだ。ゴルフのハンディキャップみたいなものだと思っていい。ＥＣＬＳのような学術調査の場合、ある生徒に平均的な生徒と比べて劣る要素があれば、それを片っ端から調整してみたりする）。でも、ＥＣＬＳで得られた最新のデータは違うことを語っている。変数をほんのいくつか――両親の所得や教育水準、母親が最初の子供を生んだときの年齢など――を調整するだけで、黒人の子と白人の子の格差は、学校に入学する段階ではほとんどなくなってしまった。

これは二つの意味でとても心強い結果だ。まず、時代とともに、黒人の小さい子たちは白人の子たちに追いついてきている。それから、残る格差がどれほどであれ、正体がすぐにわかるいくつかの原因に結びつけることができる。データによれば、学校の成績が悪い黒人の子は黒人だから成績が悪いんじゃなくて、家が貧乏で両親に教育がないことが多いから成績が悪いのだ。一方、同じ社会・経済的環境にある黒人の子と白人の子を比べると、典型的には、幼稚園に入園するころの成績は算数も国語も同じぐらいだ。

いい話だ、でしょ？　まあ、そうあせらずに。まず、平均的には、黒人の子は現実に所得も教育も水準の低い家庭の子供だから、格差は本物だ――平均では、黒人の子たちは現実に成績が悪い。さらに悪いことに、両親の所得と教育を調整しても、黒人と白人の格差は子供が学校に入学して2年以内にまた現れている。1年生の終わりでみると、黒人の子は統計的に同等な白人の子の成績を下回っている。そして格差は2年生から3年生にかけて着実に広がっている。

なんでそんなことになるんだろう？　難しい、複雑な問題だ。でも、一つの答えがこんな事実の中にあるかもしれない。典型的な黒人の子が通う学校と典型的な白人の子が通う学校は違っていて、典型的な黒人の子が通う学校はとても……ひどい学校だ。「ブラウン対教育委員会」判決から50年も経つというのに、実質的に人種で分けられている学校がアメリカにはたくさんある。ＥＣＬＳの調査はだいたい１０００校から各校20人の子供をサンプルに採って行われた。選ばれた学校のうち35％では、サンプルに黒人の子は1人も入っていなかった。ＥＣＬＳの調査に含まれている典型的な白人の子が通う学校に黒人はたった6％しかいない。一方、典型的な黒人の子が通う学校では60％が黒人だ。

黒人の子が通ってる学校ってどれぐらいひどいんだろう？　面白いのは、普通に学校を見るときに使うやり方で測ってもそのひどさが現れない点だ。1クラスの人数、先生の教育水準、生徒1人あたりのコンピュータの数、そういったもので測ると黒人の子が通う学校も白人の子が通う学校もかわりはない。でも、黒人の子が通う学校は、典型的に、厄介な問題があることを示す指標がずっと高い値を示す。ギャング問題のひどさ、生徒でもないのに学校の前でたむろする人の多さ、ＰＴＡからの寄付がないことなどだ。そういう学校はどう見ても勉強に向いた環境ではない。

ひどい学校に苦しんでいるのは黒人の子だけじゃない。そういう学校に通う白人の子も成績は悪い。

実際、生徒のバックグラウンドを調整してみると、ひどい学校内では、黒人と白人に最初の数年間の格差は現れない。ひどい学校では黒人も白人もみんな、いい学校の子に比べて成績が下がっていく。ひょっとして、教育関係者も学者も、黒人と白人の成績格差にばかりとらわれすぎていたのかもしれない。ひどい学校といい学校の格差のほうが大きな問題なのかもしれない。こんな事実がある：ＥＣＬＳのデータでは、黒人の生徒がいい学校に通っている場合、白人の生徒に比べて成績は下がらない。彼らはひどい学校に通う白人の子より成績がいい。

さてそういうわけで、データによると、通う学校で勉強の進み具合にははっきりと違いが出るみたいだ。それじゃ子育てについてもおんなじことが言えるだろうか？　『ベイビー・モーツァルト』のテープを延々聞かせた甲斐はあったんだろうか？　『おやすみなさいおつきさま』だって果てしなく何回も読んだよね？　郊外に引っ越したほうがいいんだろうか？　ＰＴＡやってる親御さんのとこの子のほうがＰＴＡってなにそれとか言ってる親御さんのとこの子よりいい成績を取ってるんだろうか？

ＥＣＬＳの幅広いデータから、子供それぞれの事情と学校の成績の間に有力な相関がたくさん見つかった。たとえば、他の要因を全部調整すると、田舎に住む生徒は平均より成績が悪いという傾向が現れる。一方、都市近郊に住む生徒は中ぐらい、都市部に住む生徒は平均より成績がいい（教育水準の高い働き手、つまり賢い子の親は都会に集まりがちだということかもしれない）。平均で見ると、女の子のほうが男の子より成績がよく、アジア系は白人より成績がいい——すでに見たように、黒人は同じようなバックグラウンドで同じような学校に通う白人と同じような成績である。

回帰分析、通念、そして子育ての技についてこれまでにわかったことを頭において、次の16個の要因を見てみよう。ＥＣＬＳのデータによれば、このうち8個は試験の点数と——正であるにせよ負であるにせよ——強い相関を示す。残りの８個は関係ないみたいだ。どれがどっちか当ててみてください。


親の教育水準が高い。

家族関係が保たれている。

親の社会・経済的地位が高い。

最近よりよい界隈に引っ越した。

母親は最初の子供を生んだとき30歳以上だった。

その子が生まれてから幼稚園に入園するまで母親は仕事に就かなかった。

生まれたとき未熟児だった。

ヘッドスタート・プログラム（訳注：アメリカ政府の育児支援制度の一つ）に参加した。

親は家で英語を話す。

親はその子をよく美術館へ連れて行く。

養子である。
よく親にぶたれる。
親がＰＴＡの活動をやっている。
テレビをよく見る。
家に本がたくさんある。
ほとんど毎日親が本を読んでくれる。

さて、試験の点と強く相関している要因は次のとおり。

親の教育水準が高い。
親の社会・経済的地位が高い。
母親は最初の子供を生んだとき30歳以上だった。
生まれたとき未熟児だった。
親は家で英語を話す。
養子である。
親がＰＴＡの活動をやっている。
家に本がたくさんある。

相関していない要因は次のとおり。

家族関係が保たれている。
最近よりよい界隈に引っ越した。
その子が生まれてから幼稚園に入るまで母親は仕事に就かなかった。
ヘッドスタート・プログラムに参加した。
親はその子をよく美術館へ連れて行く。
よく親にぶたれる。
テレビをよく見る。
ほとんど毎日親が本を読んでくれる。

では、二つずつ見ていこう。

意味アリ：親の教育水準が高い。
意味ナシ：家族関係が保たれている。

親御さんの教育水準が高い子は典型的に学校の成績がいい。まあ驚くほどのこともないだろう。教育水準の高い家族は教育好きであることが多い。たぶんもっと重要なのは、知能指数が高い親はたくさん教育を受ける傾向があること、また知能指数はとても遺伝性が強いことだろう。一方、家族関係が保たれているかどうかは関係ないみたいだ。前に触れた調査でも、家族構成は子供の人格にほとんど影響していなかった。勉強の成績にも影響はしないようだ。だからって家族が行き当たりばったりに離散してもいいということではないけれど、でも、アメリカにだいたい2000万人いる片親の子供たちにはとても励ましになるだろう。

意味アリ：親の社会・経済的地位が高い。
意味ナシ：最近よりよい界隈に引っ越した。

社会・経済的地位の高さはいい成績ととても強く相関している。これも納得だろう。社会・経済的地位の高さは一般的な成功の――知能指数が高い、あるいは学歴が高いことを匂わせる――強い指標だ。そして、成功している親御さんの子供はやっぱり成功する可能性が高い。でも、いいご近所に引っ越しても、子供が学校でいい成績を取る可能性が高くなるとはいえない。そもそも引っ越し自体が悪い影響を及ぼすかもしれない。まあ、いいスニーカーを履いたからってもっと高くジャンプできるようになるわけじゃないのと同じで、いい家に引っ越したからって算数や国語の点が上がるわけじゃない、というほうがもっともらしいけれど。

意味アリ：母親は最初の子供を生んだとき30歳以上だった。
意味ナシ：その子が生まれてから幼稚園に入園するまで母親は仕事に就かなかった。

母親が最初の子供を30歳以上で生んだ家の子供は成績がいいことが多い。この手の母親は、より高い教育を受けたいとか仕事でもっと力をつけたいとかという女性である可能性が高い。加えて、そういう女性は10代で子供を生む母親よりも、ずっと子供が欲しいと思っていることが多い。年がいってから初めて母親になる人のほうがいい母親になるわけでは必ずしもないのだけれど、そのほうが彼女自身――そして彼女の子供――はより有利な立場に立てる（ついでに言うと、10代で最初の子供を生み、2人目は30代になってから作った母親の場合、そういう有利さはまったく現れない。ECLSのデータによると、そういう場合、2人目の子の成績は1人目の子と変わらない）。その一方で、子供が幼稚園に入園するまで母親が仕事に就かずに家にいても成績がよくなったりはしないようだ。育児パラノイアの親たちなら、ここで相関が見られないので頭にくるかもしれない――それじゃ延々「おかあさんといっしょ」教室に通ったのはなんだったんだ？――でも、データはそうなってるんです。

意味アリ：生まれたとき未熟児だった。
意味ナシ：ヘッドスタート・プログラムに参加した。

生まれたときの体重が低い子は学校の成績が悪い傾向がある。未熟児で生まれるのは子供の健康全般に良くないのかもしれない。加えて、体重が低いというのは子育てがうまくいかないことを強く示唆している。タバコを吸ったりお酒を飲んだり、その他お腹の赤ん坊を虐待する母親が、赤ん坊が生まれたとたんに態度を改めるなんてあんまり考えられないからだ。その一方で、体重の低い子供は貧乏な家の子である可能性が高い――だからヘッドスタート・プログラム、つまり連邦政府がやっている、学校へあがる前の教育プログラムに参加する可能性が高い。でも、ECLSのデータによると、ヘッドスタート・プログラムは子供の将来の成績と何の関係もない。ヘッドスタート・プログラムにはたくさんの人がとても感謝している（この本の著者の一人もこのプログラムが始まって間もない頃に世話になった）けれど、効果がないことがこれまで何度も証明されているのも事実だ。たぶんこういうことなんだろう――学がなく、働きすぎで疲れきったお母さんと一日過ごす代わりに、ヘッドスタート・プログラムに参加すれば、学がなく、働きすぎで疲れきった、よそのお母さん（それに部屋いっぱいの、自分と同じように貧乏な家の子たち）と過ごすことになる。実際、ヘッドスタート・プログラムの先生たちには、たかだか大学を出ている人さえ30％もいない。そしてお給料も安い――ヘッドスタート・プログラムの先生の年俸は2万1000ドル、公立幼稚園の先生は平均で4万ドルだ。だから、いい先生がたくさんこのプログラムで働くとは当分思えない。

意味アリ：親は家で英語を話す。

意味ナシ：親はその子をよく美術館へ連れて行く。

親が家で英語を話す家の子は話さない家の子供より学校の成績がいい。これもやっぱりあたりまえのような気がする。ＥＣＬＳの調査に含まれているヒスパニックの生徒の成績を見ると、この相関はなおさら強いとわかる。ヒスパニックの生徒は全体的に成績が悪い。そして、彼らの親は英語を喋らないことが他に比べて多い（でもヒスパニックの子供たちは学年が上になると周りの子たちに追いつく傾向がある）。それじゃ逆のケースはどうだろう――お母さんとお父さんは英語が達者で、また教養方面も鍛えようと、週末には子供をつれて美術館へ通っていたら？　残念でした。子供に教養を詰め込むのは教育ママや教育パパの得意技だけれど、ＥＣＬＳのデータでは、美術館に通うこととテストの点にはなんの相関もなかった。

意味アリ：養子である。
意味ナシ：よく親にぶたれる。

養子であることと試験の点には強い相関がある――負の相関だ。なぜだろう？　研究によると、子供の成績は、育ての親の知能指数より生みの親の知能指数にずっと強い影響を受ける。そして子供を養子に出す母親は養子を取る人たちに比べて知能指数が大幅に低い傾向があるのだ。養子の成績が低いことの説明はもう一つあって、いやな話かもしれないけれど、利己主義という経済理論の基本とぴったり一致する。お腹の赤ん坊を養子に出すつもりの女性は、自分で育てるつもりの女性ほど妊婦らしいことをちゃんとしないのかもしれない（ますますいやな話になってるような気もするけれど、週末用に借りたレンタカーと自分で持ってる車、それぞれ自分がどんなふうに扱うか考えてみてください）。そんなわけで養子は成績が悪いことが多いけれど、ぶたれる子はそうでもない。これはびっくりかもしれない——ぶつこと自体が悪いからというより、普通、そういうやり方をするのはバカだと考えられているからだ。だから、私たちは子供をぶつような親は他の面でもバカにちがいないと思う。ひょっとすると、そんなことはぜんぜんないのかもしれない。でも、ひょっとすると、もっと奥の深い話が隠れているのかもしれない。ＥＣＬＳの調査には親御さんとの面接も含まれている、そうでしたね。ということはつまり、親御さんたちは政府の調査担当者と膝を突き合わせて話をして、その場で子供をぶつと認めたわけだ。そういう人たちは、よっぽどバカかさもなきゃ——こっちのほうがずっと興味深いけれど——生まれつき正直者かのどちらかだ。いい子育てをするには正直さがとても大事で、そのことのほうが子供をぶつなんていうひどい子育てのやり方より大きいのかもしれない。

意味アリ：親がＰＴＡの活動をやっている。
意味ナシ：テレビをよく見る。

親がPTA活動に加わっている家の子は成績がいいことが多い——たぶん、教育が大事だと思う親はPTAでも積極的だということなんだろう。親がPTAに参加しているとどういうわけか子供は賢くなるってことじゃなくて。一方、ECLSのデータによると、子供の試験の点とどれぐらいテレビを見るかは関係ない。通念と違って、テレビを見ても頭がバカになるってことはどうみてもなさそうだ（世界一だと言われているフィンランドの教育制度では、子供は7歳で学校に入学するが、子供たちはアメリカのテレビ番組をフィンランド語の字幕付きで見て、自分で英語を学ぶ）。でも、それと同じように、家でコンピュータを使っていても子供がアインシュタインになってくれたりはしない。ECLSのデータでは、コンピュータを使うことと試験の点に相関はない。

さて、それじゃ最後の二つ。

意味アリ：家に本がたくさんある。
意味ナシ：ほとんど毎日親が本を読んでくれる。

もう書いたことだけれど、家に本がたくさんある子は、実際、試験の成績もいい。でも、子供によく本を読んでやっても試験の成績には関係ない。

これはちょっとした謎かもしれない。もともとの疑問に戻ってしまう。いったい親は、本当はどれぐらい、どんな点で、重要なんだろう？

正の相関があるほうから始めよう――家に本があるイコールいい成績。この相関関係を見て、素朴な因果関係を思い浮かべてしまう人は多い。それじゃちょっと小話。アイザイアという小さい子の家には本がたくさんある。アイザイアは学校の国語の試験で素晴らしい点を取る。お母さんやお父さんが家でよく本を読んでくれるからにちがいない。でも、アイザイアのおともだちのエミリーは、やっぱり家に本がたくさんあるけれど、本なんかほとんどさわりもしない。彼女はブラッツ（訳注：現代版リカちゃん人形、5人いてみんなカッコはファンキー）で着せ替えごっこして遊んでるかテレビでマンガ見てるほうが好きだ。で、そのエミリーも試験ではアイザイアと同じぐらいいい点を取る。一方、アイザイアとエミリーのおともだちのリッキーの家には本が1冊もない。でも、リッキーは毎日お母さんと図書館へ行く。リッキーは本を読むのが大好きだ。それなのに、リッキーの試験の点は、エミリーよりもアイザイアよりも悪いのだ。

何が言いたいかって？　本を読んでも小さい子供のころの成績に関係ないとしたら、家に物理的に本があればそれだけで子供は賢くなるってこと？　本にはなにか摩訶不思議な浸透力みたいなもんがあって、子供の脳みそに浸みていくわけ？　だったら学校に入学する前の子が生息する家庭に片っ端からトラックいっぱい本を送りつけてやればいいんじゃないか、そう思いそうになる。

で、それをほんとにやろうとしたのがイリノイ州知事だ。2004年の初めにロッド・ブラゴジェヴィッチ州知事は、イリノイ州に住む子供全員に生まれてから幼稚園に入園するまで毎月1冊ずつ本を贈るという計画を発表した。1年に2600万ドルもかかる計算だ。でも、3年生の40％が国語で標準テストの足切りにひっかかる州ではそんなおせっかいを焼いてでも何とかしなければとブラゴジェヴィッチは力説した。「（本を）手にし、それが自分のものになり」と彼は言う。「そして自分の人生の一部になる、そうしたことで、読書は人生の一部であるべきだという……（中略）……思いが生まれるのです」。

さあ、イリノイ州で生まれた子はみんな、学校に上がるころには60冊もそろえたいっぱしの図書館を抱えこむことになるわけだ。その子たちは、みんな国語の点が上がるんだろうか？

たぶんダメでしょうね（ほんとのところはわからないけれど。結局、イリノイ州の議会はこの計画を否決したから）。なんにしても、ECLSのデータは家にある本のおかげで試験の点が上がったなんて一言も言っちゃいないのだ。この二つは相関しているとしか言っていない。

どういうことなんだろう？　ありそうな話はこうだ：子供にたくさん本を買う親御さんは、そもそも賢くていい教育を受けている可能性が高い（で、そんな彼らの賢さややる気が子供に受け継がれる）。あるいは、教育がとても大事だと思っているし、子供のこと一般にとても注意を払っている（だから、勉強を後押ししたり勉強するとご褒美をあげたりする）。そういう親御さんだと――イリノイ州知事と同じぐらい篤く――子供の本なら何でも、子供を限りなく賢くしてくれるお札だと信じ込むかもしれない。でも、たぶん彼らは間違っている。本は本当は、知恵をくれるものじゃなくて知恵を映すもの
なのだ。

さて、延々やってきたけれど、親の大事さ一般についてどんなことがわかるだろう？　ＥＣＬＳの要因のうち、学校の成績と相関している８つをもう一回見てみよう。

親の教育水準が高い。
親の社会・経済的地位が高い。
母親は最初の子供を生んだとき30歳以上だった。
生まれたとき未熟児だった。
親は家で英語を話す。
養子である。
親がＰＴＡの活動をやっている。
家に本がたくさんある。

それから、相関していない要因８つはこうだった。

家族関係が保たれている。
最近よりよい界隈に引っ越した。
その子が生まれてから幼稚園に入るまで母親は仕事に就かなかった。

ヘッドスタート・プログラムに参加した。
親はその子をよく美術館へ連れて行く。
よく親にぶたれる。
テレビをよく見る。
ほとんど毎日親が本を読んでくれる。

ちょっとオーバーな言い方をすると、一つ目のリストに挙がっているのは親がどんな人かだ。二つ目のリストに挙がっているのは親が何をするかだ。いい教育を受けていて、成功していて、健康な親御さんのところの子供は学校の成績もいい。でも、子供を美術館に連れて行ったりぶったりヘッドスタート・プログラムに行かせたりよく本を読んでやったりテレビの前に座っているのをほうっておいたりなんてことは、どうやらあんまり関係ないみたいだ。

子育ての技に取り憑かれ、パラノイアになった親――や子育て専門家――に聞かせてやれば目が覚めるかもしれない。現実には、ああいう技はもてはやされすぎている。

でも、だからといって親が関係ないってことじゃない。もちろん親はものすごく重要だ。それがとても難しいところだ。つまり、親御さんが子育ての本を手にするころにはもうぜんぜん手遅れになっている。大事なことはずっと前に決まってしまっている――あなたがどんな人で、どんな人と結婚して、どんな人生を歩んできたか、そういうことだ。あなたが賢くてよく働いてよく勉強してお給料も高くて、同じぐらいよくできた人と結婚したなら、あなたのお子さんも成功する可能性が高いでしょう（そしてもちろん、正直で、思いやりがあって、子供を愛し、いろんなことに興味を持てる人であるのも決して邪魔にはならないでしょう）。でも、あなたが親として何をするかはあんまり大事じゃない――大事なのは、あなたがどんな人かなのだ。そういう意味で、あれこれ手を出す親は、お金があれば選挙に勝てると思い込んでる候補者みたいなものだ。本当は、そもそも有権者がその候補を嫌いだったら、世界中のお金があっても当選なんかできるわけないのに。

「経済的成果における生まれと育ち」という論文で、経済学者ブルース・シェチェールドーテが子育ての効果を長期にわたるデータで調べ、生まれ対育ちの論争に一石を投じている。この論文は、養子に関して行われた３つの調査に基づいている。２つはアメリカ、１つはイギリスの調査で、養子に出された子、その子を養子に貰った親、そしてその子を生んだ親の詳しいデータが含まれている。シェチェールドーテは、養子を貰ったほうの親たちは、典型的に、子供の生みの親よりも賢く、教育水準も高く、所得も高いことを発見した。でも、そんな育ての親の有利な立場は子供の学校での成績にまでは及んでいなかった。ＥＣＬＳのデータでもそうだったけれど、養子は学校では比較的成績が悪い。育ての親の影響は遺伝子の力に負けるみたいだ。しかしシェチェールドーテは、育ての親はいつまでも無力のままではないのに気づいた。養子に出された子供は、大人になるころ、知能指数だけから予測される運命から力強く這い上がっていた。養子に出されていない同じような子供に比べると、養子に出された子供は大学に通い、お給料のいい仕事に就き、20歳をすぎてから結婚する可能性がずっと高かった。そんな違いができたのは育ての親のおかげだと、シェチェールドーテは結論づけている。

黒人の名前を扱った論文ではいいところに目をつけることができたとレヴィットは思っている。彼は、明らかに黒人とわかる名前をつけられた人は経済的に不利な立場にあるかどうかを知りたかった。彼が出した答えは――最近の他の論文とは逆に――noだった。しかし、今、彼はもっと大きな疑問に突き当たった。黒人文化は人種的不平等の原因だろうか、それとも結果だろうか？　経済学者にとって、またレヴィットにとってさえ、これは新しい分野だった。「文化の数量化」と彼は呼ぶ。この仕事はいばらの道であり、厄介であり、ひょっとすると解けないかもしれない、そしてとても興味深いとレヴィットは感じている。

――『ニューヨーク・タイムズ・マガジン』2003年8月3日

第6章

完璧な子育て、その2——あるいは、ロシャンダは他の名前でもやっぱり甘い香り？

Perfect Parenting, Part II; or: Would a Roshanda by Any Other Name Smell as Sweet?

パラノイアかどうかはともかく、親なら誰でも子供が将来どんな人になるかに自分は大きな影響を与えていると信じたいものだ。さもなきゃなんでこんなに、ねえ？

自分の力を信じている証拠が、親として子供にしてやる最初の公式行事に現れている——赤ん坊に名前をつけるときだ。今の親御さんなら誰でも知っていることだけれど、子供の命名産業は大繁盛だ。本にウェブサイト、子供の名前コンサルタント。なんだか正しい名前をつけてやらないと子供は絶対幸せにならないなんて、そんなことを信じてる親御さんがたくさんいるみたいだ。名前には子供のみてくれや将来まで決めてしまう大変な力があると思っているのである。

それだからこそ、1958年に、ニューヨーク市に住むロバート・レインは、生まれた息子にウィナー（勝ち馬）という名前をつけたのかもしれない。レイン一家はハーレムの団地に住んでいて、すでに子供が数人いたけれど、その子たちにはまあまあ普通の名前がついていた。でもこの子は——なんというか、ロバート・レインはこの子にはなにか特別な思いがあったにちがいない。勝ち馬一直線《ウィナー・レイン》だって：そんな名前で失敗するわけないよね？

3年後、レイン一家にはまた一人男の子が生まれた。7人目の息子で、結局末っ子になった。いまとなっては誰にも理由はわからないのだけれど、ロバートはこの子にルーザー（負け犬）という名前をつけた。別にこの新しい息子のことが嫌いだというわけじゃなさそうだった。ブックエンド効果で勢いがついて、そんな名前をつけてしまったってことだろう。まずは勝ち馬、それなら負け犬。でもウィナー・レインが成功まちがいなしなら、負け犬一直線《ルーザー・レイン》なんて子が成功できっこないよね？

ところが、ルーザー・レインはほんとに成功した。彼は奨学金でいい学校に通ってペンシルヴァニアのラファイエット大学を卒業し、ニューヨーク市警の仕事に就いた（お母さんの長年の望みだったそうだ）。彼はそこで刑事になり、そのうち巡査部長に昇進した。彼は自分の名前を隠さなかったのだけれど、周りのほうが気にしてしまい、彼の名前をなかなか呼べない人がたくさんいる。「だからいろんな名前がついたよ」と今の彼は言う。「ジミーにジェイムズ、みんな好き勝手に呼んでるね。ティミーとか。でも、ルーザーって呼ばれることはめったにないよ」。ときどきおフランス風のもあった：「ロジエ（Losier）」だそうな。警官仲間にはルーと呼ばれている。

それじゃ、成功まちがいなしの名前がついた兄貴はどうなった？　今や40代半ばにさしかかったウィナー・レインの一番目につく偉業といえば、前科リストの長さぐらいだった。窃盗、家庭内暴力、不法侵入、逮捕への抵抗、その他の暴力行為で30回以上も逮捕されていた。

最近、ルーザーとウィナーはめったに口をきかなくなった。彼らの名前を決めた父親はすでに亡くなっている。もうはっきりしていると思うけど、父親はちゃんとわかっていた――名前は運命を表す――だが、きっとどっちの子がどっちか間違えちゃったってことなんだろう。

それから、もっと最近のことではテンプトレスという子の話がある。15歳の女の子で、素行が悪いのでニューヨーク州オールバニーの郡家庭裁判所に連れてこられた。判事のW・デニス・デュガンはずいぶん前から、ヘンな名前の被告がいると、それをノートに付けていた。あるティーンエイジャーの男の子はアムチャ（Amcher）という名前で、彼が生まれるときに両親が病院にたどり着いて最初に目に入ったものから取った：オールバニー医療センター病院緊急救命室（Albany Medical Center Hospital Emergency Room）の表示板だ。でも、テンプトレスは自分が出くわした中で一番むちゃくちゃな名前だとデュガンは思った。

「私はいったん、その子に法廷の外へ出てもらっておいて、母親にいったいなんで娘にテンプトレス（Temptress　痴女）なんて名前をつけたんですかと尋ねました」と判事はそのときのことを語っている。「母親は『ザ・コズビー・ショウ』に出ていた若い女優が気に入ったからだと言いました。私は、ありゃテンペスト（Tempestt）・ブレッドソーでしょうって言ったんです。彼女は、あとでそれを知って、スペルを間違ったのに気づいたって言いました。『テンプトレス』ってどういう意味か知ってますかと聞くと、それもあとになって知ったって言いました。娘は手をつけられないほど素行が悪いために裁判所へ連れてこられていました。母親が仕事に行っている間に男を片っ端から家に連れ込むとか、たとえばそういったことです。母親に、娘さんは名前にとらわれてしまっているとは思いませんかと聞いてみましたが、そんなことを言っても、ぜんぜん聞いちゃいないようでした」。

デュガン判事が思ったように、テンプトレスは本当に「名前にとらわれてしまって」いたんだろうか？　母親が彼女の名前をチャスティティ（Chastity　清純）にしていても、やっぱり彼女は問題を起こしていただろうか（原注：付注36ページを参照）？

テンプトレスの両親が理想的というわけじゃなかったと考えても、そんなにむちゃじゃないだろう。大体、娘に痴女なんて名前つけて平気な母親だっていうだけでも相当なもんだが、そのうえ痴女ってどういう意味だかさえ知らないほどバカなのだ。同じように、ある意味、アムチャという名前をつけられた男の子が家庭裁判所にくるはめになったのもそれほど意外なことじゃない。自分の子供の名前さえちゃんと考えようともしない人たちじゃ、やっぱりとてもいい親にはなりそうもないわけだし。

それじゃ子供につける名前が子供の人生を左右するんだろうか。それともあなたの人生が子供の名前に表れるんだろうか。どっちにしても、子供の名前は世界へ向けてどんなシグナルを送るんだろうか――そして、ずっと重要なことだけれど、名前でそんなに違うもの？

ルーザーとウィナーも、テンプトレスとアムチャも、みんな黒人だ。これは、単なる趣味の問題なんだろうか。それとも名前と文化にかかわる、もっと大きな話につながる問題なんだろうか。

どの世代にも、黒人文化への洞察を深めた一流の学者が何人かずついる。「シロい振る舞い」現象や黒人と白人の成績格差を分析した若い黒人経済学者、ローランド・G・フライヤー・Jr.は次世代のそういう人に数えられるだろう。彼の生い立ちはなかなかある話じゃない。不安定な家族の出でぱっとしない高校生だった彼は、スポーツ奨学金でテキサス大学アーリントン校に入学した。学部生の間に、二つの出来事があった――NFLやNBAの選手には絶対なれないことがすぐにはっきりした。それから、生まれて初めて真面目に勉強してみて、自分は勉強が好きなんだとわかった。ペンシルヴァニア州立大学とシカゴ大学の大学院で学んだのち、25歳でハーヴァード大学の教授になった。人種問題に関する彼の率直な考え方は、このころすでに高く評価されていた。

フライヤーの研究テーマは黒人がなかなか成功できないのはなぜかを解明することだ。「黒人が成功できないっていう証拠はいくらでもある」と彼は言う。「非嫡出子の数でも乳児の死亡率でも平均寿命でも、黒人と白人の格差を見ればいい。SAT（大学進学適性試験）の点が一番低い人種は黒人だ。黒人は白人より稼ぎが低い。黒人はいまだにうまくいってない、マル。僕は黒人がどこでつまずいたのかを根本的に解明したい。一生をそれに捧げようと思ってる」。

フライヤーは、黒人と白人の経済や社会での格差以外に、文化面での溝にも興味を持っている。黒人と白人では見るテレビ番組が違う（どちらの人種でも人気テレビ番組トップ10に現れるのは『マンデーナイト・フットボール』ぐらいだ。史上最高の人気ホームコメディ『となりのサインフェルド』は黒人の間ではトップ50にさえ絶対出てこない）。吸うタバコも違う（ニューポートは黒人のティーンエイジャーでは75％のシェアを誇るが白人では12％、一方白人のティーンエイジャーはだいたいマルボロを吸っている）。そして黒人の親が子供につける名前と白人の親が子供につける名前はまるっきり違っている。

フライヤーは不思議に思った。黒人独特の文化は、黒人と白人の経済格差の原因なんだろうか、それとも単にそれが表れているだけなんだろうか。

ＥＣＬＳの調査のときと同じように、フライヤーはデータを山ほど集めて答えを探すことにした。１９６１年以降にカリフォルニア州で生まれた子供全員の出生証明書だ。データは１６００万件にも及び、名前や性別、人種、生まれたときの体重、親の婚姻関係といった一般的な情報に加えて、両親についてのさらに詳しい情報も載っていた。郵便番号（社会・経済的な地位や家の周りの人種構成がわかる）、出産のときの医療費の払い方（これも懐具合を表す指標だ）、そして教育水準。

カリフォルニア州のデータから、黒人と白人では子供の名前のつけ方がまったく違うことがわかった。一方、白人とアジア系が子供につける名前はとても近かった。白人とヒスパニックではやや違っていたけれど、黒人と白人の違いに比べれば小さなものだった。

データはまた、黒人と白人に違いが出たのは最近のことだと示していた。１９７０年代の初めごろまで、黒人の名前と白人の名前は大きく重なっていた。１９７０年代に黒人の多い地域で生まれた黒人の女の子の典型的な名前は、黒人の間では白人の間の２倍よく使われていた。１９８０年代になると、そういう女の子の名前は、黒人の間では白人の間の20倍もよく使われるようになった（男の子の名前も同じような動きをしていたが、女の子ほど強い傾向ではなかった――どの人種でも、親御さんたちは男の子に名前をつけるときには女の子のときほど冒険しないからだろう）。そんな変化が起きた場所とタイミング――アフリカ系アメリカ人の運動が盛んだったころの、人口密度の高い都市部――を考えると、あからさまにクロい名前が爆発的に増えた原因は、黒人至上主義運動《ブラック・パワー》である可能性が高い。アフリカ文化を強調し、黒人は劣っているという偏見と戦う運動だ。実際、名前革命は黒人至上主義運動に触発されたものだとしたら、この運動が残した中で一番しっかり根付いたものの一つだ。いまやアフロヘアーはあんまり見かけないし、ダシキなんてもっと見ない。ブラックパンサーの創設者ボビー・シールにいたっては、今じゃバーベキュー関係で商売してるオヤジぐらいにしか思われてない。

　今日、クロい名前の大部分は黒人にしか見られない。ある年にカリフォルニア州で生まれた黒人の女の子の40％は、その年に生まれた白人の女の子約10万人の間で一つも見られない名前を貰っていた。なおさら目につくのは、黒人の女の子の30％近くが、その年カリフォルニアで生まれた、黒人も白人も含めた赤ん坊全部の中で、他の子には見られない独自《ユニーク》の名前だったことだ（そのものずばり、ユニーク《Unique》という名前の子まで１９９０年代だけでも２２８人いた。加えて、Uneek, Uneque, Uneqqe《訳注：どれも読み方はたぶん「ユニーク」》も１人ずついた）。黒人の間ではとてもよくある名前でも、白人の間で見ることはあまりなかった。１９９０年代にディジャ（Deja）という名前の女の子は６２６人いて、そのうち５９１人は黒人だった。プレシャス（Precious）という名前の女の子は454人いて、そのうち431人は黒人だ。318人いたシャニース（Shanice）のうち310人が黒人だった。

子供にそういうとてもクロい名前をつけるのはどんな親御さんだろう？ データの答えははっきりしていた。黒人が大多数を占める地域に住む、未婚、低所得、学のないティーンエイジャーで、自分もとてもクロい名前の母親だ。フライヤーの考えでは、子供に超クロい名前をつけるのは、黒人の親が地域社会に送る連帯の意思表示だ。「僕が子供にマディスンっていう名前をつけたとすると」と彼は言う。「みんなは『ほほう、おまえ、線路のあっち側に住みたいって思ってるんだな、そうだろ？』って思うんだよ」。黒人の子が微積分を勉強したりバレエを習ったりすると「シロい振る舞い」をしていると思われてしまうなら、赤ん坊をシャニースと名づける母親は単に「クロい振る舞い」をしているだけだとフライヤーは言うのだ。

カリフォルニア州の調査によれば、白人の親の多くは、同じぐらい強力だけれど方向がまったく逆のシグナルを送っている。白人の赤ん坊の40％以上が、白人の間で少なくとも4倍よくある名前をつけられている。コナーとコディ、エミリーとアビゲイルという名前を考えてみよう。最近の10年間で見ると、これらの名前はそれぞれ、カリフォルニアで生まれた赤ん坊のうち少なくとも2000人につけられている――そのうち黒人は2％にも満たない。

それじゃ「一番真っシロい」名前と「一番真っクロい」名前はなんだろう？

「真っシロい」女の子の名前トップ20

1	モリー	Molly	11	ジェナ	Jenna
2	エイミー	Amy	12	ヘザー	Heather
3	クレア	Claire	13	キャサリン	Katherine
4	エミリー	Emily	14	ケイトリン	Caitlin
5	ケイティ	Katie	15	ケイトリン	Kaitlin
6	マデリン	Madeline	16	ホリー	Holly
7	ケイトリン	Katelyn	17	アリスン	Allison
8	エマ	Emma	18	ケイトリン	Kaitlyn
9	アビゲイル	Abigail	19	ハナ	Hannah
10	カーリー	Carly	20	キャスリン	Kathryn

「真っクロい」女の子の名前トップ20

1	イマニ	Imani	4	アライヤ	Aaliyah
2	エボニー	Ebony	5	プレシャス	Precious
3	シャニース	Shanice	6	ニア	Nia

7 ディジャ Deja
8 ダイアモンド Diamond
9 アーシア Asia
10 アライヤ Aliyah
11 ジャダ Jada
12 ティエラ Tierra
13 ティアラ Tiara
14 キアラ Kiara
15 ジャスミン Jazmine
16 ジャスミン Jasmin
17 ジャスミン Jazmin
18 ジャスミン Jasmine
19 アレクサス Alexus
20 レイヴン Raven

「真っシロい」男の子の名前トップ20

1 ジェイク Jake
2 コナー Connor
3 タナー Tanner
4 ワイアット Wyatt
5 コディ Cody
6 ダスティン Dustin
7 ルーク Luke
8 ジャック Jack
9 スコット Scott
10 ローガン Logan
11 コール Cole
12 ルーカス Lucas
13 ブラドレイ Bradley
14 ジェイコブ Jacob
15 ギャレット Garrett
16 ディラン Dylan

17	マクスウェル	Maxwell	19	ブレット	Brett
18	ハンター	Hunter	20	コリン	Colin

「真っクロい」男の子の名前トップ20

1	デショーン	DeShawn	11	デメトリアス	Demetrius
2	デアンドレ	DeAndre	12	レジナルド	Reginald
3	マーキス	Marquis	13	ジャマール	Jamal
4	ダーネル	Darnell	14	モーリス	Maurice
5	テレル	Terrell	15	ジェイレン	Jalen
6	マリック	Malik	16	ダリウス	Darius
7	トレヴォン	Trevon	17	ザヴィアー	Xavier
8	タイロン	Tyron	18	テランス	Terrance
9	ウィリー	Willie	19	アンドレ	Andre
10	ドミニク	Dominique	20	ダリル	Darryl

さて、とてもシロい名前だったりとてもクロい名前だったりするとどうだっていうんだろう？　長年にわたって「監査調査」という方法で調査が何度も行われ、いろいろな名前から人がどんなことを

読み取るかが調べられた。典型的な監査調査では、研究者は内容が同じ（で作り物の）履歴書を2通作り、一つは昔ながらのシロい名前、もう一つは移民か少数民族っぽい名前にして、求人をしている会社に送る。すると、いつも「シロい」名前の履歴書のほうがずっと面接に呼ばれやすいのだ。

そういった調査によると、デショーン・ウィリアムズとジェイク・ウィリアムズがまったく同じ履歴書を同じ会社に送ったら、ジェイク・ウィリアムズのほうが呼び出しの電話をもらえる可能性は高い。つまり、クロい名前だと経済的に不利なのだ。おいしそうな調査のやり口だけれど、わかることはものすごく限られている。なんでデショーンには電話がかかってこないのかわからないからだ。その会社が人種差別する連中で、デショーン・ウィリアムズなんて黒人に決まってると思ったから蹴ったんだろうか？　「デショーン」なんて、貧乏で学のない家の子みたいだから？　履歴書っていうのは手がかりとしてはあんまり頼りにならない――最近の調査によると、履歴書の50％以上には嘘が書いてある――から、会社側は恵まれない境遇の出の社員は頼りにならないと思っていて、「デショーン」っていう名前を見ただけでこいつはそういうやつだと読んだんだろうか？

黒人と白人を使った監査調査では面接でどんなことが起きるかもわからない。会社の連中がほんとに人種差別主義者で、たまたまシロっぽい名前だった黒人をうっかり面接に呼んでしまったら、いったいどんなことになるんだろう――黒人の応募者でも顔を突き合わせて話をした後なら雇う可能性が高くなったりするんだろうか。それとも面接は黒人の応募者にとってウザいばっかりでどうしようもなく時間の無駄になるんだろうか――つまり、シロっぽい名前だと経済的に不利になるんだろうか？　同じセンで、たぶんシロい名前だと黒人社会では経済的に不利だろう。それじゃ、ものすごくクロい名前だと黒人社会ではどれぐらい有利になるんだろう？　でも監査調査じゃ、いもしないデショーン・ウィリアムズやジェイク・ウィリアムズが実際に行き着く先はわからないから、どう見てもクロい名前だとどんなことになるかを幅広く調べることはできない。

デショーンもちょっと名前を変えればいいのに。

もちろん、そんなことをする人はいつでもいる。ニューヨーク市の民事裁判で書記を務めている人が最近語ったのによると、改名は史上最多の水準だそうだ。改名を純粋に好みでやる人もいる。おかしなのもあるけれど。ナタリー・ジェレミジェンコとダルトン・コンレイという若いカップルが最近4歳の子をヨ・シン・ヘイノー・アウグストゥス・アイズナー・アレクサンダー・ワイザー・ナックルズ・ジェレミジェンコ＝コンレイに改名したそうだ。経済的な理由で名前を変える人もいる。2004年初めに、ニューヨークのリブリー・キャブの運転手マイケル・ゴールドバーグ（訳注：ユダヤ系であることを誰も疑わない名前）が撃たれた。報道によれば、ゴールドバーグさんは、実はインド生まれのシーク教徒で、ニューヨークに移ってくるときにユダヤ人っぽい名前にしとけば有利だろうと思って改名したんだそうだ。ゴールドバーグがそんなことをしたと聞いてショービジネスの連中は首をひねってたかもしれない。かの業界には、名前がユダヤっぽいと改名するという昔からのしきたりがある。だから、イスール・ダニエロヴィッチはカーク・ダグラスになり、ウィリアム・モリス・エージェンシーの創業者は改名したうえで会社を興し、大成功した。元の名前はツェルマン・モーゼズと言ったのだ。

で、問題はというと、ツェルマン・モーゼズがウィリアム・モリスになっていなかったら、それでも成功してただろうか？　それに、デショーン・ウィリアムズがジェイク・ウィリアムズとかコナー・ウィリアムズとかと名乗っていたら、ちょっとはましだっただろうか？　そう思いそうになる――子供に山ほど本をあげれば子供が賢くなると思いそうになるのと同じように。

監査調査では名前でどれだけ違うものかをちゃんと測ることはできないけれど、カリフォルニア州の名前データならそれができるのだ。

どうやって？　カリフォルニア州のデータには、赤ん坊それぞれの人口統計データだけでなく、赤ん坊の母親の教育や所得の水準、そしてさらに画期的なことに生年月日が含まれていたのだ。母親の生年月日がわかったことで、カリフォルニア州で生まれてカリフォルニア州でお母さんになった人たち数十万人を特定し、それを彼女たち自身の出生記録に結びつけることができた。こうして、新しく、とても有力な情報がデータから表れた――女性それぞれの人生の行く末を追いかけられる。これは研究者が泣いて喜ぶようなデータの結びつきだ。同じような境遇に生まれた子を選び、それぞれ20年後、30年後にもう一度見つけ出せば、その子たちがどうなったかがわかる。カリフォルニア州のデータに含まれていた数十万人の女性の中には、とてもクロい名前の人もいたしそうでない人もいた。人生の軌跡に影響しそうな他の要因を回帰分析で調整してやれば、一つの要因――この場合女性の名前――が、将来の教育や所得、健康などにどんな影響を及ぼしたかを測ることができる。

さて、名前でそんなに違うもの？

データによると、明らかにクロい名前の人は——イマニという女性でもデショーンという男性でも——モリーという女性やジェイクという男性よりも、平均ではたしかによくない生活に行き着いていた。でも、それは名前のせいじゃなかった。ジェイク・ウィリアムズとデショーン・ウィリアムズという名前の黒人の男の子が同じご近所で生まれ、家庭環境や経済的な事情が同じだったとすると、二人は同じような境遇に行き着く可能性が高い。でも、息子をジェイクと名づける親は、息子をデショーンと名づける親と、同じようなご近所に住んでいたり、同じような経済的環境だったりはしないことが多かった。それだからこそ、平均では、ジェイクという名前の子はデショーンという名前の子よりもお金を稼ぎ、高い教育を受ける傾向があったのだ。デショーンという名の子は貧乏で学がなくて片親でといったバックグラウンドに足を引っ張られることが多い。彼の名前は彼の行く末を——決めるものではなく——映すものだったのだ。家に本が1冊もない子の成績がたぶんよくないのと同じように、デショーンという名前の男の子はたぶんいい生活にはたどり着けない。

それじゃデショーンが名前をジェイクとかコナーに変えていたらどうなっただろう？　境遇は良くなっただろうか？　思うに、こんなところじゃないか：経済的に成功するために名前を変えるような人は——学校選択の抽選に参加するシカゴの新入生みたいに——少なくともとてもやる気があるし、やる気は成功を強く呼び込むものだろう。たとえば、そう、名前なんかよりも。

ＥＣＬＳのデータが、黒人と白人の成績格差よりずっと幅広い子育てについての疑問に答えてくれたように、カリフォルニア州の名前データは、とてもクロい名前についての疑問以外にもたくさんのことを語ってくれた。おおざっぱに言うと、データは親御さんたちが自分をどう見ているか――そして、もっと大事なことだけれど、子供にどんなことを期待しているかについて語っている。

こんな疑問から始めてみよう：だいたい、名前ってどこからくるんだろう？　いや、名前の実際の出元ということじゃなくて――そういうことは、普通はほとんどわかりきっている。聖書から来た名前、イギリスやドイツやイタリアやフランスの伝統的な名前、お姫様の名前にヒッピーの名前、昔を思うような名前に場所の名前。増えているのが、ブランドの名前（レクサス、アルマーニ、バカルディ、ティンバーランドなど《訳注：それぞれ、トヨタの車、そして服、ラム酒、靴のブランド》）と、上昇志向な名前とでも呼べばいいか、そんな名前だ。カリフォルニアのデータによると、１９９０年代生まれにはハーヴァードという子が８人（全員黒人）、イェールが15人（全員白人）、プリンストンが18人（全員黒人）いた。ドクターはいなかったけれど、ローヤー（弁護士）が３人（全員黒人）、ジャッジ（判事）が９人（うち８人が白人）、セネター（上院議員）が３人（全員白人）、そして、プレジデントまで２人（ともに黒人）いた。それから、新しく発明された名前もあった。ローランド・Ｇ・フライヤー・Jr.がラジオで名前の調査の話をしていると、黒人の女性から番組に電話がかかってきた。彼女は最近生まれた姪の名前のことでとても怒っていた。「シャーティード」と言うのだけれど、「Shithead」と書くのだった（訳注：shit＝うんこ、head＝頭でクソアタマちゃんってところ。実際にときどき聞く罵声の一つ）。それから、OrangeJello（オレンジゼリー）とLemonJello（レモンゼリー）っていう双子の男の子もいた。この子たちも黒人で、親御さんはそんな名前を選んだあげく、まだ勿体つけていた。「アロンジェロ」「レモンジェロ」と読むんだそうだ（訳注：普通、オレンジのアクセントは「オ」、レモンのアクセントは「レ」）。

オレンジゼリーだのレモンゼリーだのクソアタマだのみたいな名前は、まだ広く大向こうウケするところまではいっていないけれど、大流行した名前もある。名前はどうやって人々の間に広まっていくんだろう？　それから、なぜ広まっていくんだろう？　世間の風潮のなせるわざなんだろうか、それとももっと気の利いた説明があるんだろうか？　名前が、はやってすたってまたはやって、なんてことを繰り返しているのは誰でも知っている――あなた、絶滅寸前だったソフィとマックスが復活したのに気づいてるでしょう――けれど、そういう動きにはなにかはっきりしたパターンがあるんだろうか？

答えはカリフォルニア州のデータの中にある：ｙｅｓだ。

データからわかった一番面白いことの一つに、赤ん坊の名前と親の社会・経済的地位の相関がある。中所得の白人家庭と低所得の白人家庭で一番よくある女の子の名前を比べてみよう（リストには1990年代のデータだけを使っている。データが十分な大きさで、なおかつリストが現在の状況を的確に表すようにだ）。

中所得の白人家庭に多い女の子の名前トップ20

1	サラ	Sarah	11	ニコル	Nicole
2	エミリー	Emily	12	テイラー	Taylor
3	ジェシカ	Jessica	13	エリザベス	Elizabeth
4	ローレン	Lauren	14	キャサリン	Katherine
5	アシュリー	Ashley	15	マディスン	Madison
6	アマンダ	Amanda	16	ジェニファー	Jennifer
7	ミーガン	Megan	17	アレクサンドラ	Alexandra
8	サマンサ	Samantha	18	ブリタニー	Brittany
9	ハナ	Hannah	19	ダニエル	Danielle
10	レイチェル	Rachel	20	レベッカ	Rebecca

低所得の白人家庭に多い女の子の名前トップ20

1	アシュリー	Ashley	4	サマンサ	Samantha
2	ジェシカ	Jessica	5	ブリタニー	Brittany
3	アマンダ	Amanda	6	サラ	Sarah

7 ケイラ Kayla
8 アンバー Amber
9 ミーガン Megan
10 テイラー Taylor
11 エミリー Emily
12 ニコル Nicole
13 エリザベス Elizabeth
14 ヘザー Heather
15 アリッサ Alyssa
16 ステファニー Stephanie
17 ジェニファー Jennifer
18 ハナ Hannah
19 コートニー Courtney
20 レベッカ Rebecca

重なる名前は多い、それはたしかにそうだ。でも、リストに挙がっているのは全体で一番よくある名前だということ、それからデータがとても大きいことを考えてほしい。順位が一つ違うだけで何百人とか何千人とかぐらいの違いがあったりする。ブリタニーは低所得者のリストでは5番目だけれど中所得者のリストでは18番目だから、ブリタニーは圧倒的に安物の名前だと思っていい。他にももっとはっきりしている例がある。それぞれのトップ20リストにはもう一方のトップ20リストに載っていない名前が5つずつある。そんな、高級な名前と安物の名前のトップ5はこんなふうになる。それぞれ、もう一方のリストとの格差が大きい順に並べてある。

白人の女の子に多い高級な名前トップ5

1　アレクサンドラ　Alexandra
2　ローレン　Lauren
3　キャサリン　Katherine
4　マディスン　Madison
5　レイチェル　Rachel

白人の女の子に多い安物の名前トップ5

1　アンバー　Amber
2　ヘザー　Heather
3　ケイラ　Kayla
4　ステファニー　Stephanie
5　アリッサ　Alyssa

男の子の場合こんなふうだ。

白人の男の子に多い高級な名前トップ5

1 ベンジャミン Benjamin
2 サミュエル Samuel
3 ジョナサン Jonathan
4 アレクサンダー Alexander
5 アンドリュー Andrew

白人の男の子に多い安物の名前トップ5

1 コディ Cody
2 ブランドン Brandon
3 アンソニー Anthony
4 ジャスティン Justin
5 ロバート Robert

所得と名前の関係を考え、それから所得と教育の相関が強いことを考えると，親の教育水準と子供につける名前にもやっぱり強い関係が表れるのは当然だろう。もう一度、白人の子に多い名前の中から選ぶと、教育水準が高い親と最低限の教育だけを受けている親がそれぞれよくつける名前はこんなふうになる。

親の教育水準が高い白人の女の子に多い名前トップ5

1 キャサリン Katherine
2 エマ Emma
3 アレクサンドラ Alexandra
4 ジュリア Julia
5 レイチェル Rachel

親の教育水準が低い白人の女の子に多い名前トップ5

1 ケイラ Kayla
2 アンバー Amber
3 ヘザー Heather
4 ブリタニー Brittany
5 ブリアナ Brianna

親の教育水準が高い白人の男の子に多い名前トップ5

1 ベンジャミン Benjamin
2 サミュエル Samuel
3 アレクサンダー Alexander
4 ジョン John
5 ウィリアム William

親の教育水準が低い白人の男の子に多い名前トップ5

1 コディ Cody
2 トラヴィス Travis
3 ブランドン Brandon
4 ジャスティン Justin
5 タイラー Tyler

サンプルをもっと広げて、とてもよくある名前以外まで見ると、傾向がもっとはっきりする。カリフォルニア州のデータベース全体から、親の教育水準がとても低いことを表す白人の女の子の名前は次のようになる。

親の教育水準が低い白人の女の子の名前トップ20＊
（カッコの数字は母親の平均就学年数）

1	エンジェル	Angel	(11.38)	11	ジャスミン	Jazmine	(11.94)
2	ヘヴン	Heaven	(11.46)	12	シャイアン	Shyanne	(11.96)
3	ミスティ	Misty	(11.61)	13	ブリタニー	Britany	(12.05)
4	デスティニー	Destiny	(11.66)	14	メルセデス	Mercedes	(12.06)
5	ブレンダ	Brenda	(11.71)	15	ティファニー	Tiffanie	(12.08)
6	タバサ	Tabatha	(11.81)	16	アシュリー	Ashly	(12.11)
7	ボビー	Bobbie	(11.87)	17	トーニャ	Tonya	(12.13)
8	ブランディ	Brandy	(11.89)	18	クリスタル	Crystal	(12.15)
9	デスティニー	Destinee	(11.91)	19	ブランディ	Brandie	(12.16)
10	シンディ	Cindy	(11.92)	20	ブランディ	Brandi	(12.17)

＊１００人以上該当者がいた名前が対象。

もし、あなたかあなたの好きな人の名前がシンディかブレンダで、歳は、そうだな、40歳以上で、昔はこうした名前が学のない家の出だと匂わせてるなんてことはなかったんだがなあと思ったなら、おっしゃるとおり。他にもそんな名前はたくさんあるけれど、この名前は、最近、大幅に急激に地位が変わったのだ。わざとやってるのかもしれないけれど、低学歴の名前の中にはどう見ても標準的な名前のつづりを間違ったのでは？ というものもある。ほとんどの場合、そういう名前は正しいつづりでも—— Tabitha（タバサ）、Cheyenne（シャイアン）、Tiffany（ティファニー）、Brittany（ブリタニー）、そしてJasmine（ジャスミン）——やっぱり低学歴を匂わせている。でも、同じ名前のいろんなつづりの間でも、差はとても大きい。

「ジャスミン」10種、母親の教育水準の低さ順
（カッコの数字は母親の平均就学年数）

1 Jazmine (11.94)
2 Jazmyne (12.08)
3 Jazzmin (12.14)
4 Jazzmine (12.16)
5 Jasmyne (12.18)
6 Jasmina (12.50)
7 Jazmyn (12.77)
8 Jasmine (12.88)
9 Jasmin (13.12)

10 Jasmyn （13.23）

次は親の教育水準が一番低いことを表す白人の男の子の名前をリストアップしよう。ときどき間違ったつづりが入っている（Micheal とか Tylor）けれど、もっと共通して見られるのはあだ名が転じて正式な名前になる傾向だ。

親の教育水準が低い白人の男の子の名前トップ20*

（カッコの数字は母親の平均就学年数）

1 リッキー Ricky （11.55）
2 ジョーイ Joey （11.65）
3 ジェシー Jessie （11.66）
4 ジミー Jimmy （11.66）
5 ビリー Billy （11.69）
6 ボビー Bobby （11.74）
7 ジョニー Johnny （11.75）
8 ラリー Larry （11.80）
9 エドガー Edgar （11.81）
10 スティーヴ Steve （11.84）
11 トミー Tommy （11.89）
12 トニー Tony （11.96）
13 マイケル Micheal （11.98）
14 ロニー Ronnie （12.03）
15 ランディ Randy （12.07）
16 ジェリー Jerry （12.08）
17 タイラー Tylor （12.14）
18 テリー Terry （12.15）

19　ダニー　Danny　（12.17）　20　ハーレイ　Harley　（12.22）

＊100人以上該当者がいた名前が対象。

さあ、次は親の教育水準が一番高いことを示す名前だ。こっちの名前と教育水準が低いほうの名前には、発音の点でも趣味の点でも、共通するものがあまりない。女の子の名前はほとんどの面で多種多様だけれど、文学的な香りとか芸術的な感じがするものがまあまあ多い。「賢い」名前をあれこれ考えてる、もうすぐ親になる皆さんにご注意――こういう名前があなたのお子さんを賢くしてくれるわけじゃありませんからね。他の賢い子とおんなじ名前でいられるってだけです――まあ少なくともしばらくの間は、ですけど（男女のいろいろな名前を載せた、もっと長いリストを見たければ付注34ページをどうぞ）。

親の教育水準が高い白人の女の子の名前トップ20＊

（カッコの数字は母親の平均就学年数）

1　リュシエンヌ　Lucienne　（16.60）　4　アデア　Adair　（16.36）

2　マリー・クレア　Marie-Claire　（16.50）　5　メイラ　Meira　（16.27）

3　グリニス　Glynnis　（16.40）　6　ビアトリクス　Beatrix　（16.26）

7 クレメンタイン Clamentine (16.23)
8 フィリパ Philippa (16.21)
9 アヴィーヴァ Aviva (16.18)
10 フラナリー Flannery (16.10)
11 ローテム Rotem (16.08)
12 ウーナ Oona (16.00)
13 アタラ Atara (16.00)
14 リンデン Linden (15.94)
15 ウェイヴァリー Waverly (15.93)
16 ゾフィア Zofia (15.88)
17 パスカル Pascale (15.82)
18 エレアノーラ Eleanora (15.80)
19 エリカ Elika (15.80)
20 ニーカ Neeka (15.77)

＊100人以上該当者がいた名前が対象。

教育水準が一番高いご家庭で最近多くなっている男の子の名前が次だ。ユダヤ系の名前がとくに多く、それからアイルランドの伝統に沿った名前に向かう傾向が目につく。

親の教育水準が高い白人の男の子の名前トップ20＊
（カッコの数字は母親の平均就学年数）

1 ドヴ Dov (16.50)
2 アキーヴァ Akiva (16.42)
3 サンダー Sander (16.29)
4 ヤニック Yannick (16.20)

5	サッシャ	Sacha	(16.18)
6	ギョーム	Guillaume	(16.17)
7	エロン	Elon	(16.16)
8	アンセル	Ansel	(16.14)
9	ヨナ	Yonah	(16.14)
10	トール	Tor	(16.13)
11	フィネガン	Finnegan	(16.13)
12	マクレガー	MacGregor	(16.10)
13	フロリアン	Florian	(15.94)
14	ゼヴ	Zev	(15.92)
15	ベケット	Beckett	(15.91)
16	キア	Kia	(15.90)
17	アシュコン	Ashkon	(15.84)
18	ハーパー	Harper	(15.83)
19	サムナー	Sumner	(15.77)
20	カルダー	Calder	(15.75)

＊１００人以上該当者がいた名前が対象。

リストに挙がった名前になじみがないからってがっかりしなくてもいいですよ。男の子の名前も――昔からずっと、女の子の名前より数が少ないのだけれど――ものすごい速さで増えている。ということは、今日、一番よくある名前でも、昔ほどは多くなくなっているのだ。１９９０年にカリフォルニア州で生まれた黒人の男の子に多かった名前トップ10を２０００年のトップ10と比べてみよう。１９９０年にトップ10の名前を貰った赤ん坊は３３７５人（この年に生まれた赤ん坊の１８・７％）、一方、２０００年にはそれが２１１５人（この年に生まれた赤ん坊の１４・６％）に減っている。

黒人の男の子に多い名前トップ10
（カッコの数字は人数）

	１９９０年				２０００年		
1	マイケル	Michael	(532)	1	アイザイア	Isaiah	(308)
2	クリストファー	Christopher	(531)	2	ジョーダン	Jordan	(267)
3	アンソニー	Anthony	(395)	3	エリヤ	Elijah	(262)
4	ブランドン	Brandon	(323)	4	マイケル	Michael	(235)
5	ジェイムズ	James	(303)	5	ジョシュア	Joshua	(218)
6	ジョシュア	Joshua	(301)	6	アンソニー	Anthony	(208)
7	ロバート	Robert	(276)	7	クリストファー	Christopher	(169)
8	デイヴィッド	David	(243)	8	ジェイレン	Jalen	(159)
9	ケヴィン	Kevin	(240)	9	ブランドン	Brandon	(148)
10	ジャスティン	Justin	(231)	10	ジャスティン	Justin	(141)

一番はやりの名前を貰った黒人の男の子（１９９０年はマイケルで５３２人）が、10年の間にずいぶん減っている（２０００年はアイザイアで３０８人）。つまり、親御さんたちは子供にいろんな名前をつけるようになっているのだ。でも、リストの変化にはもう一つ面白い特徴がある：出入りの激

しさだ。１９９０年にトップ10リストに上がった名前のうち４つ（ジェイムズ、ロバート、デイヴィッド、ケヴィン）が２０００年にはリストから落ちている。この４つは、１９９０年のトップ10でもランクはリストの下のほうだ。ところが、この４つに代わってリストに入ってきた名前はそうじゃない。新しく入った名前のうち３つ――アイザイア、ジョーダン、エリヤ――は、実際、２０００年の１位、２位、３位だ。名前がどれぐらい急に、徹底的に使われるようになったり使われないようになったりするか、もっとはっきりした例で見たければ、１９６０年と２０００年にカリフォルニア州で生まれた白人の女の子に多かった名前を比べてみよう。

白人の女の子に多い名前トップ10

	1960年			2000年	
1	スーザン	Susan	1	エミリー	Emily
2	リサ	Lisa	2	ハナ	Hannah
3	カレン	Karen	3	マディスン	Madison
4	メアリー	Mary	4	サラ	Sarah
5	シンシア	Cynthia	5	サマンサ	Samantha
6	デボラ	Deborah	6	ローレン	Lauren
7	リンダ	Linda	7	アシュリー	Ashley

8	パトリシア	Patricia	8	エマ	Emma
9	デブラ	Debra	9	テイラー	Taylor
10	サンドラ	Sandra	10	ミーガン	Megan

1960年のリストの名前は2000年には一つも残っていない。でも、そりゃ40年もはやりが続くなんてめったにないよ、そう思います？　それじゃ最近人気の名前トップ10と20年前ならどうでしょうね。

白人の女の子に多い名前トップ10

1980年			2000年		
1	ジェニファー	Jennifer	1	エミリー	Emily
2	サラ	Sarah	2	ハナ	Hannah
3	メリッサ	Melissa	3	マディスン	Madison
4	ジェシカ	Jessica	4	サラ	Sarah
5	クリスティーナ	Christina	5	サマンサ	Samantha

6　アマンダ　Amanda
7　ニコル　Nicole
8　ミシェル　Michelle
9　ヘザー　Heather
10　アンバー　Amber

6　ローレン　Lauren
7　アシュリー　Ashley
8　エマ　Emma
9　テイラー　Taylor
10　ミーガン　Megan

唯一の生き残り：サラ。エミリーだとかエマだとかローレンだとか、どっから来た名前なんだろう。マディスンってなにそれ？　新しい名前がものすごい速さで大人気になるというのはわかったけれど——じゃ、いったいなんでそんなことに？

前にあげたリストをもう一つ見てみよう。１９９０年代にカリフォルニアで生まれた女の子に多かった名前を低所得の家族と中・高所得の家族に分けるとこうだった。

白人の女の子に多い高級な名前トップ5

1　アレクサンドラ　Alexandra
2　ローレン　Lauren
3　キャサリン　Katherine
4　マディスン　Madison

5　レイチェル　Rachel

白人の女の子に多い安物の名前トップ5

1　アンバー　Amber
2　ヘザー　Heather
3　ケイラ　Kayla
4　ステファニー　Stephanie
5　アリッサ　Alyssa

なにか気づきましたか？　このリストを258ページの、1980年と2000年の全体でのトップ10リストである「白人の女の子に多い名前」と比べる。ローレンとマディスンは1990年代に最も人気のある「高級」な名前だった。一方、アンバーとヘザーは1980年代にとてもはやった名前だった。それが今では「安物」の名前になっている。

ここにははっきりしたパターンがある——高所得・高学歴の親の間ではやった名前が社会・経済のはしごを下へ伝っていく。アンバーやヘザーも最初は高級な名前だったし、ステファニーやブリタニーもそうだ。ステファニーやブリタニーという名前の赤ん坊がはしごの上のほうに1人いれば、10年以内にそういう名前の女の子がはしごの下のほうに5人生まれる。

それじゃはしごの下の家族はどこで名前を探してくるんだろう？　名前のはやりはセレブが元になってると思ってる人は多いけれど、セレブたちが赤ん坊の名前に与える影響は実はあんまり強くない。2000年現在、ポップスターのマドンナは世界中で1億3000万セットのCDを売ったけれど、パクった親は少なく、そんな名前の子は10人も——あのカリフォルニアで、ですよみなさん——いなかった。付注34ページに膨大なリストを載せておいたけれど、このリストの元になった4000個の名前からなる名簿に載るために必要な該当件数10件さえ満たせなかったのだ。なんなら最近よくいるブリタニー（Brittany）とかブリトニー（Britney）とかブリタニー（Brittani）とかブリタニー（Brittanie）とかブリトニー（Brittney）とかブリトニー（Brittni）とかを考えてもいい。ブリトニー・スピアーズのせいだなと思うかもしれないけど、彼女はブリタニー／ブリトニー／ブリタニー／ブリタニー／ブリトニー／ブリトニー大量発生現象の症状のほうで、原因じゃないのだ。この名前の一番多いつづり、Brittany は社会のはしごの上のほうでは18位、下のほうでは5位だから、間違いなく賞味期限切れは近い。同じように、シャーリー・テンプル（訳注：1930年代に子役でスーパースターになった女優）も何十年も前のシャーリー・ブームの症状だった。今じゃ彼女はブームの原因だったと思われているけれど（ちなみに、シャーリー《Shirley》もそうなのだが、キャロル《Carol》、レスリー《Leslie》、ヒラリー《Hilary》、レネ《Renee》、ステイシー《Stacy》、トレイシー《Tracy》といった名前はもともと男の子の名前だった。一方、女の子の名前が垣根を越えて男の子の名前になることはほぼぜんぜんない）。

というわけで、名づけゲームを動かしているのは有名人じゃない。ほんの数ブロック向こうのご家族、家が大きくて車が新しいおうちを見て動くものなのだ。最初に娘にアンバーとかヘザーとかの名前をつけたようなご家族は、今じゃローレンとかマディスンとかの名前をつけている。息子の名前にジャスティンとかブランドンとかを選んでいたようなご家族は、最近ではアレクサンダーとかベンジャミンとか言っている。あんまり身近なところ——家族の誰かとか親友とか——から名前を貰ってくるのは嫌がる親が多いけれど、彼らは、本人がわかってるかどうかはともかく、「成功」しそうな響きの名前は大好きだ。

　ところが、いいとこのご家族で使われていた名前が広く使われるようになると、いいとこのご家族ではその名前を使わなくなる。そのうちその名前はありふれてきて、普通以下のご家族も使いたがらなくなって、そこで使い回しは終わる。一方、普通以下のご家族は、また、いいとこのご家族が仕込んできた次の名前を探しに行くわけだ。

　さて、これではっきりわかったことがある。娘さんにアレクサンドラとかローレンとかキャサリンとかマディスンとかレイチェルとかいった名前をつけてるなら、そういう名前の名声がいつまでも続くとは思わないほうがいい。この手の名前はもう使い古される一歩手前まできてる。それじゃ、いいとこのご家族はどこで名前を拾ってくるんだろう？

　253〜255ページのカリフォルニア州のリストに載っている、「高学歴」のおうちが使う女の子や男の子の名前はまだそれほど見かけないけれど、そういう名前がいいとこのご家族の選ぶ名前の出元だというのは、それほど驚きではないだろう。たしかに、あのリストに載っている名前のうちいくつか――ウーナとかグリニスとかフロリアンとかキアとか――は、まあ、今後もあんまり使われないだろう。ユダヤ系の新しい名前（ローテム、ゾフィア、アキーヴァ、ゼヴ）も、ほとんどそんなもんだろう。今日主流になっている名前にも、もちろん旧約聖書から来たユダヤ系の名前がたくさんあるけれど（デイヴィッド、ジョナサン、サミュエル、ベンジャミン、レイチェル、ハナ、サラ、レベッカ）。アヴィーヴァは今はユダヤ系の名前だけれど、これから大ブレークするのかもしれない。発音も簡単だし、かわいいし、元気がありそうだし、おあつらえ向きにちょっと変えるのも簡単そうだ。

「高学歴」の名前リスト2つから、今の高級な名前をいくつか選んでみるとこうなる。今はそう見えないだろうけど、このいくつかが将来主流の名前になるはずなのだ。アホかって言う前に、ちょっと考えてみてくださいよ。10年前にマディスンがどれぐらいアホな名前だったか思い出して、それよりアホくさい名前がこの中にありますか？

女の子に多い名前、2015年版？

アニカ	Annika	エヴァ	Ava
エインズレイ	Ansley	エイヴリー	Avery

アヴィーヴァ	Aviva	ララ	Lara
クレメンタイン	Clementine	リンデン	Linden
エレノア	Eleanor	メイヴ	Maeve
エラ	Ella	マリー・クレア	Marie-Claire
エマ	Emma	マヤ	Maya
フィオナ	Fiona	フィリパ	Philippa
フラナリー	Flannery	フィービー	Phoebe
グレイス	Grace	クィン	Quinn
イザベル	Isabel	ソフィ	Sophie
ケイト	Kate	ウェイヴァリー	Waverly

男の子に多い名前、２０１５年版？

エイダン	Aidan	アッシャー	Asher
アルド	Aldo	ベケット	Beckett
アンダースン	Anderson	ベネット	Bennett
アンセル	Ansel	カーター	Carter

クーパー	Cooper	マクシミリアン	Maximilian
フィネガン	Finnegan	マクレガー	McGregor
ハーパー	Harper	オリヴァー	Oliver
ジャクソン	Jackson	レーガン	Reagan
ヨハン	Johan	サンダー	Sander
キオン	Keyon	サムナー	Sumner
リアム	Liam	ウィル	Will

あたりまえのことだけれど、親御さんが子供の名前を考えるときに頭の中を駆け巡る思いはさまざまだ。古式ゆかしいのがいいと思うかもしれないし、自由奔放なやつがいいと思うかもしれない。またとない名前がいいと思うかもしれないし、流行ど真ん中のがいいと思うかもしれない。親御さんなら誰でも——自分でわかってるかどうかはともかくも——「頭のいい」名前とか「高級な」名前とかがいいと思ってるとまで言うと言いすぎかもしれない。でも、親御さんたちにはみんな、名前で送りたいメッセージがあるのだ。勝ち馬だろうと負け犬だろうと、マディスンだろうとアンバーだろうと、クソアタマだろうとサンダーだろうと、デショーンだろうとジェイクだろうと、必ず。カリフォルニア州の名前データが語っているのは、子供がどれぐらい成功してくれると自分たち自身が期待しているかを名前に込める親御さんがものすごくたくさんいるということだ。名前で何かが違ってくる

かというと、そんなことはぜんぜんない。でも、親御さんたちは少なくとも、まさしく一番最初から、自分たちはできるだけのことをしたと思えて、少しは気が休まるのだ。

終章 EPILOGUE

ハーヴァードへ続く道二つ

Two Paths to Harvard

さて、本文も終わり、最初にしたお約束は守られた――この本に「一貫したテーマ」なんてもんはほんとにない。

でも、たしかに「ヤバい経済学」には一貫したテーマなんてないけれど、ヤバい経済学を日々のあれこれに応用するとき、少なくとも一つ、いつも底のほうに流れているものがある。それは、現実の世界で人がどんなふうに動くかについて、筋の通った考え方をするということだ。そのために必要なのは、新しい見方をする、新しい理解の仕方をする、新しい測り方をする、そんなことだ。難しいことだとは限らない。ものすごく複雑なことを考えなければいけないとも限らない。実際、この本でやったのは、典型的なギャングの連中や相撲の力士が自分で考え出したことを私たちも考えただけだ（私たちはさかさまに進んで考えたのだけれども）。

そんなふうに考えられればお金が儲かったりするんだろうか？　たぶんダメでしょうね。プールの周りに頑丈な柵を張り巡らせたり、不動産屋さんにもうちょっとだけ一所懸命仕事させたりはするかもしれない。でも、差っ引きで考えると、残る効果はもっと微妙だろう。今までより通念を疑ってかかるようになる。物事は目に見えるのとはぜんぜん違うっていうヒントを探すようになる。自分の知性と直感のバランスをうまく取りつつデータを山ほど集めてふるいにかけて、光り輝く新しいアイディアを探すようになるだろう。そんなアイディアは、居心地がいいものとは限らないし、大ブーイングまで食らうかもしれない。中絶の合法化で犯罪が大幅に減ったなんて、道徳派からの猛反発は必至だ。でも本当は、「ヤバい経済学的」な考え方は、道徳と相反するわけじゃないのだ。最初に書いたように、道徳が私たちの望む世の中のあり方を映しているのだとすると、経済学が映しているのは世の中の実際のあり方だ。

それよりもこの本を読んでありそうなことはもっと単純だ。はっと気づくと山ほど疑問が湧いている。そんな疑問のほとんどは結局なんにもならないだろうけど、面白い答えや、ひょっとするとびっくりするような答えにつながるものもきっとある。最後から2番目の第5章で立てた疑問を思い出してほしい：親でそんなに違うもの？

これまで見たように、いくつかの（子供が生まれるずっと前に勝負は決まっている）点で親はとても大事、いくつかの（私たちがパラノイアになったみたいに気にする）点で親はぜんぜん関係ないとデータがはっきり示していた。親が子供の将来のためになるようにと思って何か――それがなんだろうと――したからって、そのことで親をとがめることはできない。たとえ、それが子供に高級な名前をつけるなんていうほんとにどうでもいいことであっても、だ。

でも、親ができる限りのことをしても、それをみんな吹きとばしてしまうような、とんでもないことが偶然起きたりする。たぶんあなたも、頭がよくてしかも子供にひたすら尽くした親御さんの子供が道を大きく踏み外したっていう例を知っているでしょう。逆に、ろくなこと考えてないしろくなことしない親御さんの子が大成功したっていう例も。

第5章で引き合いに出した2人の男の子を思い出してほしい。1人は白人、1人は黒人だった。白人の子はシカゴの郊外で育った。親御さんは賢く、堅実で、子供を愛し、子供を後押しする、そんな人たちで、教育や家族の絆をとても大事にしていた。デイトナビーチの黒人の子は、お母さんに捨てられ、お父さんにぶたれ、ティーンエイジャーになるころにはいっぱしのチンピラになっていた。2人はその後どうなったんだろう？

黒人の子は今27歳になっている。ハーヴァードで黒人がなかなか成功できないのはなぜかを研究しているローランド・G・フライヤー・Jr.だ。

白人の子のほうもハーヴァードに入った。でも、それからすぐ、物事はうまく行かなくなってしまった。彼の名をテッド・カジンスキーと言う。

謝辞

私たち二人共同で、この本を育てるのを手伝ってくださったお二人にお礼を申し上げたい。ウィリアム・モロウのクレア・ワクテルとウィリアム・モリス・エージェンシーのスザンヌ・グラックだ。スティーヴン・ダブナーがお二人の後押しで書いた本はこれで三冊目だ。ダブナーはお二人にはずっととても感謝しているし、おりにふれて畏敬の念を感じている。スティーヴン・レヴィットが本を出すのはこれが初めてだ。レヴィットはとても感激している。それぞれの職場で後押ししてくれた、とても能力のある人たちにも感謝している。マイケル・モリスン、キャシー・ヘミング、リサ・ギャラガー、デイビー・スティア、ディー・ディー・デ・バートロ、ジョージ・ビック、ブライアン・マクシャリー、ジェニファー・プーレイ、ケヴィン・キャラハン、トレント・ダフィ、その他ウィリアム・モロウの皆さん、そしてトレイシー・フィッシャー、カレン・ガーウィン、エリン・マローン、キャンディス・フィン、アンディ・マクニコル、その他ウィリアム・モリス・エージェンシーの皆さんだ。また、この本に登場していただいたいろいろな皆さん（とくに、ステットソン・ケネディ、ポール・フェルドマン、スティール・ヴェンカテッシュ、アーン・ダンカン、そしてローランド・フライヤー）には、この本のために使ってくれたお時間とお手間に対し、感謝を申し上げる。加えて、原稿を直すのを手伝ってくれた、メラニー・サーンストローム、リサ・チェイス、そしてコリン・カメレールなど、友だちや同僚にもお礼を申し上げる。そして最後に、リサ・ジンス。タイトルを思いついたのは彼女だ――よくぞやってくれました、ありがとう。

それぞれの謝辞

論文の共著者や同僚など、たくさんの人にとてもお世話になった。彼らの素晴らしいアイディアがこの本には満ちている。いま私が経済や人生について知っていることをわざわざ教えてくださった親切な皆さんにも、お世話になった。シカゴ大学にはとくに感謝している。同大学のシカゴ価格理論イニシアティブは私に研究の理想的なホームグラウンドを与えてくれた。また、アメリカ弁護士協会には、提供してくれた協力や支援に対し、お礼を申し上げる。妻のジャネットと4人の子供たち、アマンダ、オリヴィア、ニコラス、そしてソフィのおかげで、私は毎日楽しく過ごしている。アンドリューがいてくれたらと心から思っているけれど。両親にも感謝だ。二人は、人と違っていていいんだよと教えてくれた。そして誰よりも、親友で共著者のスティーヴン・ダブナーにはありがとうと言いたい。彼は素晴らしい物書きにして創造の天才だ。

――S．D．L．――

私がこれまで書いた本は、『ニューヨーク・タイムズ・マガジン』の紙面で生まれたか、少なくとも同誌の仕事に関係していたかのどちらかだ。この本も例外ではない。そういった意味で、ヒューゴ・リンドグレン、アダム・モス、そしてジェリー・マツォラッティに感謝する。また、ベイグル屋さんをNYタイムズの誌面につれてきてくれたのはヴェラ・ティテュニックとポール・タフだ。お礼を申し上げる。スティーヴン・レヴィットにはとても感謝している。彼がとても気が利いていて、頭が良くて、しかも優しいので、私は思わず、自分も経済学者だったらよかったのにと思った――いや、ええと、思いそうになった。おかげで、経済学者の半分が、どうして研究室が彼の隣だったらいいのにと思っているかよくわかった。そして最後に、いつもどおり、エレン、ソロモン、そしてアニヤ、愛してるよ、また晩ご飯のときにね。

――S．J．D．――

「ヤバい経済学」のなにがどうヤバいのか——訳者のあとがきに代えて

２００５年は経済学ネタがよくウケた。この本の原書、*Freakonomics: A Rogue Economist Explores the Hidden Side of Everything*（William Morrow & Company, May, 2005）も発売から半年ほどで１００万部の大ベストセラーになったし、現在も『ニューヨーク・タイムズ』紙のベストセラー・リストに載り続けている。大学学部レベルの授業用に『ヤバい経済学スタディ・ガイド』まで出た。著者のスティーヴン・D・レヴィットとスティーヴン・J・ダブナーは『ニューヨーク・タイムズ・マガジン』に、月に一度「ヤバい経済学」コラムを掲載しているし、ニュース番組などにもよく登場するようになった。あろうことかあのパット・ロバートソンのあの『７００クラブ』にまで呼ばれて出演している（なに考えとるんだとエージェントを恨んだそうだけれど）。

この本の成り立ちは「はじめに」に詳しい。レヴィットは「１９９０年代の犯罪減少」論文を発表した際、マスコミの記者にはかなりいやな思いをさせられたようで、彼らに対してあまりよい印象を持っていないようだが、その彼にいっしょに本を書こうと思わせるだけのものをダブナーが持っていたということだろう。ダブナーが本書で果たした役割について疑問視する人もいるようだが、本書のウェブサイト www.freakonomics.com でレヴィットは「自分の論文と今回の本を読み比べてみろ。ダブナーがどれだけ優れた書き手か思い知るから」と言っている（フェアに言って、レヴィットの論文はとても読みやすいほうだと思うけれど）。合作のやり方にはいろいろあるようだが、レヴィットとダブナーの場合、まず話し合って内容を決め、次にダブナーがそれを文章にして、できたものに2人で手を入れるという方法を取ったそうだ。

そうしてできあがった本書は、少なくとも訳者が知る限り世にも稀な本になった。普通、一般向けに書かれた経済学の本のやり口は2通りである。一つは、読んでるこっちが気恥ずかしくなるぐらい卑近な例に経済学の標準理論を当てはめて、理論やモデルの仕組みを説明する。そうした場合の「例」は、書き手の専門分野と関係があるとは限らない。ポイントはむしろ、読み手が慣れ親しんでいる話題であるかどうかというところにある。もう一つは、書き手自身が研究している専門的な内容を、できるだけ日常的な言語を使って、自分のやっていることはあなたの日常に関係あるのだという説明をする。こちらの場合の話題は逆に書き手の土俵の中にあり、ポイントはむしろ、専門的な話をどこまで日常言語で表現できるかというところにあるように思う。しかし、本書はそれらのいずれにもあてはまらない。

レヴィットが専門にしているのは、まさしくこの本に登場する話題そのままだ。「はじめに」で述べられているとおり、「日々の出来事や謎」が彼の興味の中心なのであり、統計学なり計量経済学なりを普通の人たちに説明するために学校の先生や不動産屋さんやギャングの話をしているのではない。彼のウェブサイトへいくと、掲載されている論文が扱うトピックはそんなものばかりだ。スポーツ。選挙。犯罪。車。子供の成績。人種差別。しかし、そういった論文のほとんどが主要学術誌に掲載されているうえ、そんなことばかりやっていながら、ノーベル賞より取るのが難しいジョン・ベイツ・クラーク・メダル（と言ったのは、後者は取ったが前者はまだのポール・クルーグマンだったか）まで取ってしまった。つまり、一般的に誰もが日常の問題として興味を持つことをそのまま研究テーマにしており、しかも経済学界で高く評価されている、それがレヴィットのポジションであり、「ヤバい経済学」なのだ。

スティーヴン・D・レヴィットは、ハーヴァード大学を卒業し、2年間ボストンのコンサルティング会社に勤めた後、MITの博士課程に入った。ダブナーによる『ニューヨーク・タイムズ・マガジン』の記事にはこんな逸話が紹介されている。MITの経済学部といえば、高度な数学を多用することで知られている。レヴィットが学部時代に取った数学の講座は1つだけで、授業の内容も覚えていなかった。そんな彼は最初の授業で、隣に座っていた人にこんなことを聞いたそうだ。「あの黒板に書いてある微分の式で、普通にまっすぐに書いてある「d」（常微分のサイン）と、まるっこい「∂」（偏微分のサイン）って、なんか違うの？」隣の人いわく、「おまえ、なんだかすっごくマズいことになってるぞ」。

彼は指導教授から与えられた課題も一切無視し、最初から主要学術誌に掲載してもらうべく論文を書くことに集中していた。そうして書かれた論文は実際に『ジャーナル・オブ・ポリティカル・エコノミー』に掲載されている。序章でふれられている選挙資金と選挙結果の関係は、博士論文のトピックの一つだった。レヴィットはそれ以外の点でも経済学者として型破りである。たとえば、経済学や数学をやる人の多くはギャンブルを嫌う。理由は単純であって、「胴元」の取り分だけギャンブラーは不利であり、ほとんどの場合期待リターンはマイナス、つまり損な取引だからだ。その結果、彼らはギャンブラーをバカにさえしている。一方、レヴィットは競馬やスポーツ賭博が大好きだ。彼の考えによれば競馬業界では何か不正が行われていて、それをギャンブラーが利用できる戦略がある。ちなみに、ハーヴァード大学での彼の卒業論文は、サラブレッドの調教を扱ったものだ。また、とあるインタビューでは競馬をやるなら香港がいい、世界中で、競馬で大金持ちになったという人がいるのはあそこぐらいだ、きっとなにか、ギャンブラーが利用できる統計的な歪みがあるんだろうとも語っていた。オンライン・ポーカーのデータを集めて解析しようなんてこともしている。

他にもオプラ・ウィンフリーはとてもいいだとか、インテリが聞いたら顔をしかめそうなことを山ほど言っている。要は、おとなしい顔して物議を醸すのが好きなのだと思う。前述の『ニューヨーク・タイムズ・マガジン』の月イチコラムでもそれはいかんなく発揮されている。このコラムの1回目は「おサルの商売《モンキー・ビジネス》」というタイトルで、原始的なサルにお金を使うことを教え込んでいるイェール大学の研究者のことを扱っていた。記事によれば、研究者はあるサルが買春しているのを目撃したそうである（ちなみに、生物学的には優れた精子を手に入れるためにメスがお金を払うのが自然な感じがするが、実際にはお金を払ったのはオスの側だったそうだ）。こういう話がレヴィットは（おそらくダブナーも）大好きなんだろう。また、酔っ払い運転がどれぐらい危ないものかデータで検証し、適正な罰金は８０００ドルだとか、サッカーのペナルティ・キックで一番いいのはど真ん中に蹴りこむことだとか、たぶん、逆の、普通の結論が出ていたら発表しなかっただろうと思えるような論文がレヴィットにはたくさんある。「politically incorrect（世間的によろしくない）」であることを楽しんでいるのであり、原書でいう rogue economist、本書でいう「悪ガキ」とは、つまりそういうことだ。

一方、スティーヴン・J・ダブナーはすでにベストセラーを2冊出している作家である。1冊目は自分のカソリックからユダヤ教への改宗を描いた *Turbulent Souls: A Catholic Son's Return To His Jewish Family*（William Morrow & Company, November, 1998）（なお、彼の両親は、逆にユダヤ教からカソリックに改宗した人たちだった）である。2冊目は、ピッツバーグ・スティーラーズのランニング・バックであり、1972年のプレーオフでの「一点の曇りもないキャッチ」で今も語り継がれるフランコ・ハリスへの子供時代からの崇拝と、彼のことを本にしようとして協力が得られないドタバタを描いた *Confessions of a Hero Worshiper*（William Morrow & Company, January, 2003）である。雑誌、新聞の記事には、獄中にあるユナボマーのインタビュー"I Don't Want To Live Long: Ted Kaczynski, the Unabomber, Talks From Prison"（*Time*, 1999）や行動経済学の隆盛を報告した"Behaviorists at the Gate: The New Economists Have Their Say"(*The New York Times*, 2003)などがある。この本にも登場するローランド・フライヤーの密着記事"Blackonomics at Harvard"(*New York Times Magazine*, 2005)は、巧みな筆致で書かれた感動的な記事だ。努力の人であるフライヤーはハーヴァード大学の経済学部で誰よりもよく働くと自負していたが、あるとき、朝来たときに駐車場にあった誰かの車が帰るときにもあることに気づいた。その車は翌日も朝から晩まで止まっていた。彼はそんなことで本当に狼狽し、数週間後、ダブナーにメールを送ってきたほどだった。「あの車の持ち主、ぼくより働いてるんじゃなかったよ。休暇中なんだ」。フライヤーは子供の頃に母親と生き別れていて、一方父親との関係は複雑だった。そんな彼とともに、まず父親に、それから母親に会いに行く。母親と会うのは生き別れて以来初めてであり、フライヤーの愛憎の描写がすばらしい。現在、ダブナーは初めての小説を執筆中とのことである。

さて、訳者がこの本に付け加えられることはなにもないが、原書の出版から1年近く経ち、その間にさまざまなことが起きたので、以下では、訳者が直接著者たちから聞いたことや訳者が調べた(ググっただけとも言うが)ことなどを補足する。

序章

レヴィットは最初、なんでそんな小ネタばかりやるんだと聞かれていつも「いや、これがたいしたことじゃないっていうのはわかってるんだけど、こういう簡単なネタで経済学のツールがどんなもんなのか研究してるんだよ」と答えていたそうだ。で、ほんとは自分ではそんなことはぜんぜん思っていなくて、単にそういうネタが大好きなのだ。彼はよく、自分が興味をもっているのは「インチキと犯罪と不正」で、好きなテレビ番組は、警察官の日常を密着取材する、逮捕シーンが売り物の「COPS」だと言っている。また、「インチキと犯罪と不正」を「インセンティブの暗黒面《ダークサイド》」と呼び、自分がいつも惹かれるのは暗黒面だとも言っている。

第1章

先生とインチキの話にはもう少し尾ひれがある。全体としてレヴィットたちはインチキを減らすのに成功したわけだが、一部、それまでにも増してインチキがひどくなったグループがあったそうだ。レヴィットたちは過去の試験結果から250人の先生がインチキをしていると判断するのだが、全員を再試験にかけることはできなかった。そのうえ、クビにするには、制度上、聴聞会で自白させなければならず、最終的にクビになったのは12人だけだった。実は、再試験には呼ばれたが聴聞会に呼ばれなかった先生たちは、自分のインチキはバレていないのだと安心したのだろう、いっそう激しくインチキを働くようになったそうである。

さて、ここで相撲の話であるが、安全なアメリカにいるレヴィットはともかく、訳者は関連する件で2人も死人が出た（かもしれない）国にいる。あんまりツっこむと命が危ないので、レヴィット自身に語ってもらうことにする。以下は訳者がレヴィットに聞いた「相撲の八百長」論文周辺のあれこれだ。

（そもそもなんで相撲を分析してみようと思ったのか）

何年もインチキや不正行為を数量化する方法を考えてたんだよ。最初、役人の汚職を使おうかと思ったんだけど、なかなかうまくいかなくて。ある日『ワシントン・ポスト』に短い——たったパラグラフ1つの——記事が載っていて、相撲業界の内部者が八百長を告発する本を出したって書いてあった。それで、ああこれで自分の立てた仮説が検証できるって思ったんだ。取り組み結果のデータはインターネット上でもいくらか見つけたけど、結局、英語の相撲専門誌『スモウ・ワールド』のバックナンバーを15～20年分取り寄せる羽目になった。

論文を発表してみると、広く出回ってアメリカ中で活発に議論してもらえた。『週刊ポスト』編集部にも論文を送ったよ。この週刊誌はそれまで相撲の八百長についてたくさん記事を載せてるんで、興味を持ってくれるかもしれないと思ったんだ。でも結局、返事はもらえなかった。「ラジオ・ワン」っていう、たぶん東京で聞ける英語のラジオ局が連絡してきて（訳注：訳者が調べた範囲では、どの局のことかわからなかった）、論文の共著者のマーク・デュガンのインタビューをテープにとっていったんだけど、結局放送してくれなかったんじゃないかと思う。こういう場合、1人ぐらいはそのインタビューが放送されるのを聞いたっていう人がいるもんなんだけど、不思議なことにそういう人に出会ったことが一度もないんでね。『ヤバい経済学』を出版してからも、やっぱり日本のマスコミがいくつか連絡してきたよ。

(他のスポーツでも相撲と同じような証拠が見つかったか)

相撲には他のスポーツとぜんぜん違う特徴がある。2人の力士が対戦するとき、一方の力士にとって、その一番にかかっているものがもう一方の力士にとってよりもずっと大きいことがよくある点だ。つまり、一方の力士にとっては8勝目がかかっている場合だね。たとえば野球だと、勝敗はシーズンの終わりに全部合計されて、一番勝ち試合の数が多いチームが地区優勝チームになり、プレーオフに出られる。どのチームにとっても勝ち星1つにかかっているものはだいたい同じだ。だから、野球では、あるチームが他のチームに裏金を払って今日は負けてくれと言い、しかも数週間後にはそういうインセンティブが逆転するなんてことは起きない。そんなわけで、ほとんどのスポーツでは、参加者はみんな勝とうとするインセンティブを同じくらい持ってるんで、どれかのチームがわざと負けたりするなんてことがそうそうあるとは思えない。とはいうものの、実は他のスポーツをそういう点で詳しく調べたことはまだない。でも、今、アメリカの野球とツール・ド・フランスで禁止薬物を使って勝とうっていう八百長を調べているんだよ。

（相撲の八百長を止めるには）

ぼくが特定しようとした類の八百長を止めるために一番簡単な方法は、８つ目の白星が７つ目とか９つ目の白星と同じぐらいの価値しか持たないようにしてやることだね。そうすれば、ああいうやり方で八百長する理由がなくなるから。もっと難しいのが、上位力士が下位力士に裏金を払って負けてくれと言う場合だね。論文では扱わなかったけれど、そういう八百長も行われているって言う人もいるみたいだね。

相撲のことを書き始めたのは、ただ、自分が調べている仮説を実証できるデータがそこにあるからっていうだけだった。でも、調べているうちに、相撲がとても好きになったよ。アメリカで相撲を見られる機会はなかなかないけれど、ハイライト・シーンを流してくれるスポーツ番組があるんだ。次に日本へ行った時に、もしも相撲協会に放り出されなかったら、是非本場所をライブで見てみたいね。

出版後の講演会で、レヴィットは発表当時の相撲論文に対する日本からの反響のなさに、「ひょっとして日本じゃこういうことは常識なのかもしれない。あるいは、スポーツでの八百長に対して持つ認識が、日本とアメリカでは文化的に違うのかも。日本でこの本が出版されたらどんなリアクションが起きるか楽しみだ」とコメントしている。いや、訳者は相撲が八百長なんてちょっとしか思ってませんって。だから殺さないでおねがい。

ポール・フェルドマンの話は、経済学に対してよく言われる批判の一つである、「自分の利益だけを追求する合理的経済人なんて非現実的だ」に合致しているように思える。実際、同じような実証は「独裁者ゲーム」という実験室における実験の形でそれこそ何百回も行われており、心理学方面を中心として星の数ほど論文も発表されている。単純化して言うと、2人の被験者のうち1人にお金、たとえば1000円を渡し、お金を2人で分け合ってくれ、分け方はあなたがひとりで決めていいと伝える。するとその被験者は、経済合理性から言えば、相手にはできるだけ渡さず、自分の取り分をできるだけ大きくする（この設定でいえば0円を相手に渡す、つまり1円も相手には渡さない）はずなのに、そうする被験者は少ない。この結果から、人が合理的に行動すると仮定する経済学は根本的に間違っていると考えるのが経済学に対するよくある批判だ。しかし、レヴィットはそうした批判とは違った立場を取っているようである。

彼がシカゴ大学の同僚ジョン・A・リストと2005年9月に発表した論文によると、被験者の選択肢を「0以上1000円以下」とするかわりに「マイナス1000円以上1000円以下」、つまりもう一方の被験者からもお金を取っていいとするだけで、圧倒的多数の人が「0円」を選んだそうである。この結果を受けたレヴィットたちの独裁者ゲームに対する批判は、そもそも選択肢の設定が非現実的（道ばたで1000円拾って、ちょっと拾いすぎだからとか言って知らない人に300円あげたりするヤツがいるか？）だから結果も現実的とはいえないのではないかというものである。レヴィットたちの考えは、この章の冒頭にも出てくるとおり、インセンティブには、経済学が扱う経済的インセンティブだけでなく、社会的インセンティブと道徳的インセンティブもあり、「合理的経済人」に問題があるとすれば、そのうち金銭的であるために扱いやすい経済的インセンティブだけを扱う（あるいはそうしているように見える）点だ、というものだ。

なお、ポール・フェルドマンのお客の中で、ダントツで回収率が悪い業界が1つあったそうだ。お客の悪口は、普通は言っても何の得にもならないけれど、この業界を相手に商売するのはやめようと思ったほどだということらしい。なんの業界かと言えば、「テレマーケティング業界」、つまり電話での売り込みを専門にやる業界だそうである。

第2章

この章の前半は原書とこの日本語版で大きく異なっている。２００６年1月、前述の『ニューヨーク・タイムズ・マガジン』のコラムは「フードの奥でほくそえむ?」というタイトルで、原書第2章でヒーローとして登場していたステットソン・ケネディは、自著『ＫＫＫのフードを剥ぐ』で吹聴しているほど勇敢な行動を自分でしたわけではなく、実は他人がやったことを自分がやったことにして出版しただけだと暴露するものだった。原書では、第2章の前半はケネディ＝勇敢なヒーローという流れで書かれている。たとえば、原書では、ステットソン・ケネディがクラヴァリアーズへの入隊の誓いを立てるシーンが出てくる。こんな調子だ。

この（クラヴァリアーズの隊員になるという）名誉のために、ケネディはナイフで手首に傷を付け、血の誓いを立てなければならなかった。

「クランスマン、汝は神と悪魔にかけて、ＫＫＫのクラヴァリアーに与えられる秘儀を決して裏切らぬと堅く誓うか?」

「誓います」とケネディは答えた。

「汝は良い銃と多量の弾丸を手に入れ、ニガーが面倒を起こしたなら余すことなく食らわせるべく備えると誓うか?」

「誓います」。

「さらに問う。汝は白人の出生率を高めるべく持てる力を尽くすと誓うか?」

「誓います」。


ケネディはその場でクラヴァリアーズへの入隊費10ドルと、月1ドルの隊費を支払うよう命じられた。加えて、フード付きのローブをもう一着買い、黒く染めるようにも言われた。

話はむしろそのままのほうがドラマティックで面白かったのだが、『ヤバい経済学』は小説ではなく、現実を相手にした学問の本である。レヴィットとダブナーも次の版ではこの章を書き直すというので、相談したところ、幸いにもダブナーが修正した原稿を提供してくれ、それに基づいて本章や関連する部分を書き換えた。

ヤクの売人がどういうイメージかというと、訳者がアメリカに入って最初に友だちになったジョー・ウィリアムズは、当時スタンフォード大学の学生だったが、あるときこんなことを言っていた。「マモル、お金儲けなんて簡単だ。通りに出てヤクの売人やりゃいいんだよ」。彼が言っているのは「でも、成功したいっていうのは、そういうことじゃないだろ、金が大事なんじゃなくて、大事なのはリスペクトのほうだろう」ということなのだけれど、「売人」にアメリカ人が持つイメージとはそうしたもののようだ。映画にときどき出てくる、どうやって角を曲がるんだと思うような長いリムジンに山ほどきれいなおねぇちゃんを詰め込んで車から降りてくる、白い毛皮のコートを羽織って金銀財宝をちりばめた男、それがアメリカ人のいう「売人」である。

本章のヒーロー、スディール・ヴェンカテッシュは、現在も都市問題や貧困問題を研究している。2005年には映画 *Dislocation* を発表した。これは、シカゴの団地の一つが2002年に取り壊されることになり、180日以内に退去するよう命じられてから住人たちが移り住んでいくまでを描いたドキュメンタリーである。本書ではあまり詳しく述べられていないが、指導教授のウィリアム・ジュリアス・ウィルソンは、当時、シカゴで求人や仕事が減っていく過程で何が起きるかを調べて本を書こうとしていた。彼はアンケートを取るためにシカゴ中にクリップボードを持たせた学生を送り込んでいた。ヴェンカテッシュがやってきたのを見て、ウィルソンはこう思ったそうだ。「ずっと待っていた人間がやっと現れた。彼なら団地に送り込んでも大丈夫だ。私の学生はだいたい私と外見が同じ（ウィルソンは黒人）で、彼らじゃ格好の餌食だろうから」。つまり、ヴェンカテッシュは選ばれてゲットーへ送り込まれ、ある意味、ウィルソンが期待していた以上の仕事をしたわけである。

第4章

レヴィットは「『犯罪減少』論文は機会均等な害悪だ」と言っている。つまり、保守派や進歩派、生きる権利派や選択の権利派、民主党や共和党、科学者から宗教家まで、ありとあらゆる方面を平等にいらつかせた。しかし、レヴィットはこんなことも言っている。「自分はミネアポリスの出身だ。ミネアポリスは進歩派の牙城で、あそこで意見といったら『選択の権利』、それしかない。そんなところで育った自分は、この結果をみて、それまでよりずいぶん生きる権利派に近づいた」。

この論文に関する論争は今も続いている。2005年の11月に、ボストン連銀のエコノミストのクリストファー・L・フットとクリストファー・F・ゲッツが、「犯罪減少」論文には統計処理のプログラムにバグがあり、また統計データの扱い方にも問題がある、これらを修正すると彼らの言う「原因」が1990年代に与える影響はほとんど消える、ゆえに彼らの主張は間違いだ、とする論文を発表し、『ウォールストリート・ジャーナル』紙や『エコノミスト』紙もそれを大きく取り上げた。ともに、データの処理や計算が間違っているという批判であり、実証経済学者としてはへたをすると致命傷である。レヴィットの反応は正直で、間違いがあったことを認めたが、結論については頑として譲らなかった。レヴィットたちはその後入手可能になった新しいデータを使い、間違いを正したうえで再検証を行い、元の論文よりいっそう強い結果が出たと報告している。

なお、かつて彼は、アメリカ科学財団に、次のような実地実験を行うための助成金数億円を申請したそうである。「目的：投獄率が犯罪に与える影響を検証する。方法：同じような特徴を持った街を2つランダムに選び、一方の街では囚人を大量に放ち、もう一方では普通なら見逃されるような人まで厳しく捕まえる。両者の間で犯罪発生率にどれだけの差が出るかを計測する」。残念ながら申請は却下された。あたりまえか。

第5章～第6章

レヴィット夫妻は2人目の養子にソフィという名前をつけた。「女の子に多い名前、２０１５年版？」の元になった、現在の高級な名前リストから選んだそうだ。名前は関係ないって言ったじゃないのとも思うけれど、同時に、次のようなことも思う。最近ダブナーがテレビ番組で語ったことに、「成功する人はルックスがいい」という話がある。よく知られていることだが、アメリカの大統領やCEOには背が高い人が多いし、ブロンドの人たちがどれほど幸せな生活を送っているかはさまざまなところでさまざまな形で冗談のネタになっている。第1章で述べられているように、出会い系サイトでは女性のブロンド頭1個は大学卒業証書と同じ価値をもつ。遺伝子で将来が決まるってことじゃないかとも思えるが、ダブナーはそうではないと言う。たしかに、ブロンドの頭を持って生まれてきたり、背が高くなったりすれば成功しやすいだろうが、おそらく大事なのはそうした外見そのものではなくて、むしろ外見に支えられた自信なのだろうというのが彼の主張だ。だから、ソフィという名前が与えるイメージが良いものになれば、きっと周りの人にもソフィという名前の女の子を好意的に扱う傾向が生まれるだろうし、そうした扱いを受けることでソフィも自信を持って振舞うことができる。それが彼女に成功をもたらすだろう。

レヴィットは子供に関することを考えたり話したりするのが好きだ。今でも亡くなった長男のアンドリューのことを毎日のように思うという。こんな話もしていた。第1章でも述べられるように、経済学者はインセンティブに絶対の信頼を置いていて、それさえあればなんでもできると考えている（と、少なくとも彼は言っている）。レヴィット自身もかつてはそうだったが、その後謙虚になったそうだ。きっかけは長女のアマンダが2歳のとき、突然おまるを使わなくなったことだった。奥さんのジャネットがバスルームのおまるの横にポスターを貼ってみたりして、「子育て専門家」が言うことを片っ端から試したが、どれもぜんぜんで、アマンダはおまるを使おうとしない。そこで、レヴィットが著名経済学者としての自負とインセンティブという方法を背負って言い放った：「任せといて」。彼はしゃがんでアマンダの目線に顔を合わせ、こう提案した。「ねえアマンダ、こんどから、おしっこしたくなったときにおまるを使ったら、M&Mのチョコレートを1袋あげるよ」。彼女は「ほんとう？」と確かめてからまっすぐおまるに向かい、おしっこをした。レヴィットは約束どおりM&Mを1袋アマンダにあげてジャネットのほうを向き、いわく「ミッション・コンプリート」。その後2、3日、アマンダはトイレに行くたびにいつもおまるを使ってM&Mをせしめ、物事は完璧にうまくいっているように見えた。
ところが4日目、レヴィットはおかしなことに気付く。おしっこだというので連れて行くと、彼女はほんの3滴だけ出して終わったと言う。おしっこと思ったけど出なかったんだろうと思っていつもどおりM&Mをあげると、ほんの少し経ってからまた彼女はおしっこだといい、またほんの数滴だけで済ませる。ここでレヴィットは悟ったそうだ：アメリカ最高峰の大学で10年も研究を続けてきた経済学者が2歳の娘にぎゃふんと言わされるのにたった4日しかかからなかった。アマンダは制度を手玉に取ることを学んだのだ。

本書のきっかけとなった取材の際、ダブナーは、レヴィットが書いたものもレヴィットについて書かれたものもすべて読んだうえで、3日間で合計36時間をレヴィットとともに過ごし（ひどい経験だったとレヴィットは言っている）、その間次から次へと途切れることなく質問をしたそうである。レヴィットはまだダブナーのことを信用しておらず、行動には気をつけ、質問に答えるときには言葉を選んで語っていた。しかし、2回だけ、何も考えずに言ってしまい、しまったと思ったことがあったそうだ。その1回は、記事でも本書でも最初に使われた一件だった。もう1回は記事の最後のパラグラフ、この本では第1章の最初に載っているエピソードで、特にこちらは後からああいわなきゃよかったと本当に後悔したそうだ（そのわりに、ウェブサイトではイラクの車爆弾をどうやって止められるか、なんて話をしているけれど）。記事の構成を見たレヴィットは、こいつと本を書くといいんじゃないかと初めて思ったという。記事が『ニューヨーク・タイムズ・マガジン』に掲載された1週間後、レヴィットの研究室の電話が鳴ったので取ってみると、CIAだった。「ワシントンまでお越しになって、テロリスト逮捕にご協力いただけませんか?」「ええもちろん、行きます行きます」。

レヴィットの考えるところ、CIAのやり方ではたぶんテロリストは捕まえられない。CIAが(少なくとも当時)やっていたことは3つある。まず、誰かにビンラディンを発見させて、場所を連絡させる方法。もちろん、これはとても難しい。次に、eメールや電話など、電子的なやり取りを盗聴しまくる方法。これも世界中で膨大なやり取りがされているから、とても無理だろう。そして最後に、国際的な資金の流れを分析する方法。つまりテロ資金の流れをおさえようというわけだが、やはり難しい。たとえば、9・11テロ攻撃の犯人19人がそれまでの3年間で使ったお金は全体でたかだか30万ドルであり、一方国際資金移動は、ヘッジファンド対中央銀行なんかの例でも知られているように膨大だから、特定できる見込みは薄い。

レヴィットが考えた方法はこれらとはまったく違っていた。彼は9・11のテロリストたちの銀行口座の取引記録がとても奇妙な内容であるのに気付いた。たとえば、家賃や光熱費の支払いも、給料の受け取りも一切ない。また、同じ部屋で暮らしている5人が一緒に、定期的に銀行にやってきて、1回の最大引き出し可能額をそれぞれ引き出していく。たぶん他のメンバーにお金を渡すのだろう。こういう取引記録を残しそうな成人というのは他にあまりないと彼は考えた。そこで、銀行口座のデータに、シカゴの先生に対して使ったようなアルゴリズムを適用して怪しい口座をリストアップする。

銀行はその口座の名義人のリストを作って政府に提出し、政府は自分たちが持っている怪しい人物のリストと照合して、果たしてどれぐらい一致するかを見てみる。これがレヴィットの考えた方法だったが、残念ながらアメリカでは誰も興味を持たず、かわりに外国の銀行と手を組んで分析・研究を進めているそうだ。

そんなわけで、レヴィットはいくらかがっかりしながらCIAを後にした。空港へ向かおうとタクシーを呼んで、やっと来たのだが、その瞬間どこからともなく黒塗りの車が3台現れ、タクシーを取り囲んで止まり、中から飛び出したダークスーツの男たちが運転手をタクシーから引きずり出して自分たちの車の一台に乗せ、速攻で走り去った。レヴィットが——最初に思ったことはというと、「ああこれじゃ飛行機に遅れちゃうようどうしよう」だった——呆然としていると、残った男の一人が彼に近づいてきて、レヴィットの目をまっすぐ見ながら低い声でこう言ったそうである。「君にとって、今のことは一切何も起きなかった」。

書評やブログ（原書は「2005年に最もブログで論じられた本」にも選ばれている）を見る限り、本書に対する批判は、幾通りかに分類できる。まず、ダブナーの役割がわからない、あるいは逆に、著者の一人であるレヴィットをベタ褒めしている、というものがある。前者についてはすでに述べた。後者についても、冒頭で説明されている本書の成り立ちを考えると、さほど不自然ではないように思う。次に、真面目な本なのに「ヤバい（freak）」だの「悪ガキ」だのというのはいただけないというう意見がある。レヴィットは、子供の名前がそれ自体は子供の運命を決めないのと同じで、こんなタイトルをつけて、最初はいろいろ言われても、みんなそのうち慣れて気にしなくなるだろうと述べている。第三に、レヴィットのいう「インセンティブ」はカバーする範囲が広すぎるという点。これについては「経済学で普通にやる経済的インセンティブだけじゃぜんぜん足りないのは明らかだし、他に選択肢はない」と述べている。第四に、これでほんとに経済学って言えるのかという点。この点についてレヴィットは、「学会で『これはむしろ社会学だ』という意見が出るたび、社会学者の人たちが引きつった顔で首を横に振るのが見える」と言っている。また、「それでも結局、自分は、人は自分がほしいもののためにとても合理的な判断を下すと考えているので、その点ではやはり経済学なのだと思っている」そうである。そして最後に、これだけ強烈なことを言っているのに、この本にはデータがちょっと出てくるぐらいで後はみんなお話での説明にとどまっていて、主張の裏付けに欠ける、という点だ。これはまるっきり的外れだろうと思う。そもそも目的が違うわけだから。厳密な実証を見たければ、巻末に延々挙げられている参考文献を見るなりレヴィットのウェブサイトへ行くなりすればよろしい。訳者のようにタダで好きなだけ統計学と計量経済学にどっぷり漬かることができます。

最後に、訳者を助けてくださった皆様にお礼を申し上げたい。まず、田村亜紀さんには、内容、専門用語、日本語の表現をはじめとしてあらゆる点でご指導をいただいた。田村さんのおかげでわかったことは多いし、何よりも社会学的な知識の点でとても多くを教わった。次に、鈴木桂さんにはちゃんとした日本語がわかる人として、日本語の適切な表現を教えていただいたし、また、文体を変えたいところでは具体的な語り口を作るところまで手伝っていただいた。宝田めぐみさんには英語圏で育った人として、英語の微妙なニュアンスをお教えいただいたり、いくつかの概念や登場人物などについて、アメリカで育った人にとってそれがどんなことを表しているのかをうかがったりしたうえ、煩雑な校正もお手伝いいいただいた。また、阿部万千絵さんには、「犯罪減少」論文の箇所等で法律・裁判の用語や概念を教えていただいた。東洋経済新報社の矢作知子さんは、わがままで無理をいう訳者に辛抱強く付き合ってくださった。加えて、こうした皆さんは、本書のネタを嬉々として語る訳者の話を喜んでくださった。おかげでこの仕事は訳者がこれまでにやった仕事にも増して、とても楽しいものになった。さらに、河津知明さんには話がうまくつながらなくて困っている時にずいぶん助けていただいたし、望月敬三さんには外国語なんでもアリのつわものとして、日常生活でもよく困る人の名前や地名の読み方を多数教えていただいた。みなさん、とても感謝しています。ありがとう。それにもかかわらず、本書に間違いや不適切な箇所があれば、それは彼らの責任ではなく、おそらく多くの場合レヴィットやダブナーの責任でもなく、もちろん訳者の責任である。

２００６年３月

望月　衛

訳者紹介

大和投資信託㈱審査部．ポートフォリオのリスク管理，デリバティブ等の分析・評価などに従事．コロンビア大学ビジネススクール修了，京都大学経済学部卒業，CFA，ciia．訳書に『クレジット・デリバティブ』（東洋経済新報社），『実験経済学入門』（日経 BP 社），『大投資家ジム・ロジャーズが語る商品の時代』（共訳，日本経済新聞社），『天才数学者，株にハマる』（共訳，ダイヤモンド社），『バブル学』（日本経済新聞社）等がある．

ヤバい経済学

2006年 5 月11日 第 1 刷発行
2007年 2 月 5 日 第10刷発行

訳 者 望《もち》月《づき》 衛《まもる》
発行者 柴生田晴四

〒103-8345
発行所 東京都中央区日本橋本石町1-2-1 東洋経済新報社
電話 東洋経済コールセンター03(5605)7021 振替00130-5-6518
印刷・製本 丸井工文社

Printed in Japan ISBN 4-492-31365-6 http://www.toyokeizai.co.jp/

索引 Index

ア行

カ行

サ行

タ行

ナ行

ハ行

マ行

ヤ行

ラ行

付 注
NOTES

補足のためのノート

本書の大部分は、１人または数人の共同研究者とともに書いたものも含め、スティーヴン・D・レヴィットの論文に基づいている。以下のノートでは、本書で扱った題材の元になったそういう論文を挙げる。他の研究者の業績も自由に使っており、それらもここで挙げておく。彼らの仕事を使わせてもらった点に加え、彼らとのやりとりのおかげで彼らの考えを最も適切な形で示すことができた点について、とても感謝している。本書に登場するその他の資料は、未発表の論文や著者の１人または両方が行ったインタビューに基づいている。以下のノートに掲載されていない資料は、容易に利用できるデータベース、ニュース報道、または参考資料に基づく。

はじめに：説明のためのノート

▶p.i
この「はじめに」の一部、および各章の冒頭部分は Stephen J. Dubner, "The Probability That a Real-Estate Agent Is Cheating You (and Other Riddles of Modern Life)," *The New York Times Magazine*, August 3, 2003からの抜粋である。

序章：あらゆるものの裏側

▶p.3-7
減って、また減っての犯罪：犯罪の減少に関する議論については Steven D. Levitt, "Understanding Why Crime Fell in the 1990's: Four Factors That Explain the Decline and Six That Do Not," *Journal of Economic Perspectives* 18, no. 1 (2004), pp. 163-90を参照。/ ▶p.3　**凶悪殺人鬼**：Eric Pooley, "Kids with Guns," *New York Magazine*, August 9, 1991; John J. DiIulio Jr., "The Coming of the Super-Predators," *Weekly Standard*, November 27, 1995; Tom Morganthau, "The Lull Before the Storm?" *Newsweek*, December 4, 1995; Richard Zoglin, "Now for the Bad News: A Teenage Time Bomb," *Time*, January 15, 1996; および Ted Gest, "Crime Time Bomb," *U.S. News & World Report*, March 25, 1996を参照。▶p.4　**ジェイムズ・アラン・フォックスの不吉な予言**は次の政府報告で見られる："Trends in Juvenile Violence: A Report to the United States Attorney General on Current and Future Rates of Juvenile Offending" (Washington, D.C.: Bureau of Justice Statistics,

1996) および "Trends in Juvenile Violence: An Update" (Washington, D.C.: Bureau of Justice Statistics, 1997). / ▶**p.4　クリントン大統領が懸念を表明したコメント**は、1997年にボストンで新しい犯罪対策を発表した際の演説の一部。Alison Mitchell, "Clinton Urges Campaign Against Youth Crime," *New York Times*, February 20, 1997を参照。/ ▶**p.6　訳注「あっちの大陸で蝶が羽を」**：気象学者のエドワード・ローレンツが1972年の論文でカオス理論を説明するのに使った表現、「ブラジルで蝶が羽ばたくとテキサスで竜巻が起きる」のこと。つまり、風が吹けば桶屋が儲かる。/ ▶**p.6　ノーマ・マコーヴェイ／ジェイン・ローに関する話**：Douglas S. Wood, "Who Is 'Jane Roe?': Anonymous No More, Norma McCorvey No Longer Supports Abortion Rights," CNN.com, June 18, 2003; および Norma McCorvey with Andy Meisler, *I Am Roe: My Life, Roe v. Wade, and Freedom of Choice* (New York: HarperCollins, 1994). を参照。/ ▶**p.7　中絶と犯罪の関係**については次の２つの論文を参照：Steven D. Levitt and John J. Donohue III: "The Impact of Legalized Abortion on Crime," *Quarterly Journal of Economics* 116, no. 2 (2001), pp. 379-420; および "Further Evidence That Legalized Abortion Lowered Crime: A Response to Joyce," *Journal of Human Resources* 39, no. 1 (2004), pp. 29-49.

▶**p.8-11**

不動産屋さんの実態：不動産屋さんの営業担当者が自分の家を売る場合と顧客の家を売る場合の違いについては Steven D. Levitt and Chad Syverson, "Market Distortions When Agents Are Better Informed: A Theoretical and Empirical Exploration of the Value of Information in Real Estate Transactions," National Bureau of Economic Research working paper, 2005を参照。/ ▶**p.9　気前の良いカリフォルニアの自動車整備工**については次の論文を参照：Thomas Hubbard, "An Empirical Examination of Moral Hazard in the Vehicle Inspection Market," *RAND Journal of Economics* 29, no. 1 (1998), pp. 406-26; および Thomas Hubbard, "How Do Consumers Motivate Experts? Reputational Incentives in an Auto Repair Market," *Journal of Law & Economics* 45, no. 2 (2002), pp. 437-68。/ ▶**p.9　帝王切開を過剰に行う医者**については次の論文が検証している：Jonathan Gruber and Maria Owings, "Physician Financial Incentives and Caesarean Section Delivery," *RAND Journal of Economics* 27, no. 1 (1996), pp. 99-123.

▶**p.11-15**

選挙資金の神話については次の三部作を参照：Steven D. Levitt, "Using Repeat Challengers to Estimate the Effect of Campaign Spending on Election Outcomes in the U.S. House," *Journal of Political Economy*, August 1994, pp. 777-98; Steven D. Levitt, "Congressional Campaign Finance Reform," *Journal of Economic Perspectives*

9 (1995), pp. 183-93; および Steven D. Levitt and James M. Snyder Jr., "The Impact of Federal Spending on House Election Outcomes," *Journal of Political Economy* 105, no. 1 (1997), pp. 30-53.

▶p.16

1日8杯の水：Robert J. Davis, "Can Water Aid Weight Loss?" *Wall Street Journal*, March 16, 2004を見よ。この記事はアメリカ医学研究所 (Institute of Medicine) の報告書が次のような結論に至ったと述べている。「（1日に8杯の水を飲むとよいとの）推奨に科学的根拠はなく、通常どおり食品や飲料を消費することで、ほとんどの人は十分な水分を摂取できる」

▶p.18-19

アダム・スミスは、もちろん（とくにあなたが限りなく我慢強いなら）今でも読む価値がある。Robert Heilbroner, *The Worldly Philosophers* (New York: Simon & Schuster, 1953)（『入門経済思想史 世俗の思想家たち』八木甫ほか訳、ちくま学芸文庫、2001年）もそうだ。同書はスミスをはじめ、カール・マルクス、ソースタイン・ヴェブレン、ジョン・メイナード・ケインズ、ジョゼフ・シュンペーターなど、経済学の巨人たちの人となりを印象的に描き出している。

第1章　学校の先生と相撲の力士、どこがおんなじ？

▶p.23-24

イスラエルの保育園の調査：Uri Gneezy and Aldo Rustichini, "A Fine Is a Price," *Journal of Legal Studies* 29, no. 1 (January 2000), pp. 1-17; および Uri Gneezy, "The 'W' Effect of Incentives," University of Chicago working paper を参照。

▶p.27

時代別の殺人率：Manuel Eisner, "Secular Trends of Violence, Evidence, and Theoretical Interpretations," *Crime and Justice: A Review of Research* 3 (2003) を見よ。この点は Manuel Eisner, "Violence and the Rise of Modern Society," Criminology in Cambridge, October 2003, pp. 3-7でも論じられている。

▶p.28

トーマス・ジェファーソンの原因と結果に関するコメント：*Autobiography of Thomas Jefferson* (1829; reprint, New York: G.P. Putnam's Sons, 1914), p. 156を参照。

▶p.29

血を売ってお金を稼ぐ：Richard M. Titmuss, "The Gift of Blood," *Transaction* 8 (1971) を見よ。B. Abel-Smith and K. Titmuss eds., *The Philosophy of Welfare: Selected Writings by R. M. Titmuss* (London: Allen and Unwin, 1987) にも言及がある。さらに、William E. Upton, "Altruism, Attribution, and Intrinsic Motivation in the

Recruitment of Blood Donors," Cornell University, 1973（博士論文）も参照のこと。

▶**p.30-31**

700万人の子供が一晩で消える：Jeffrey Liebman, "Who Are the Ineligible EITC Recipients?" *National Tax Journal* 53 (2000), pp. 1165-86を参照。リーブマンの論文はJohn Szilagyi, "Where Some of Those Dependents Went," *1990 Research Conference Report: How Do We Affect Taxpayer Behavior?* (Internal Revenue Service: March 1991), pp. 162-63を出典として挙げている。

▶**p.31-46**

シカゴのインチキ教師たち：この調査については「一発大勝負」テストの幅広い背景とともに、次の２つの論文が詳しく説明している：Brian A. Jacob and Steven D. Levitt, "Rotten Apples: An Investigation of the Prevalence and Predictors of Teacher Cheating," *Quarterly Journal of Economics* 118, no. 3 (2003), pp. 843-77; およびBrian A. Jacob and Steven D. Levitt, "Catching Cheating Teachers: The Results of an Unusual Experiment in Implementing Theory," *Brookings-Wharton Papers on Urban Affairs,* 2003, pp. 185-209. / ▶**p.33　オークランドの５年生ととっても優しい先生**：著者による前オークランド教育委員会教育長補佐へのインタビューに基づく。/ ▶**p.42　ノースカロライナのインチキ教師**：G. H. Gay, "Standardized Tests: Irregularities in Administering of Tests Affect Test Results," *Journal of Instructional Psychology* 17, no. 2 (1990), pp. 93-103を参照。/ ▶**p.44　シカゴ教育委員会アーン・ダンカン教育長の話**：大部分は著者によるインタビューに基づく。Amy D'Orio, "The Outsider Comes In," *District Administration: The Magazine for K-12 Education Leaders,* August 2002も参照。また、Ray Quintanilla は *Chicago Tribune* 紙に関連する記事を多数書いている。

▶**p.46-47**

ジョージア大学のバスケットボールの試験：この事件は、全米大学体育協会（NCAA）の検査に対応して大学が公表した1500ページに及ぶ報告書で公になった。

▶**p.47-55**

相撲の八百長：Mark Duggan and Steven D. Levitt, "Winning Isn't Everything: Corruption in Sumo Wrestling," *American Economic Review* 92, no. 5 (December 2002), pp. 1594-1605を見よ。/ ▶**p.49**　相撲について語るには知っているべきことが多数あるが、次の本でもかなりのことがわかる：Mina Hall, *The Big Book of Sumo* (Berkeley, Calif.: Stonebridge Press, 1997)、板井圭介『中盆：私が見続けた国技・大相撲の"深奥"』（小学館、2000年）、元大鳴戸親方『八百長：相撲協会一刀両断』（ラインブックス、2000年）。/ ▶**p.54　相撲の内部**

告発者２人が謎の死を遂げる：Sheryl WuDunn, "Sumo Wrestlers (They're BIG) Facing a Hard Fall," *New York Times*, June 28, 1996、 および Anthony Spaeth, "Sumo Quake: Japan's Revered Sport Is Marred by Charges of Tax Evasion, Match Fixing, Ties to Organized Crime, and Two Mysterious Deaths," Irene M. Kunii と Hiroki Tashiro による報告, *Time* (International Edition), September 30,1996を参照。

▶p.48

訳注　シカゴ・ブラックソックス：これには次のような異説がある。当時のオーナーが大変なケチで、選手の賃金はメジャーリーグで一番安く、クリーニング代まで削られて、ユニフォームは黒く汚れていた。そのためチームは事件以前からブラックソックスと揶揄されていた。そんな事情で選手がやっていけなくなったことが彼らを八百長に走らせたのだという。ただ、本書ウェブサイト上で読者とレヴィットの間で展開された議論によれば、八百長発覚以前の新聞などにこの異説を裏付ける証拠は見当たらないという。どちらにしても、現在でもブラックソックスというあだ名が知られているのは間違いなく八百長のせいである。

▶p.55-63

ベイグル屋さん：ポール・フェルドマンは自分のデータに興味を示してくれる経済研究者を探してスティーヴン・レヴィットのところに現れた（それまでに何人かの経済学者に断られた）。まずレヴィット、その後ダブナーがワシントン D.C. のフェルドマンのベイグル屋さんを訪れた。彼らの調査は本書に書いたのとほぼ同じ内容の次の記事になった。Stephen J. Dubner and Steven D. Levitt, "What the Bagel Man Saw," *The New York Times Magazine*, June 6, 2004. また、レヴィットはフェルドマンのベイグル屋さんについて論文を執筆中である。**▶p.58 「浜辺でのビール」の調査**：Richard H. Thaler, "Mental Accounting and Consumer Choice," *Marketing Science* 4 (Summer 1985), pp. 119-214に掲載されている。Richard H. Thaler, *The Winner's Curse: Paradoxes and Anomalies of Economic Life* (New York: Free Press, 1992)（『市場と感情の経済学：「勝者の呪い」はなぜ起こるのか』篠原勝訳、ダイヤモンド社、1998年）も読む価値のある優れた文献だ。

第2章　ク・クラックス・クランと不動産屋さん、どこがおんなじ？

▶p.67-80

ク・クラックス・クランのフードを暴く：**▶p.67 ク・クラックス・クラン（KKK）の創設**：Wyn Craig Wade, *The Fiery Cross: The Ku Klux Klan in America* (New York: Simon & Schuster, 1987) pp. 31-32を参照。より信頼がおけそうなのは Winfield Jones, *Knights of the Ku Klux Klan,* The Tocsin Publishers, (1941) である。

p.22を参照。/ ▶ **p.67 KKKの名前の由来**：Wade, *The Fiery Cross,* p.33を参照。/ ▶ **p.67 KKK創設時の支持基盤**：著者によるステットソン・ケネディのインタビューに基づく。/ ▶ **p.67 グラント大統領によるKKKの目的**：Wade, *The Fiery Cross*, p.62および p.460巻末注を参照。/ ▶ **p.68** Wade, *The Fiery Cross,* p112-113等を参照。/ ▶ **p.68 プレッシー対ファーガソン裁判が与えた影響**：Wade, *The Fiery Cross*, p. 119を参照。/ ▶ **p.68 『国民の創生』におけるKKKへの言及**：著者は映画 *Birth of a Nation* を実際に見て確認した。/ ▶ **p.69 1920年代におけるKKKの団員数**：*Columbia Concise Encyclopedia* (New York; Columbia University Press, 1989) p.458を参照。同辞典での団員数は500万であり、800万という値は http://www.kukluxklan.bz/ に基づく。/ ▶ **p.69 ウィル・ロジャーズのヒトラーに関するコメント**：Wade, *The Fiery Cross*, p.266を参照。/ ▶ **p.69 第2次世界大戦とKKKの沈静化**：Wade, *The Fiery Cross*, p.275を参照。/ ▶ **p.69 ストーン・マウンテンの巨大な火の十字架にこめられたメッセージ**：Wade, *The Fiery Cross*, p.276を参照。Stetson Kennedy, *Southern Exposure* (New York; Doubleday, 1946, University Press of Florida, 1991), p.496も、ウェイドに対する巻末注で触れている。/ ▶ **p.70 フロにまつわる事件**：Stetson Kennedy, *The Klan Unmasked* (Boca Raton: Florida Atlantic University Press, 1990), p.18を参照。/ ▶ **p.70 ステットソン・ケネディの初期の活動**：Zora Neale Hurston によるステットソン・ケネディのインタビューより。▶ **p.71 当時の反KKK活動の状態**：Kennedy, *The Klan Unmasked*, p.20を参照。/ ▶ **pxx ステットソン・ケネディによる初期の反KKK活動**：Kennedy, *The Klan Unmasked*, p.24を参照。/ ▶ **p.72 「ニガーが嫌いか？ジューが嫌いか？ 10ドル持ってるか？」**：前出のステットソン・ケネディに対するインタビューより。/ ▶ **p.72 KKKの入団費用**：Kennedy, *The Klan Unmasked*, p.25-26を参照。▶ **p.73 クラヴァリアーズへの入隊**：Kennedy, *The Klan Unmasked*, pp.100-101を参照。/ ▶ **p.74 アメリカにおける黒人に対するリンチ件数の推移**：タスキーギ研究所がデータを蓄積している。次のウェブサイトを参照：http://www.law.umkc.edu/faculty/projects/ftrials/shipp/lynchingyear.html
これはタスキーギ研究所のウェブサイトではないが、同研究所の集めた統計を掲載している。/ ▶ **p.77 『国民の創生』におけるKKKの由来**：著者が映画を見て確認している。/ ▶ **p.78 KKKの役職各種**：Kennedy, *The Klan Unmasked*, p.56を参照。▶ **p.78 KKKの要職各種**：Kennedy, *The Klan Unmasked*, p.100を参照。/ ▶ **p.78 スーパーマン放送後初めての集会におけるKKK団員の発言**：Kennedy, *The Klan Unmasked*, p.56, 注38を参照。/ ▶ **p.79 KKKの合言葉の変更**：Kennedy, *The Klan Unmasked*, pp.92-93を参照。/ ▶ **p.80 デイヴィッド・デュークの経歴**：次のウェブサイトを参照：http://

www.adl.org/learn/Ext_US/duke.asp?xpicked=2&item=4
著者たちはケネディをインタビューするべくフロリダ州ジャクソンヴィル近郊にある彼の自宅を訪ね、彼が持っている膨大なKKKの商売道具や文書も見せてもらった（KKKのローブも着させてもらった）。彼の協力に感謝している。ハーヴァード大学の経済学者ローランド・G・フライヤーJr.が著者たちに同行した。彼とスティーヴン・レヴィットは、現在、KKKを扱った一連の論文を共同で執筆中である。最初、ケネディ宅を探してほこりっぽい田舎道をレンタカーで走っているとき、運転していたのはフライヤーだった。著者たちは車を止めて、近所の人に場所を教えてもらうことにした。ケネディは今でもKKK周辺では敵として認識されているので、近所の住人たちもケネディの居場所を誰にでも教えるというわけにはいかない。著者たちが道を聞いた相手は車の中を覗き込んで——目の前にいたのはフライヤーで、彼は黒人である——大真面目に言ったのだった。「おめぇらKKKじゃないよな、どうだ？」フライヤーは絶対に違うと請け負った。

訳注

▶p.68　ジム・クロウ法：扱いが平等なら区別・分離してもそれは合憲であるとの「プレッシー対ファーガソン」裁判最高裁判決に基づいて制定された人種分離政策の根拠法一般を指す。呼び名の由来となったジム・クロウは1830年ごろに白人のピン芸人トーマス・ライスが作ったキャラで、顔を黒く塗ってバカバカしいダンスを踊った。黒人の差別的なステレオタイプ・キャラの一つ。/ **▶p.69　ウィル・ロジャース**：20世紀前半に活躍した喜劇俳優・ユーモア作家。/ **▶p.69　ロバート・E・リー**：南部同盟の支えであった将軍。/ **▶p.78　ネイサン・ベドフォード・フォレスト**：南部同盟軍騎兵隊長。奴隷商人でKKK創設直後のリーダーの１人。

▶p.80-81

保険料に何が起きた？：Jeffrey R. Brown and Austan Goolsbee, "Does the Internet Make Markets More Competitive? Evidence from the Life Insurance Industry," *Journal of Political Economy* 110, no. 3 (June 2002), pp. 481-507を参照。

▶p.81

最高裁判事ルイス・D・ブランダイス「殺菌には日の光に晒すのが一番だそうだ」：Louis D. Brandeis, *Other People's Money — and How Bankers Use It* (New York: Frederick A. Stokes, 1914)を参照。

▶p.82

新古車問題：この説や、今日私たちが「情報の非対称性」と考えているもののほとんどは、ジョージ・A・アカロフがカリフォルニア大学バークレイ校で助教授になった最初の１年間である1966年～1967年に書いた一つの論文

が大元になっている。この論文は学術誌に３回も掲載を断られた――提出先の学術誌のうち２つには「このような瑣末な題材を扱った論文は当誌では掲載しない」と言われたとアカロフは回顧している――が、最終的に George A. Akerlof, "The Market for 'Lemons': Quality Uncertainty and the Market Mechanism," *Quarterly Journal of Economics*, August 1970 として世に出た。30年ほど経ったのち、この論文でアカロフはノーベル経済学賞を受賞した。この賞を受賞した人間の中で一番いい人は彼だと考える人は多い。

▶p.84

訳注　フランク・クアトロンとクレディ・スイス・ファースト・ボストン：自分たちやお得意さんの顧客に IPO 株を優先的にまわしていた。/ **マーサ・スチュワート**：元証券会社勤務のカリスマ主婦。/ **ワールドコムとグローバル・クロッシング**：ともに、粉飾決算がらみで2002年倒産した通信会社。

▶p.85

エンロン・テープ：本書執筆の時点で、このテープは http://www.cbsnews.com/stories/2004/06/01/eveningnews/main6_20626.shtml で聞くことができる。また、Richard A. Oppel Jr., "Enron Traders on Grandma Millie and Making Out Like Bandits," *New York Times*, June 13, 2004も参照。

▶p.85

訳注　「燃えろ、ベイベェ、燃え上がれ」：元は1960年代のソウル系人気ラジオ DJ のマグニフィセント・モンターギュがターンテーブルを回す前に言っていた決め台詞。1965年、ロサンゼルスのワッツ地区で黒人暴動が起きたとき、暴徒たちがこのフレーズを口にした。その後スライ＆ザ・ファミリー・ストーン『Don't Burn Baby』のサビ（don't と付いてはいるが）にも使われている。

▶p.86

血管形成は本当に必要か？：Gina Kolata, "New Heart Studies Question the Value of Opening Arteries," *New York Times*, March 21, 2004 を参照。

▶p.87-93

不動産屋の実態、再訪：Steven D. Levitt and Chad Syverson, "Market Distortions When Agents Are Better Informed: A Theoretical and Empirical Exploration of the Value of Information in Real-Estate Transactions," National Bureau of Economic Research working paper, 2005 を参照。

訳注

▶**p.88　ジョン・ドナヒュー**：第４章の題材を扱った論文をレヴィットと共著した、現イェール大学教授。/ ▶ **p.94　「ひそめた眉の力」運動**：ユダヤ差別反対同盟（ADL, Anti-Defamation League）が推し進めた、周りから

の圧力による差別撲滅運動の一つ。偏見ある発言を聞いたら露骨に眉をひそめようというもの。

▶**p.94**

トレント・ロット＝バレバレの人種分離主義者？：ロットの致命的な発言を囲む状況は Dan Goodgame and Karen Tumulty, "Lott: Tripped Up by History," Time.com/cnn.com, December 16, 2002 にうまくまとめられている。

▶**p.95-98**

『ウィーケスト・リンク』：Steven D. Levitt, "Testing Theories of Discrimination: Evidence from *The Weakest Link*," *Journal of Law and Economics* 17 (October 2004), pp. 431-52 を参照。/ ▶**p.97　選好に基づく差別の理論**は Gary S. Becker, *The Economics of Discrimination* (Chicago: University of Chicago Press, 1957) に由来している。/ ▶**p.97　情報に基づく差別の理論**は多数の論文に由来している。たとえば次の論文を参照。Edmund Phelps, "A Statistical Theory of Racism and Sexism," *American Economic Review* 62, no. 4 (1972), pp. 659-61; および Orley Ashenfelter and Albert Rees eds., *Discrimination in Labor Markets* (Princeton, N.J.: Princeton University Press, 1973) に所載の Kenneth Arrow, "The Theory of Discrimination."

▶**p.98-103**

出会い系サイトの話：Dan Ariely, Günter J. Hitsch, and Ali Hortaçsu, "What Makes You Click: An Empirical Analysis of Online Dating," University of Chicago working paper, 2004 を参照。

▶**p.104**

ディンキンス対ジュリアーニ、嘘をつく有権者：Timur Kuran, *Private Truths, Public Lies: The Social Consequences of Preference Falsification* (Cambridge, Mass.: Harvard University Press, 1995) を見よ。また Kevin Sack, "Governor Joins Dinkins Attack Against Rival," *New York Times*, October 27, 1989; Sam Roberts, "Uncertainty over Polls Clouds Strategy in Mayor Race," *New York Times*, October 31, 1989 も参照。

▶**p.104**

デイヴィッド・デューク、嘘をつく有権者：Kuran, *Private Truths, Public Lies* を見よ。また、Peter Applebome, "Republican Quits Louisiana Race in Effort to Defeat Ex-Klansman," *New York Times*, October 5, 1990および Peter Applebome, "Racial Politics in South's Contests: Hot Wind of Hate or Last Gasp?" *New York Times*, November 5, 1990も参照。

▶**p.104-105**

情報悪用の達人としてのデイヴィッド・デューク：多数の資料が参考になっ

たが、中でも、Karen Henderson, "David Duke's Work-Release Program," *National Public Radio*, May 14, 2004、およびこの題材を包括的に扱っている John McQuaid, "Duke's Decline," *New Orleans Times-Picayune*, April 13,2003 を参照。

第3章　ヤクの売人はどうしてママと住んでるの？

▶**p.110**
ジョン・ケネス・ガルブレイスの「通念」：*The Affluent Society* (Boston: Houghton Mifflin, 1958) の第２章 "The Concept of the Conventional Wisdom"（『ゆたかな社会』《鈴木哲太郎訳、岩波書店、1990年、同時代ライブラリー11》第２章「通念というもの」）を参照。

▶**p.110-111**
ミッチ・スナイダーとホームレス数百万人：スナイダーの運動に関する騒動は、1980年代初期にコロラドの新聞をはじめ、あちこちで報じられ、スナイダーが自殺を企てた1990年にぶり返した。Gary S. Becker and Guity Nashat Becker, *The Economics of Life* (New York: McGraw-Hill, 1997), pp. 175-76（『ベッカー教授の経済学ではこう考える：教育・結婚から税金・通貨問題まで』鞍谷雅敏・岡田滋行訳、東洋経済新報社、1998年）に所載の "How the Homeless 'Crisis' Was Hyped" がよい概観となっている。同書のこの章は、同じ著者が1994年に『ビジネスウィーク』誌に掲載した記事を転載したものだ。

▶**p.111-112**
慢性口臭という発明：リステリンの数奇にして魅力ある物語を美しく語っているのは、James B. Twitchell, *Twenty Ads That Shook the World: The Century's Most Groundbreaking Advertising and How It Changed Us All* (New York: Crown, 2000), pp. 60-69である。

▶**p.112**
ブッシュ＝カウボーイのフリしたイカサマ野郎：Paul Krugman, "New Year's Resolutions," *New York Times*, December 26, 2003を見よ。

▶**p.113**
広く信じられているほどレイプは起きてない：National Crime Survey（全国犯罪統計）は正直な回答を引き出せるように設計された統計資料である。2002年版によれば、一生のうちに女性が本人の望まない性行為やその未遂の被害者になるリスクは（この話を引き合いに出す人たちがよく言う３人に１人ではなく）約８人に１人である。男の場合数字は40人に１人で、やっぱり彼らがよく言う９人に１人ではない。

▶**p.113**
実際に起きているより少ない犯罪報告：Mark Niesse, "Report Says Atlanta Un-

derreported Crimes to Help Land 1996 Olympics," *Associated Press*, February 20, 2004を見よ。

▶p.114-136

スディール・ヴェンカテッシュがたどった麻薬の巣窟への長く奇妙な旅：本書執筆時点で、ヴェンカテッシュはコロンビア大学の助教授であり、専門は社会学およびアフリカ系アメリカ人問題である。/ **▶p.114**　ヴェンカテッシュの経歴は主に著者によるインタビューに基づく。また、Jordan Marsh, "The Gang Way," *Chicago Reader*, August 8, 1997; および Robert L. Kaiser, "The Science of Fitting In," *Chicago Tribune*, December 10, 2000 を参照。/ **▶p.122　クラック売人ギャングに関する詳しい話**はスディール・アラディ・ヴェンカテッシュとスティーヴン・D・レヴィットによる次の4つの論文が扱っている："The Financial Activities of an Urban Street Gang," *Quarterly Journal of Economics* 115, no. 3 (August 2000), pp. 755-89; " 'Are We a Family or a Business?' History and Disjuncture in the Urban American Street Gang," *Theory and Society* 29 (Autumn 2000), pp. 427-62; "Growing Up in the Projects: The Economic Lives of a Cohort of Men Who Came of Age in Chicago Public Housing," *American Economic Review* 91, no. 2 (2001), pp. 79-84; そして "The Political Economy of an American Street Gang," American Bar Foundation working paper, 1998. また、Sudhir Alladi Venkatesh, *American Project: The Rise and Fall of a Modern Ghetto* (Cambridge, Mass.: Harvard University Press, 2000) も参照。

訳注

▶p.115　グレイトフル・デッド：アメリカの老舗のロックバンドで、全米を四六時中ツアーして回っていた。それをバスでずっとオッカケしている人たちが大集団を成し、デッドヘッズと呼ばれていた。時代とも年齢とも無関係にいつまでもヒッピーしている連中の代名詞みたいなもの。そのわりに、ヘルズ・エンジェルスはデッドだけは認めていたという。打ち上げパーティでは何にでもLSDが入っていたそうだからむしろそれ目当てだったのかもしれない。ヴェンカテッシュはそういうデッドヘッズにしばらく付き合っていたということ。/ **▶p.115　ヴェンカテッシュのアンケート**：かの国の日常の文脈で、これがどんなことをしたことになるのかを知るためには『ダイハード3』の冒頭を参照。また、昔のサタデー・ナイト・ライブで『世界一勇気ある漢《オトコ》』というタイトルでこんなネタをやっていた。黒人の若者が通りでダベっているところに、アイスホッケーのキーパーの防具をフル装備、さらになべを頭に被った白人の弱そうな男がやってくる。白人男、黒人の若者たちの真ん中へ行って叫ぶ：「ニガー！！！」 白人男、泣きながら走って逃げる。黒人の若者たち、怒り、走って追う。おしまい。/ **▶p.116**

「ファック・ユー、ニガー、わりゃウチの階段でなにやっとるんじゃ」：ゲットー・コミュニティでは「ニガー」はとりあえず黒・褐色系男性を指す言葉になっている。ちなみにこの種の言葉で黒・褐色系女性は「ビッチ」。/ ▶p.116 **ブラック・ギャングスタ・ディサイプルズ・ネイション**：1970年ごろにシカゴの二大黒人ギャングが合併してできた、シカゴ最有力の黒人ギャング組織。/ ▶p.120 **アフロ・シーン**：黒人向けのヘアケア用品で老舗のブランド名。アフロヘアーの人が使うイメージ。メーカーであるジョンソン・プロダクツはアメリカン証券取引所に上場した初の黒人企業で、テレビ音楽番組『ソウル・トレイン』のスポンサーでもあった。

▶p.122
訳注 オリヴァー・ウェンデル・ホームズ：ハーヴァード大学教授、最高裁判事。アメリカの良心と呼ばれた。/ **シェリー・カート**：ソサイエティ・オブ・フェローズでは毎週月曜日に会食があり、その後参加者の最近の研究について議論する前にシェリーを飲むのが慣わしになっている。

▶p.126
訳注 リスペクト：リスペクトはかの社会の最重要キーワードの一つ。リスペクトを欠くと殺される理由にまでなる。

▶p.130
アメリカで一番危険な職業としてのクラック売人：労働統計局によれば、アメリカで最も危険な合法的職業トップ10は、きこり、漁師、パイロットおよび航海士、建設用金属製造労働者、ルートセールス系運転手、屋根職人、電線敷設業者、農業従事者、建設労働者、そしてトラック運転手だ。

▶p.136
ナイロン・ストッキングの発明：発明したのは、アイオワ生まれの若い化学者で、デュポンで働いていたウォレス・カロザーズである。彼は7～8年にわたって試行錯誤を重ねたのち、液体ポリマーを非常に細いノズルから噴き出し、非常に強い鎖でできた繊維を作り出す方法を発見した。それがナイロンだ。数年後、デュポンはニューヨークとロンドンでナイロン・ストッキングを発売した。伝説とは違って、この魔法の繊維の名前はこの二つの街の名前を組み合わせて作られたのではない。また、「これでおまえらの負けだ、時代遅れのニッポンめ（Now Your've Lost, Old Nippon）」の略語という噂も本当ではない。当時市場を支配していた日本の絹にこれで勝てるということだけれど。正しくは、「No Run（ノー・ラン＝伝線なし）」が変形したもので、それが作っているときの目標だった。実際、目標は達成できなかったわけだが、それでも発明の価値はまったく下がらなかった。カロザーズはずっとうつ病で、自分の発明が花開くのを目にすることはなかった。彼は1937

年に青酸カリを飲んで自殺した。Matthew E. Hermes, *Enough for One Lifetime: Wallace Carothers, Inventor of Nylon* (Philadelphia: Chemical Heritage Foundation, 1996) を参照。

▶p.137

訳注　リチャード・プライアー：黒人差別ジョークをやる黒人コメディアンのハシリで、出てきたころのエディ・マーフィやクリス・ロックが近いセン。2005年12月10日心臓発作で死去。

▶p.137

クラックの通称：大ダラス・アルコールおよび薬物中毒評議会（The Greater Dallas Council on Alcohol and Drug Abuse）がコカインの通り名を集めたリストを作っている。これがとても面白い。

粉末コカイン：バッドロック、バズーカ、ビーム、バーニ、バーニス、ビッグC、ブラスト、ブリザード、ブロウ、ブラント、バウンシング・パウダー、バンプ、C、カバーロ、ケイン、キャンディ、キャヴィア、チャーリー、チキン・スクラッチ、コカ、カクテル、ココナット、コーク、コーラ、ダマブランカ、ダスト、フレイク、フレックス、フロリダ・スノウ、フーフー、フリーズ、G-ロック、ガール、グーフボール、ハッピーダスト、ハッピーパウダー、ハッピー・トレイルズ、ヘヴン、キング、レディ、レディ・ケイン、レイト・ナイト、ライン、ママ・コカ、マーチング・ダスト／パウダー、モジョ、モンスター、ムヘール、ニーヴ、ノーズ、ノーズ・キャンディ、P-ドッグス、ペルヴィアン、パウダー、プレス、プライム・タイム、ラッシュ、ショット、スレイライド、スニッフ、スノート、スノウ、スノウ・バーズ、ソーダ、スピードボール、スポーティング、スターダスト、シュガー、スィート・スタッフ、トウク、トレイルズ、ホワイト・レディ、ホワイト・パウダー、イェーヨー、ジップ。

吸うタイプのコカイン：ベイス、ボール、ビート、ビスクィッツ、ボーンズ、ブースト、ボウルダーズ、ブリック、バンプ、ケイクス、キャスパー、チョーク、クッキーズ、クランブス、キューブス、ファットバッグ、フリーベイス、グラヴェル、ハードボール、ヘル、キブルズ'n'ビッツ、クリプトナイト、ラヴ、ムーンロックス、ナゲッツ、オニオン、ペブルス、パイドラス、ピース、レディ・ロック、ロッカ、ロック（ス）、ロックスター、スコティ、スクラブル、スモークハウス、ストーンズ、ティース、トルネード。

▶p.138

クラックのジョニー・アップルシード：オスカー・ダニーロ・ブランドンと彼言うところのCIAとの協調は、ゲイリー・ウェッブが1996年4月18日から3回にわたって『サンノゼ・マーキュリー・ニュース』紙に書いた記事で

とても詳しく論じられ、大きな論争を呼んだ。Tim Golden, "Though Evidence Is Thin, Tale of C.I.A. and Drugs Has a Life of Its Own," *New York Times*, October 21, 1996; および Gary Webb, *Dark Alliance: The CIA, the Contras, and the Crack Cocaine Explosion* (New York: Seven Stories Press, 1998) を参照。のちに、アメリカ司法省がこの件を "The C.I.A.-Contra-Crack Cocaine Controversy: A Review of the Justice Department's Investigations and Prosecutions" で詳しく検証している。本書執筆の時点では www.usdoj.gov/oig/special/9712/ch01p1.htm で入手可能。

▶ p.138

訳注 コントラ：1980年代、左翼的色彩の強いサンディニスタ民族解放戦線政権下にあったニカラグアの反体制ゲリラ。ニカラグアのキューバ化を恐れたレーガン政権下のアメリカが主にCIA を通じてコントラを支援、内戦が勃発。アメリカ海兵隊の現役軍人であるオリヴァー・ノース中佐（当時）が、イランへの武器密輸で得た資金をコントラの支援に使っていた事実が発覚、イラン・コントラ事件として、コントラとノースの名を世に広く知らしめることになる。なお、イランへの武器売却代金のマネーロンダリングを担当していたのはオサマ・ビンラディンの兄、サレム・ビンラディン。

▶p.139

アメリカのギャング：Frederick Thrasher, *The Gang* (Chicago: University of Chicago Press, 1927) を参照。

▶p.141-142

クラック以前における黒人と白人のさまざまな格差の縮小：Neil J. Smelser, William Julius Wilson, and Faith Mitchell eds., *America Becoming: Racial Trends and Their Consequences* (Washington, D.C.: National Academy Press, 2001), pp. 21-40 所載、Rebecca Blank, "An Overview of Social and Economic Trends By Race" を参照。/ **▶p.142** 黒人の乳児死亡率については Douglas V. Almond, Kenneth Y. Chay, and Michael Greenstone, "Civil Rights, the War on Poverty, and Black-White Convergence in Infant Mortality in Mississippi," National Bureau of Economic Research working paper, 2003 を参照。

▶p.142

クラックが及ぼすさまざまな破滅的影響：これについては Roland G. Fryer Jr., Paul Heaton, Steven D. Levitt, and Kevin Murphy, "The Impact of Crack Cocaine," University of Chicago working paper, 2005が論じている。

第4章　犯罪者はみんなどこへ消えた？

▶p.147-149

ニコラエ・チャウシェスクによる中絶の禁止：ルーマニアとチャウシェスク

に関する基礎的な情報はさまざまなところから入手している。たとえば次の資料を参照。"Eastern Europe, the Third Communism," *Time*, March 18, 1966; "Ceausescu: Ruled with an Iron Grip," *Washington Post*, December 26, 1989; Ralph Blumenthal, "The Ceaușescus: 24 Years of Fierce Repression, Isolation and Independence," *New York Times*, December 26, 1989; Serge Schmemann, "In Cradle of Rumanian Revolt, Anger Quickly Overcame Fear," *New York Times*, December 30, 1989; Karen Breslau, "Overplanned Parenthood: Ceaușescu's: Cruel Law," *Newsweek,* January 22, 1990; および Nicolas Holman, "The Economic Legacy of Ceau șescu," *Student Economic Review*, 1994. / ▶**p.148** ルーマニアの中絶禁止とそれが与えた影響については次の２つの論文が検討している： Cristian Pop-Eleches, "The Impact of an Abortion Ban on Socio-Economic Outcomes of Children: Evidence from Romania," Columbia University working paper, 2002; および Cristian Pop-Eleches, "The Supply of Birth Control Methods, Education and Fertility: Evidence from Romania," Columbia University working paper, 2002.

▶**p.150**

アメリカの大幅な犯罪減少：すでに述べたように、この部分の資料は Steven D. Levitt, "Understanding Why Crime Fell in the 1990's: Four Factors That Explain the Decline and Six That Do Not," *Journal of Economic Perspectives* 18, no. 1 (2004), pp. 163-90 に基づく。/ ▶**p.150　ジェイムズ・アラン・フォックスの「わざと大げさな話をした」という主張**：Torsten Ove, "No Simple Solution for Solving Violent Crimes," *Pittsburgh Post-Gazette*, September 12, 1999 を参照。

▶**p.153**

犯罪にますます寛容になった政治家たち：この点や関連するさまざまな問題については Gary S. Becker and Guity Nashat Becker, *The Economics of Life*, pp. 135-44（『ベッカー教授の経済学ではこう考える』）所載の "Stiffer Jail Terms Will Make Gunmen More Gun-Shy," "How to Tackle Crime? Take a Tough, Head-On Stance," および "The Economic Approach to Fighting Crime," を参照。同書におけるこれらの章は、同じ著者が『ビジネスウィーク』誌に掲載した記事を転載したものだ。

▶**p.153**

懲役の増加：麻薬犯罪で懲役刑を課された人が15倍になった件については Ilyana Kuziemko and Steven D. Levitt, "An Empirical Analysis of Imprisoning Drug Offenders," *Journal of Public Economics* 88, nos. 9-10 (2004), pp. 2043-66 を参照。/ ▶**p.154　囚人をみんな解放すればいいんじゃないか？説**：William Nagel, "On Behalf of a Moratorium on Prison Construction," *Crime and Delinquency* 23 (1977), pp. 152-74 を参照。/ ▶**p.154　「犯罪学の世界では、博士号でも持っ**

てないと（中略）わからないようだ　」：John J. DiIulio Jr., "Arresting Ideas: Tougher Law Enforcement Is Driving Down Urban Crime," *Policy Review*, no. 75 (Fall 1995) を参照。

▶p.155

死刑：ニューヨーク州が１人の囚人も死刑にしていない問題に関する報告 "Capital Punishment in New York State: Statistics from Eight Years of Representation, 1995-2003" (New York: The Capital Defender Office, August 2003) は、本書執筆時点で全文が nycdo.org/8yr.html で入手可能である。ごく最近、ニューヨーク控訴裁判所は死刑そのものが違憲であるとの判決を下し、実質的に死刑をすべて中止させた。/ **▶p.156　１人死刑にすれば殺人が７件減る**：Isaac Ehrlich, "The Deterrent Effect of Capital Punishment: A Question of Life and Death," *American Economic Review 65* (1975), pp. 397-417; および Isaac Ehrlich, "Capital Punishment and Deterrence: Some Further Thoughts and Evidence," *Journal of Political Economy* 85 (1977), pp. 741-88 を参照。/ **▶p.157　「死刑台をあれこれこねくり回したりするのはもうやめだ」**：テキサス州の死刑に関する裁判、Callins v. Collins, 510 U.S. 1141(1994) で最高裁が差し戻し請求を棄却した1994年の判決で、ハリー・A・ブラックマン判事が少数意見として述べたものであり、*Congressional Quarterly Researcher* 5, no. 9 (March 10,1995) が引用している。アメリカでは陪審員も死刑を嫌うようになったようだ――おそらく、近年無実の人が死刑になったり、死刑を待っている間に無実が証明されたりすることがときどきあることが原因の一つだろう。1990年代には平均で毎年290人が死刑を言い渡された。2000年代の最初の４年ではこれが174人に減少している。Adam Liptak, "Fewer Death Sentences Being Imposed in U.S.," *New York Times*, September 15, 2004 を参照。

▶p.158

警察は本当に犯罪を減らすか？：Steven D. Levitt, "Using Electoral Cycles in Police Hiring to Estimate the Effect of Police on Crime," *American Economic Review* 87, no. 3 (1997), pp. 270-90; Steven D. Levitt, "Why Do Increased Arrest Rates Appear to Reduce Crime: Deterrence, Incapacitation, or Measurement Error?" *Economic Inquiry* 36, no. 3 (1998), pp. 353-72; および Steven D. Levitt, "The Response of Crime Reporting Behavior to Changes in the Size of the Police Force: Implications for Studies of Police Effectiveness Using Reported Crime Data," *Journal of Quantitative Criminology* 14 (February 1998), pp. 62-81 を参照。/ **▶p.159　1960年代は犯罪者天国**：Gary S. Becker and Guity Nashat Becker, *The Economics of Life*, pp. 142-43 (『ベッカー教授の経済学ではこう考える』) を参照。

▶p.159-163

ニューヨーク市「奇跡」の犯罪対策：「アテネ文明時代」という表現は、コンプスタットの開発者の１人であるウィリアム・J・ゴルタ元警部に著者が行ったインタビューより。/ ▶**p.160　割れ窓理論**：James Q. Wilson and George L. Kelling, "Broken Windows: The Police and Neighborhood Safety," *Atlantic Monthly*, March 1982 を参照。/ ▶**p.162　訳注　ルドルフ・ジュリアーニ**：ジュリアーニは連邦検事時代、アイヴァン・ボウスキーとマイケル・ミルケンというウォール街の大物２人をインサイダー取引で告発したことで名を上げ、それを利用して政界へ転身した。/ ▶**p.163　ブラットンはロサンゼルスで警官を増員した**：Terry McCarthy, "The Gang Buster," *Time*, January 19, 2004 を参照。

▶**p.164-168**

銃規制：アメリカには大人の数を上回る銃があるという事実については Philip Cook and Jens Ludwig, *Guns in America: Results of a Comprehensive Survey of Gun Ownership and Use* (Washington: Police Foundation, 1996) を参照。/ ▶**p.165　銃と犯罪のつながり**：Mark Duggan, "More Guns, More Crime," *Journal of Political Economy* 109, no. 5 (2001), pp. 1086-1114 を参照。/ ▶**p.165　スイスにおける銃**：Stephen P. Halbrook, "Armed to the Teeth, and Free," *Wall Street Journal* Europe, June 4, 1999 を見よ。/ ▶**p.166　ブレイディ法の無力**：Jens Ludwig and Philip Cook, "Homicide and Suicide Rates Associated with Implementation of the Brady Handgun Violence Prevention Act," *Journal of the American Medical Association* 284, no. 5 (2000), pp. 585-91 を参照。/ ▶**p.166　凶悪犯罪者はブラックマーケットで銃を買う**：James D. Wright and Peter H. Rossi, *Armed and Considered Dangerous: A Survey of Felons and Their Firearms* (Hawthorne, N.Y.: Aldine de Gruyter, 1986) を参照。/ ▶**p.167　銃を引き渡して精神科医にタダで見てもらおう**："Wise Climb-Down, Bad Veto," *Los Angeles Times*, October 5, 1994を見よ。/ ▶**p.167　銃の買い上げはなぜうまくいかないか**：C. Callahan, F. Rivera, and T. Koepsell, "Money for Guns: Evaluation of the Seattle Gun Buy-Back Program," *Public Health Reports* 109, no. 4 (1994), pp. 472-77; David Kennedy, Anne Piehl, and Anthony Braga, "Youth Violence in Boston: Gun Markets, Serious Youth Offenders, and a Use-Reduction Strategy," *Law and Contemporary Problems* 59 (1996), pp. 147-83; および Jens Ludwig and Philip Cook eds., *Evaluating Gun Policy: Effects on Crime and Violence* (Washington, D.C.: Brookings Institution, 2003) 所載の Peter Reuter and Jenny Mouzon, "Australia: A Massive Buy-Back of Low-Risk Guns," を参照。/ ▶**p.167　ジョン・ロットの「正しい人の手に銃を」説**：John R. Lott Jr. and David Mustard, "Right-to-Carry Concealed Guns and the Importance of Deterrence," *Journal of Legal Studies* 26 (January 1997), pp. 1-68; および John R.

Lott Jr., *More Guns, Less Crime: Understanding Crime and Gun Control Laws* (Chicago: University of Chicago Press, 1998) を参照。**▶p.167 メアリ・ロッシュ、実はジョン・ロット**：Julian Sanchez, "The Mystery of Mary Rosh," *Reason*, May 2003; および Richard Morin, "Scholar Invents Fan to Answer His Critics," *Washington Post*, February 1, 2003 を見よ。**訳注**：この自作自演はロットがメールに返事をするのに使っていたIP アドレスとロッシュのIP アドレスが同じだったことからバレた。/ **▶p.168 棄却されたロット説**：Ian Ayres and John J. Donohue III, "Shooting Down the 'More Guns, Less Crime' Hypothesis," *Stanford Law Review* 55 (2003), pp. 1193-1312; および Mark Duggan, "More Guns, More Crime," *Journal of Political Economy* 109, no. 5 (2001), pp. 1086-1114 を参照。

▶p.168-170

クラック・バブルの崩壊：クラックの歴史と詳細については Roland G. Fryer Jr., Paul Heaton, Steven Levitt, and Kevin Murphy, "The Impact of Crack Cocaine," University of Chicago working paper, 2005 を参照。/ **▶p.169 殺人の25%はクラック絡み**：Craig Reinarman and Harry G. Levine eds., *Crack in America: Demon Drugs and Social Justice* (Berkeley: University of California Press, 1997), pp. 113-30 所載の Paul J. Goldstein, Henry H. Brownstein, Patrick J. Ryan, and Patricia A. Bellucci, "Crack and Homicide in New York City: A Case Study in the Epidemiology of Violence," を参照。/ **▶p.169 訳注 ペッツ・ドットコム**：インターネット上のペット用品店。1998年設立、2000年2月に1株11ドルで株式公開、株価は一度もそれを上回ることなく2000年11月に清算決定。

▶p.170-171

「人口の高齢化」説：Steven D. Levitt, "The Limited Role of Changing Age Structure in Explaining Aggregate Crime Rates," *Criminology* 37, no. 3 (1999), pp. 581-99 を参照。高齢化説は今では一般に割り引いて受け取られているが、識者にはいまだにこの説をばら撒いている人もいる。Matthew L. Wald, "Most Crimes of Violence and Property Hover at 30-Year Low," *New York Times*, September 13, 2004 を参照。この記事で、ローレンス・A・グリーンフィールド司法統計局長はこうのたまっている。「近年、犯罪発生率が下がり続けており、今では統計を取り始めた1973年以来最低の水準になったが、これを一つの要因で説明するのはおそらく無理だろう。人口の年齢構成にも関係あるだろうし、多数の凶悪犯が獄舎に繋がれていることにも関係あるだろう」。/ **▶p.170 「雲がわき上がり」**：James Q. Wilson and Joan Petersilia eds., *Crime* (San Francisco: ICS Press, 1995), p. 507 所載、James Q. Wilson, "Crime and Public Policy" を見よ。

▶p.171

中絶と犯罪の関係：次の論文が概観を述べている。John J. Donohue III and Steven D. Levitt, "The Impact of Legalized Abortion on Crime," *Quarterly Journal of Economics* 116, no. 2 (2001), pp. 379-420; および John J. Donohue III and Steven D. Levitt, "Further Evidence That Legalized Abortion Lowered Crime: A Response to Joyce," *Journal of Human Resources* 39, no. 1 (2004), pp. 29-49. / ▶**p.171　東ヨーロッパとスカンジナヴィアにおける中絶の調査**：P. K. Dagg, "The Psychological Sequelae of Therapeutic Abortion — Denied and Completed," *American Journal of Psychiatry* 148, no. 5 (May 1991), pp. 578-85; および Henry David, Zdenek Dytrych, et al., *Born Unwanted: Developmental Effects of Denied Abortion* (New York: Springer, 1988) を参照。/ ▶**p.172　ロー対ウェイド裁判の判決文**：Roe v. Wade, 410 U.S. 113 (1973) を見よ。/ ▶**p.174　「ある調査によると、中絶が合法化されて間もないころに」**：Jonathan Gruber, Philip P. Levine, and Douglas Staiger, "Abortion Legalization and Child Living Circumstances: Who Is the 'Marginal Child?' " *Quarterly Journal of Economics* 114 (1999), pp. 263-91 を参照。/ ▶**p.174　将来犯罪者になるかどうかを最も強力に予測する変数**：Michael Tonry and Norval Morris eds., *Crime and Justice,* vol. 7 (Chicago: University of Chicago Press, 1986) 所載、Rolf Loeber and Magda Stouthamer-Loeber, "Family Factors as Correlates and Predictors of Juvenile Conduct Problems and Delinquency," を参照。加えて、Robert Sampson and John Laub, *Crime in the Making: Pathways and Turning Points Through Life* (Cambridge, Mass.: Harvard University Press, 1993) も見よ。/ ▶**p.174　「母親がティーンエイジャー場合もそうだ」**：William S. Comanor and Llad Phillips, "The Impact of Income and Family Structure on Delinquency," University of California-Santa Barbara working paper, 1999 を参照。/ ▶**p.174　母親の教育水準が低い場合に関する別の研究**：Pijkko Räsänen et al., "Maternal Smoking During Pregnancy and Risk of Criminal Behavior Among Adult Male Offspring in the Northern Finland 1966 Birth Cohort," *American Journal of Psychiatry* 156 (1999), pp. 857-62 を参照。/ ▶**p.175　子殺しの劇的な減少**：Susan Sorenson, Douglas Wiebe, and Richard Berk, "Legalized Abortion and the Homicide of Young Children: An Empirical Investigation," *Analyses of Social Issues and Public Policy* 2, no. 1 (2002), pp. 239-56 を参照。/ ▶**p.177　オーストラリアとカナダに関する調査**：Anindya Sen, "Does Increased Abortion Lead to Lower Crime? Evaluating the Relationship between Crime, Abortion, and Fertility," unpublished manuscript; および Andrew Leigh and Justin Wolfers, "Abortion and Crime," *AQ: Journal of Contemporary Analysis* 72, no. 4 (2000), pp. 28-30 を参照。/ ▶**p.177　中絶された女の子の子供**：John J. Donohue III, Jeffrey Grogger, and Steven D. Levitt, "The Impact of Legalized Abortion on Teen Childbearing," University of Chicago working

paper, 2002を参照。/ ▶**p.178　訳注　スウィフト主義**：17〜18世紀の風刺作家ジョナサン・スウィフトは、貧困にあえぐアイルランドの問題を解消し、同国にあふれた貧乏人の子供を悲惨な生活から救うため、そういう子供を食っちまえばいい、貧乏人は減るし食糧難も解消できるし中絶は減るし、いいこと尽くめだという「控えめな政策提言」を書いている。/ **訳注　G・K・チェスタトン**：逆説の王子と称されるイギリスの作家。日本ではブラウン神父を主人公とする推理小説がよく知られている。/ ▶**p.178　中絶の合法化は奴隷制度よりももっと悪い**：Michael S. Paulsen, "Accusing Justice: Some Variations on the Themes of Robert M. Cover's *Justice Accused*," *Journal of Law and Religion* 7, no. 33 (1989), pp. 33-97を見よ。/ ▶**p.178　「犯罪対策の中で唯一有効な方法は中絶」**：Anthony V. Bouza, *The Police Mystique: An Insider's Look at Cops, Crime, and the Criminal Justice System* (New York: Plenum, 1990) 参照。/ ▶**p.179　シマフクロウを守るためには1羽当たり900万ドル必要**：Gardner M. Brown and Jason F. Shogren, "Economics of the Endangered Species Act," *Journal of Economic Perspectives* 12, no. 3 (1998), pp. 3-20を参照。/ ▶**p.180　エクソン・バルディーズ号のような原油流出事故を防ぐために払ってもいいのは31ドル**：Glenn W. Harrison, "Assessing Damages for the Exxon Valdez Oil Spill," University of Central Florida working paper, 2004を見よ。/ ▶**p.179　体の部分の値段表**：コネティカット州の労働補償情報パンフレットp.27より転載。本書執筆時点ではwcc.state.ct.us/download/acrobat/info-packet.pdfよりダウンロード可能。▶**p.180　訳注　ソロモン王**：旧約聖書にも登場するユダヤの王。1人の子供を2人の女が自分の子だと言って争っているのに対し、それならその子を2つに切って分けろと命じた。そのうえで、自分は譲るから子供を殺さないでくれと言った女を、本物の母親はこの女だと裁定を下した。西欧版大岡越前。

第5章：完璧な子育てとは？

▶**p.185**
絶えず変化し続ける専門家の見識：Ann Hulbert, *Raising America: Experts, Parents, and a Century of Advice About Children* (New York: Knopf, 2003) は、子育てのアドバイスを概観した文献として非常に便利である。/ ▶**p.186　ゲイリー・エッツォの「乳児管理戦略」と睡眠不足**：Gary Ezzo and Robert Bucknam, *On Becoming Babywise* (Sisters, Ore.: Multnomah, 1995), pp. 32 and 53を見よ。/ ▶**p.186　T・ベリー・ブラゼルトンと「対話型ベイビー」**：T. Berry Brazelton, *Infants and Mothers: Difference in Development*, rev. ed. (New York: Delta/Seymour Lawrence, 1983), p. xxiiiを参照。/ ▶**p.186　L・エメット・ホルトに**

よる「いきすぎた刺激」に対する警告：L. Emmett Holt, *The Happy Baby* (New York: Dodd, Mead, 1924), p. 7 を参照。/ **▶p.186　泣くのは「赤ん坊の運動」**：L. Emmett Holt, *The Care and Feeding of Children: A Catechism for the Use of Mothers and Children's Nurses* (New York: Appleton, 1894), p. 53 を参照。

▶p.188

銃とプール、危ないのはどっち？：Steven Levitt, "Pools More Dangerous than Guns," *Chicago Sun-Times*, July 28, 2001 を参照。

▶p.189

BSE その他のリスクに関するピーター・サンドマンの発言：Amanda Hesser, "Squeaky Clean? Not Even Close," *New York Times*, January 28, 2004; および "The Peter Sandman Risk Communication Web Site," http://www.psandman.com/index.htm で閲覧可能。

▶p.195-198

親でほんとにどれだけ違うもの？：Judith Rich Harris, *The Nurture Assumption: Why Children Turn Out the Way They Do* (New York: Free Press, 1998) を参照。ハリスの人物評と、生まれ対育ち論争の優れた概観については Malcolm Gladwell, "Do Parents Matter?" *The New Yorker*, August 17, 1998, および Carol Tavris, "Peer Pressure," *New York Times Book Review*, September 13, 1998 を見よ。/ **▶p.195　「ああまたか」**：Tavris, *New York Times*（前出）を見よ。/ **▶p.196　ハリスの見方について「愕然とした」ピンカー**：Steven Pinker, "Sibling Rivalry: Why the Nature/Nurture Debate Won't Go Away," *Boston Globe*, October 13, 2002 を見よ。この記事は Steven Pinker, *The Blank Slate: The Modern Denial of Human Nature* (New York: Viking, 2002)（『人間の本性を考える：心は「空白の石版」か』（上・中・下）、山下篤子訳、日本放送出版協会、2004年）からの抜粋である。

▶p.198-201

シカゴにおける学校選択：ここの議論は Julie Berry Cullen, Brian Jacob, and Steven D. Levitt, "The Impact of School Choice on Student Outcomes: An Analysis of the Chicago Public Schools," *Journal of Public Economics*, forthcoming および Julie Berry Cullen, Brian Jacob, and Steven D. Levitt, "The Effect of School Choice on Student Outcomes: Evidence from Randomized Lotteries," National Bureau of Economic Research working paper, 2003 に基づく。

▶p.201

「高校の授業を受ける準備ができていないまま高校に入学してくる生徒たち」：Tamar Lewin, "More Students Passing Regents, but Achievement Gap Persists," *New York Times*, March 18, 2004 を参照。

▶p.201
黒人と白人の所得格差は8年生時の成績格差にさかのぼる：Derek Neal and William R. Johnson, "The Role of Pre-Market Factors in Black-White Wage Differences," *Journal of Political Economy* 104 (1996), pp. 869-95; および June O'Neill, "The Role of Human Capital in Earnings Differences Between Black and White Men," *Journal of Economic Perspectives* 4, no. 4 (1990), pp. 25-46 を参照。/ ▶**p.202**
「テストでの黒人と白人の成績格差を縮める」：Christopher Jencks and Meredith Phillips, "America's Next Achievement Test: Closing the Black-White Test Score Gap," *American Prospect* 40 (September-October 1998), pp. 44-53 を参照。/ ▶**p.202「シロい振る舞い」**：David Austen-Smith and Roland G. Fryer Jr., "The Economics of 'Acting White,'" National Bureau of Economic Research working paper, 2003 を参照。/ ▶**p.202　カリーム・アブドゥル・ジャバー**：Kareem Abdul-Jabbar and Peter Knobler, *Giant Steps* (New York: Bantam, 1983), p. 16（『青春のロングシュート：スーパースターへの道』井上篤夫訳、旺文社文庫、1985年）を見よ。**訳注**：ジャバーは1970年代～1980年代の NBA のスーパースター。歴代最高のセンターに数えられる1人。1980年代半ば、マジック・ジョンソンとともにロサンゼルス・レイカーズ何度目かの黄金時代を築く。ジャバーはマンハッタンの中流家庭向けアパートに住んでいたが、4年生になるときペンシルヴァニア州にある黒人だけの全寮制学校に入れられた。引用箇所はそのときの話。

▶p.203-222
黒人と白人の成績格差と ECLS：この部分は Roland G. Fryer Jr. and Steven D. Levitt, "Understanding the Black-White Test Score Gap in the First Two Years of School," *The Review of Economics and Statistics* 86, no. 2 (2004), pp. 447-64 に基づく。この論文は試験の成績と家庭要因（テレビを見る、ぶたれる、等々）の相関にはほとんど触れていないが、論文の補足にそれらのデータによる回帰結果が掲載されている。ECLS の調査そのものについては、本書執筆時点では nces.ed.gov/ecls/ で概観を見ることが出来る。

▶p.216
生みの母より育ての親の知能指数のほうが高い：Bruce Sacerdote, "The Nature and Nurture of Economic Outcomes," National Bureau of Economic Research working paper, 2000 を参照。

▶p.218
フィンランドの識字率：Lizette Alvarez, "Educators Flocking to Finland, Land of Literate Children," *New York Times*, April 9, 2004 を参照。

▶p.219-220

小さい子全員に本を：John Keilman, "Governor Wants Books for Tots; Kids Would Get 60 by Age 5 in Effort to Boost Literacy," *Chicago Tribune*, January 12, 2004 を見よ。

▶p.223

育ての親の影響：Sacerdote, "The Nature and Nurture of Economic Outcomes" を参照。

第6章：完璧な子育て、その2——あるいは、ロシャンダは他の名前でもやっぱり甘い香り？

▶p.227-229

ルーザー・レインの話：著者によるインタビュー、および Sean Gardiner, "Winner and Loser: Names Don't Decide Destiny," *Newsday*, July 22, 2002 に基づく。

▶p.229-230

判事と痴女：著者によるインタビューに基づく。/ **訳注** 『コズビー・ショウ』：コメディアン・俳優のビル・コズビー主演のホームコメディ。1980年代半ばの NBC の看板番組で、黒人中流家庭を描いたドラマとしてはもっとも初期の番組の一つ。コズビーはこの番組の成功でスターの座を確立した。

▶p.231

ローランド・G・フライヤーと成功できない黒人に関する研究：著者によるインタビューに基づく。

▶p.231

黒人と白人のタバコの違い：Lloyd Johnston, Patrick O'Malley, Jerald Bachman, and John Schulenberg, "Cigarette Brand Preferences Among Adolescents," *Monitoring the Future Occasional Paper* 45, Institute for Social Research, University of Michigan, 1999 を参照。

▶p.232-241

クロい名前（およびその他黒人と白人の文化の溝）：Roland G. Fryer Jr. and Steven D. Levitt, "The Causes and Consequences of Distinctively Black Names," *Quarterly Journal of Economics* 119, no. 3 (August 2004), pp. 767-805 を参照。/ **訳注** **『マンデーナイト・フットボール』**：NFL の試合は日曜日が基本だがレギュラーシーズン中は毎週１～２試合だけ月曜日に行われる。そのため、視聴者がその試合をやっているチャンネルに集中する。/ **訳注** **『となりのサインフェルド』**：1990年代のドラマ。舞台はマンハッタンで、小市民なやつらの平凡な日常が基本設定。

▶p.233

訳注 **黒人至上主義運動**：ダシキはアフリカのカラフルな民族衣装。ブラッ

クパンサーは、黒人は武装して自らを守るべきだと主張した武闘派黒人団体。ベレー帽、全身ブラックレザー、旗、軍隊風の訓練・行動がトレードマーク。ボビー・シールがバーベキュー関係の商売をしているのは実話。彼のウェブサイトへ行くといきなりバーベキュー・レンジの前に立っているボビー・シールが出てくる。

▶p.238

「シロい」履歴書は「クロい」履歴書に勝つ：ごく最近行われた監査調査でこうした結論に至っているものに、Marianne Bertrand and Sendhil Mullainathan, "Are Emily and Greg More Employable than Lakisha and Jamal? A Field Experiment Evidence on Labor Market Discrimination," National Bureau of Economic Research working paper, 2003 がある。

▶p.239

ヨ・シン・ヘイノー・アウグストゥス・アイズナー・アレクサンダー・ワイザー・ナックルズ・ジェレミジェンコ＝コンレイ：Tara Bahrampour, "A Boy Named Yo, Etc.: Name Changes, Both Practical and Fanciful, Are on the Rise," *New York Times*, September 25, 2003 を見よ。

▶p.239

マイケル・ゴールドバーグ、実はインド生まれのシーク教徒：Robert F. Worth, "Livery Driver Is Wounded in a Shooting," *New York Times*, February 9, 2004 を参照。/ **訳注　リブリー・キャブ**：イエロー・キャブでも白タクでもなく、公式にはハイヤー専門のタクシー。

▶p.239

ウィリアム・モリス、本名ツェルマン・モーゼズ：ウィリアム・モリス・エージェンシーの元 COO。アラン・カノフに対する著者のインタビューに基づく。**訳注**：ウィリアム・モリス・エージェンシーは老舗のタレント事務所。最近ではクウェンティン・タランティーノやブルース・ウィルス、昔ではマリリン・モンローやハンフリー・ボガートが所属。本書謝辞も参照。

▶p.242

ファースト・ネームとしてのブランド・ネーム：カリフォルニア出生証明書データに基づく。また、Stephanie Kang, "Naming the Baby: Parents Brand Their Tot with What's Hot," *Wall Street Journal*, December 26, 2003 にも言及がある。

▶p.242-243

クソアタマという名の女の子：ラジオ番組に電話してきてローランド・フライヤーに「クソアタマ」と読める名前の姪について話した女性は、なにか勘違いしていたのかもしれないし、もちろんまったくの嘘をついたのかもしれない。それでも、黒人の名前にはときどきいきすぎなものがあると感じてい

る人はこの女性に限らない。2004年５月、NAACP（National Association for the Advancement of Colored People：全国黒人地位向上協会）が開いた「ブラウン対教育委員会」裁判判決の50周年を祝う大会でビル・コズビーは、所得の低い黒人の自滅的な行動を手厳しく批判した。彼が挙げたさまざまな行動には「ゲットーくさい」名前を子供につけることが含まれていた。コズビーは即座に黒人・白人の双方から激しく非難を浴びた。Barbara Ehrenreich, "The New Cosby Kids," *New York Times*, July 8, 2004 および Debra Dickerson, "America's Granddad Gets Ornery," *Slate*, July 13, 2004 を参照。そののちすぐ、カリフォルニア州の教育長官であるリチャード・リオダン——裕福な白人で元ロサンゼルス市長——は、人種に関する侮辱的発言を行ったとして攻撃された（Tim Rutten, "Riordan Stung by 'Gotcha' News," *Los Angeles Times*, July 10, 2004 を参照）。リオダンは国語の教育プログラムを宣伝するためにサンタバーバラの図書館を訪れた際、イシスという名前で６歳の女の子に出会った。彼女はリオダンに自分の名前は「エジプトの王女様」という意味だと説明した。リオダンは冗談を言おうとしたのか「呆れた子だな、それはバカっていう意味だよ」と言った。それが怒りを買い、黒人活動家がリオダンの辞任を求める騒ぎになった。コンプトンに住む黒人組立工のマーヴィン・ディマリーはそのときのことを次のように説明している。「イシスはアフリカ系アメリカ人の小さな女の子だった。あの子が白人だったら、あいつ、おんなじことを言ってたか？」ところが、調べてみるとイシスは白人だった。それでも一部の活動家はリオダン排斥運動を続けようとしたが、イシスの母親トリニティは、騒ぐことではないと考えている。彼女の説明によると、娘はリオダンの冗談を真に受けてはいないと言う。「私の印象では」とトリニティは語っている。「娘は、彼はあんまり頭がよくないと思ったようです」。

▶p.243

オレンジゼリーとレモンゼリー：こういう名前にはちょっと都市伝説の臭いがするが——実際、都市伝説を一掃しようという（あるいはばら撒こうという）ウェブサイトに行けばたくさん載っている——オレンジゼリーとレモンゼリーが実在するという話をスタンフォード大学の社会学者ダグ・マクアダムから聞いた。彼は誓って本当にそんな名前の双子を食料品店で見たと言う。

▶p.253

女の子・男の子の名前リスト、拡張版：以下、面白い、かわいい、あまり聞かない、とてもよく聞く、なんとなく典型的、そんな名前を勝手気ままに選んで、そうした名前が表す親の教育水準とともに掲載する（すべてカリフォルニアの名前データ中、少なくとも10件の該当があったものばかり）。

女の子の名前例

(カッコ内は名前のアルファベット表記と母親の平均就学年数)
アビゲイル (Abigail, 14.72)、アデレイド (Adelaide, 15.33)、アレサンドラ (Alessandra, 15.19)、アレクサンドラ (Alexandra, 14.67)、アリス (Alice, 14.30)、アリスン (Alison, 14.82)、アリスン (Allison, 14.54)、アマリア (Amalia, 15.25)、アマンダ (Amanda, 13.30)、アンバー (Amber, 12.64)、エイミー (Amy, 14.09)、アナベル (Anabelle, 14.68)、アナスタシア (Anastasia, 13.98)、アンジェリーナ (Angelina, 12.74)、アナベル (Annabel, 15.40)、アン (Anne, 15.49)、アニヤ (Anya, 14.97)、アシュリー (Ashley, 12.89)、オータム (Autumn, 12.86)、エヴァ (Ava, 14.97)、アズィーザ (Aziza, 11.52)、ベイリー (Bailey, 13.83)、ビアトリス (Beatrice, 14.74)、ビアトリス (Beatriz, 11.42)、ベリンダ (Belinda, 12.79)、ベティ (Betty, 11.50)、ブレンナ (Breanna, 12.71)、ブリット (Britt, 15.39)、ブリタニー (Brittany, 12.87)、ブロンテ (Bronte, 14.42)、ブルックリン (Brooklyn, 13.50)、ブルックリン (Brooklynne, 13.10)、ケイトリン (Caitlin, 14.36)、ケイトリン (Caitlynn, 13.03)、カミー (Cammie, 12.00)、キャンベル (Campbell, 15.69)、カーリー (Carly, 14.25)、カーメラ (Carmella, 14.25)、カサンドラ (Cassandra, 13.38)、キャシディ (Cassidy, 13.86)、ケイト (Cate, 15.23)、キャスリーン (Cathleen, 14.31)、セシーリア (Cecilia, 14.36)、シャネル (Chanel, 13.00)、カリスマ (Charisma, 13.85)、シャーロット (Charlotte, 14.98)、チャスティティ (Chastity, 10.66、リストの終わりのコメントを参照)、チェロキー (Cherokee, 11.86)、クロエ (Chloe, 14.52)、クリスティーナ (Christina, 13.59)、シエラ (Ciara, 13.40)、シエラ (Cierra, 12.97)、コーデリア (Cordelia, 15.19)、コートニー (Courtney, 13.55)、クリムズン (Crimson, 11.53)、シンシア (Cynthia, 12.79)、ダーリア (Dahlia, 14.94)、ダニエル (Danielle, 13.69)、ダフネ (Daphne, 14.42)、ダーレーン (Darlene, 12.22)、ドーン (Dawn, 12.71)、デボラ (Deborah, 13.70)、ディセンバー (December, 12.00)、デリラ (Delilah, 13.00)、デニス (Denise, 12.71)、デニス (Deniz, 15.27)、デザイア (Desiree, 12.62)、デスティニー (Destiny, 11.65)、ダイアモンド (Diamond, 11.70)、ダイアナ (Diana, 13.54)、ダイアン (Diane, 14.10)、ドラ (Dora, 14.31)、エデン (Eden, 14.41)、アイリーン (Eileen, 14.69)、エカテリーナ (Ekaterina, 15.09)、エリザベス (Elizabeth, 14.25)、エリザベサン (Elizabethann, 12.46)、エラ (Ella, 15.30)、エレン (Ellen, 15.17)、エメラルド (Emerald, 13.17)、エミリー (Emily, 14.17)、エマ (Emma, 15.23)、フェイス (Faith, 13.39)、フローレンス (Florence, 14.83)、フランチェスカ (Francesca, 14.80)、フランキー (Frankie, 12.52)、フランツィスカ (Franziska, 15.18)、ガブリエル (Gabrielle, 14.26)、ジェニファー (Gennifer, 14.75)、ジョージア (Georgia, 14.82)、ジェラルディン (Geraldine, 11.83)、ジンジャー (Ginger, 13.54)、グレイス (Grace, 15.03)、グレイシー (Gracie,

13.81)、グレッチェン (Gretchen, 14.91)、ギネス (Gwyneth, 15.04)、ハーレイ (Haley, 13.84)、ハリー (Halle, 14.86)、ハナ (Hannah, 14.44)、ヒラリー (Hilary, 14.59)、ヒラリー (Hillary, 13.94)、イレイナ (Ilana, 15.83)、イレイン (Ilene, 13.59)、インディゴ (Indigo, 14.38)、イザベル (Isabel, 15.31)、イザベル (Isabell, 13.50)、アイヴィ (Ivy, 13.43)、ジャクリーン (Jacquelin, 12.78)、ジャクリーン (Jacqueline, 14.40)、ジェイド (Jade, 13.04)、ジャミー (Jamie, 13.52)、ジェイン (Jane, 15.12)、ジャネット (Janet, 12.94)、ジャネット (Jeanette, 13.43)、ジャネット (Jeannette, 13.86)、ジェンマ (Jemma, 15.04)、ジェニファー (Jennifer, 13.77)、ヨハンナ (Johanna, 14.76)、ジョーダン (Jordan, 13.85)、ジョイス (Joyce, 12.80)、ジュリエット (Juliet, 14.96)、ケイリー (Kailey, 13.76)、カーラ (Kara, 13.95)、カリッサ (Karissa, 13.05)、ケイト (Kate, 15.23)、ケイトリン (Katelynne, 12.65)、キャサリン (Katherine, 14.95)、ケイラ (Kayla, 12.96)、ケルシー (Kelsey, 14.17)、ケンドラ (Kendra, 13.63)、ケネディ (Kennedy, 14.17)、キミア (Kimia, 15.66)、カイリー (Kylie, 13.83)、レイシー (Laci, 12.41)、ラドンナ (Ladonna, 11.60)、ローレン (Lauren. 14.58)、レーア (Leah, 14.30)、レノーラ (Lenora, 13.26)、レキシントン (Lexington, 13.44)、レクサス (Lexus, 12.55)、リバティ (Liberty, 13.36)、レイスル (Liesl, 15.42)、リリー (Lily, 14.84)、リンダ (Linda, 12.76)、リンデン (Linden, 15.94)、リザベス (Lizabeth, 13.42)、リズベス (Lizbeth, 9.66)、ルシア (Lucia, 13.59)、ルシール (Lucille, 14.76)、ルーシー (Lucy, 15.01)、リディア (Lydia, 14.40)、マッケンジー (MacKenzie, 14.44)、マデリーン (Madeline, 15.12)、マディスン (Madison, 14.13)、マンディ (Mandy, 13.00)、マーラ (Mara, 15.33)、マーガレット (Margaret, 15.14)、マライア (Mariah, 13.00)、メアリー (Mary, 14.20)、マティス (Matisse, 15.36)、マヤ (Maya, 15.26)、メドウ (Meadow, 12.65)、ミーガン (Megan, 13.99)、メラニー (Melanie, 13.90)、メレディス (Meredith, 15.57)、ミカエラ (Michaela, 14.13)、ミカエラ (Micheala, 12.95)、ミリセント (Millicent, 14.61)、モリー (Molly, 14.84)、モンタナ (Montana, 13.70)、ナオミ (Naomi, 14.05)、ナシーム (Naseem, 15.23)、ナタリー (Natalie, 14.58)、ネヴァダ (Nevada, 14.61)、ニコル (Nicole, 13.77)、ノラ (Nora, 14.88)、オリーヴ (Olive, 15.64)、オリヴィア (Olivia, 14.79)、ペイジ (Paige, 14.04)、ペイズリー (Paisley, 13.84)、パリス (Paris, 13.71)、ペイシャンス (Patience, 11.80)、パール (Pearl, 13.48)、ペネロープ (Penelope, 14.53)、フィービー (Phoebe, 15.18)、フェニックス (Phoenix, 13.28)、フィリス (Phyllis, 11.93)、ポーシャ (Portia, 15.03)、プレシャス (Precious, 11.30)、クィン (Quinn, 15.20)、レイチェル (Rachel, 14.51)、レイチェル (Rachell, 11.76)、レベッカ (Rebecca, 14.05)、レネ (Renee, 13.79)、ライアノン (Rhiannon, 13.16)、リッキ (Rikki, 12.54)、ロ

ニー(Ronnie, 12.72)、ロザリンド(Rosalind, 15.26)、ルビー(Ruby, 14.26)、サブリナ(Sabrina, 13.31)、サディ(Sadie, 13.69)、サマンサ(Samantha, 13.37)、サラ(Sarah, 14.16)、サシャ(Sasha, 14.22)、サイェー(Sayeh, 15.25)、スカーレット(Scarlett, 13.60)、セルマ(Selma, 12.78)、セプテンバー(September, 12.80)、シャノン(Shannon, 14.11)、シャイラ(Shayla, 12.77)、シャイナ(Shayna, 14.00)、シェルビー(Shelby, 13.42)、シェリ(Sherri, 12.32)、シーラ(Shira, 15.60)、シャーリー(Shirley, 12.49)、シモーヌ(Simone, 14.96)、シボーン(Siobhan, 14.88)、スカイリン(Skylynn, 12.61)、ソルヴェイグ(Solveig, 14.36)、ソフィ(Sophie, 15.45)、ステイシー(Stacy, 13.08)、ステファニー(Stephanie, 13.45)、スティーヴィ(Stevie, 12.67)、ストーム(Storm, 12.31)、サンシャイン(Sunshine, 12.03)、スーザン(Susan, 13.73)、スザンヌ(Suzanne, 14.37)、スヴェトラーナ(Svetlana, 11.65)、タバサ(Tabitha, 12.49)、タリア(Talia, 15.27)、タルーラ(Tallulah, 14.88)、タティアナ(Tatiana, 14.42)、テイタム(Tatum, 14.25)、テイラー(Taylor, 13.65)、テス(Tess, 14.83)、ティア(Tia, 12.93)、ティファニー(Tiffany, 12.49)、トレイシー(Tracy, 13.50)、トリニティ(Trinity, 12.60)、トルーディ(Trudy, 14.88)、ヴァネッサ(Vanessa, 12.94)、ヴィーナス(Venus, 12.73)、ヴェロニカ(Veronica, 13.83)、ヴェロニク(Veronique, 15.80)、ヴァイオレット(Violet, 13.72)、ホイットニー(Whitney, 13.79)、ウィロウ(Willow, 13.83)、ヤエル(Yael, 15.55)、ヤスミン(Yasmine, 14.10)、イヴォンヌ(Yvonne, 13.02)、そしてゾー(Zoe, 15.03)。

チャスティティに関するコメント：229ページに登場したテンプトレスという名のティーンエイジャーの女の子について、チャスティティという名前をつける親の平均就学年数が短いことから考えると、テンプトレスの名前がチャスティティだったとしても、あんまり足しにはならなかっただろう。

男の子の名前例

(カッコ内は名前のアルファベット表記と母親の平均就学年数)

アーロン(Aaron, 13.74)、アブデルラーマン(Abdelrahman, 14.08)、エース(Ace, 12.39)、アダム(Adam, 14.07)、エイダン(Aidan, 15.35)、アレクサンダー(Alexander, 14.49)、アリステア(Alistair, 15.34)、アンドリュー(Andrew, 14.19)、アリスタットル(Aristotle, 14.20)、アシュリー(Ashley, 12.95)、アッティカス(Atticus, 14.97)、ベイラー(Baylor, 14.84)、ビヨーン(Bjorn, 15.12)、ブレイン(Blane, 13.55)、ブルー(Blue, 13.85)、ブライアン(Brian, 13.92)、バック(Buck, 12.81)、バド(Bud, 12.21)、バディ(Buddy, 11.95)、ケイレブ(Caleb, 13.91)、カラム(Callum, 15.20)、カーター(Carter, 14.98)、チェイム(Chaim, 14.63)、クライスト(Christ, 11.50)、クリスチャン(Christian, 13.55)、クライド(Clyde, 12.94)、クーパー(Cooper, 14.96)、ダコタ(Dakota, 12.92)、

ダニエル (Daniel, 14.01)、ダシール (Dashiell, 15.26)、デイヴィッド (David, 13.77)、デニス (Deniz, 15.65)、ディラン (Dylan, 13.58)、イーモン (Eamon, 15.39)、エルトン (Elton, 12.23)、エミール (Emil, 14.05)、エリック (Eric, 14.02)、フィン (Finn, 15.87)、フォレスト (Forrest, 13.75)、フランクリン (Franklin, 13.55)、ガブリエル (Gabriel, 14.39)、ゲイリー (Gary, 12.56)、ジャンカルロ (Giancarlo, 15.05)、ジュゼッペ (Giuseppe, 13.24)、グレイドン (Graydon, 15.51)、グスタヴォ (Gustavo, 11.68)、ハシェム (Hashem, 12.76)、ヒュー (Hugh, 14.60)、ヒューゴー (Hugo, 13.00)、イデアン (Idean, 14.35)、インディアナ (Indiana, 13.80)、アイザイア (Isaiah, 13.12)、ジャクソン (Jackson, 15.22)、ジェイコブ (Jacob, 13.76)、ジャガー (Jagger, 13.27)、ジェイミスン (Jamieson, 15.13)、ジェディディア (Jedidiah, 14.06)、ジェフリー (Jeffrey, 13.88)、ジェレミー (Jeremy, 13.46)、ジーザス (Jesus, 8.71)、ジハード (Jihad, 11.60)、ヨハン (Johan, 15.11)、ジョン＝ポール (John-Paul, 14.22)、ジョナサン (Jonathan, 13.86)、ジョーダン (Jordan, 13.73)、ホルヘ (Jorge, 10.49)、ジョシュア (Joshua, 13.49)、ジョサイア (Josiah, 13.98)、ジュール (Jules, 15.48)、ジャスティス (Justice, 12.45)、ケイ (Kai, 14.85)、キアヌ (Keanu, 13.17)、ケラー (Keller, 15.07)、ケヴィン (Kevin, 14.03)、キーロン (Kieron, 14.00)、コービー (Kobe, 13.12)、クレイマー (Kramer, 14.80)、カート (Kurt, 14.33)、ラクラン (Lachlan, 15.60)、ラース (Lars, 15.09)、レオ (Leo, 14.76)、レヴ (Lev, 14.35)、リンカーン (Lincoln, 14.87)、ロニー (Lonny, 11.93)、ルカ (Luca, 13.56)、マルコム (Malcolm, 14.80)、マーヴィン (Marvin, 11.86)、マックス (Max, 14.93)、マクシミリアン (Maximilian, 15.17)、マイケル (Michael, 13.66)、ミケランジェロ (Michelangelo, 15.58)、ミロ (Miro, 15.00)、モハメド (Mohammad, 12.45)、モーゼズ (Moises, 9.69)、モーゼス (Moses, 13.11)、モシェ (Moshe, 14.41)、モハメド (Muhammad, 13.21)、ムスタファ (Mustafa, 13.85)、ナサニエル (Nathaniel, 14.13)、ニコラス (Nicholas, 14.02)、ノア (Noah, 14.45)、ノーマン (Norman, 12.90)、オリヴァー (Oliver, 15.14)、オーランド (Orlando, 12.72)、オットー (Otto, 13.73)、パーカー (Parker, 14.69)、パーサ (Parsa, 15.22)、パトリック (Patrick, 14.25)、ポール (Paul, 14.13)、ピーター (Peter, 15.00)、フィリップ (Philip, 14.82)、フィリップ (Philippe, 15.61)、フェニックス (Phoenix, 13.08)、プレスリー (Presley, 12.68)、クウェンティン (Quentin, 13.84)、ラルフ (Ralph, 13.45)、ラファエル (Raphael, 14.63)、レーガン (Reagan, 14.92)、レックス (Rex, 13.77)、レクスフォード (Rexford, 14.89)、ロッコ (Rocco, 13.68)、ロッキー (Rocky, 11.47)、ローランド (Roland, 13.95)、ロメイン (Romain, 15.69)、ロイス (Royce, 13.73)、ラッセル (Russell, 13.68)、ライアン (Ryan, 14.04)、セイジ (Sage, 13.63)、サレー (Saleh, 10.15)、サッチェル

(Satchel, 15.52)、シャイラー (Schuyler, 14.73)、ショーン (Sean, 14.12)、セコイア (Sequoia, 13.15)、セルゲイ (Sergei, 14.28)、セルジオ (Sergio, 11.92)、ショーン (Shawn, 12.72)、シェルビー (Shelby, 12.88)、サイモン (Simon, 14.74)、スレイター (Slater, 14.62)、ソロモン (Solomon, 14.20)、スペンサー (Spencer, 14.53)、スティーヴン (Stephen, 14.01)、ステットソン (Stetson, 12.90)、スティーヴン (Steven, 13.31)、タナー (Tanner, 13.82)、タリク (Tariq, 13.16)、テニスン (Tennyson, 15.63)、テレンス (Terence, 14.36)、テリー (Terry, 12.16)、タディアス (Thaddeus, 14.56)、セオドア (Theodore, 14.61)、トーマス (Thomas, 14.08)、ティモシー (Timothy, 13.58)、トビー (Toby, 13.24)、トレイス (Trace, 14.09)、トレヴァー (Trevor, 13.89)、トリスタン (Tristan, 13.95)、トロイ (Troy, 13.52)、ユリシーズ (Ulysses, 14.25)、ユリエル (Uriel, 15.00)、ヴァレンティノ (Valentino, 12.25)、ヴァージル (Virgil, 11.87)、ヴラジミール (Vladimir, 13.37)、ウォーカー (Walker, 14.75)、ホイットニー (Whitney, 15.58)、ウィレム (Willem, 15.38)、ウィリアム (William, 14.17)、ウィリー (Willie, 12.12)、ウィンストン (Winston, 15.07)、ザヴィアー (Xavier, 13.37)、ヤッサー (Yasser, 14.25)、ザッカリー (Zachary, 14.02)、ザッコリー (Zachory, 11.92)、ゼイン (Zane, 13.93)、そして ゼブロン (Zebulon, 15.00)。

▶p.257

白人の女の子に最も多かった名前、1960年と2000年：実際にはカリフォルニアの名前データは1961年から始まっているが、前年比での変化は無視できる大きさである。

▶p.261

シャーリー・テンプルは症状であって原因ではない：Stanley Lieberson, *A Matter of Taste: How Names, Fashions, and Culture Change* (New Haven, Conn.: Yale University Press, 2000) を参照。リーバースンはハーヴァード大学の社会学者で、(数ある中でもとくに) 名前の学術的研究の第一人者。たとえば *A Matter of Taste* は、1960年以降、アメリカに住むユダヤ人の家族が、女の子の名前をたくさん (エイミー、ダニエル、エリカ、ジェニファー、ジェシカ、メリッサ、レイチェル、レベッカ、サラ、ステイシー、ステファニー、トレイシー) 広めた一方、非ユダヤ系の家族が広めた名前は一握りしかなかった (アシュレイ、ケリー、キンバリー) のはなぜかを詳しく説明している。命名にまつわる慣行を論じたよい記事には、Peggy Orenstein, "Where Have All the Lisas Gone?" *New York Times Magazine*, July 6, 2003がある。加えて、面白いものが見たければ、だけれど、アラン・バリナーの名前に関するドキュメンタリー映画 *The Sweetest Sound* (2001) をお薦めする。

▶p.261-262

男の子の名前が女の子の名前になることがある（でも逆はない）：この点は、ネブラスカ州ベルヴューのベルヴュー大学で心理学と固有名詞を研究しているクリーヴランド・ケント・エヴァンスの観察に基づく。エヴァンスの研究成果は本書執筆時点で academic.bellevue.edu/~CKEvans/cevans.html で閲覧可能である。加えて、Cleveland Kent Evans, *Unusual & Most Popular Baby Names* (Lincolnwood, Ill.: Publications International/Signet, 1994); および Cleveland Kent Evans, *The Ultimate Baby Name Book* (Lincolnwood, Ill.: Publications International/Plume, 1997) も参照。

終章：ハーヴァードへ続く道二つ

シカゴ郊外で育った白人の男の子：この一節と、197ページにでてくる同じ男の子に関する一節は、著者によるテッド・カジンスキーへのインタビューおよび Ted Kaczynski, *Truth Versus Lies*, unpublished manuscript, 1998 に基づく。また、Stephen J. Dubner, "I Don't Want to Live Long. I Would Rather Get the Death Penalty than Spend the Rest of My Life in Prison," *Time*, October 18, 1999 も参照。**訳注**：テッド（セオドア）・カジンスキーは1978年から1994年、数十回にわたって大学関係者に郵便爆弾を送り、飛行機に爆弾を仕掛けたテロリスト。FBI は、大学＝UNiversity と航空便＝Airline を爆破する者という意味で、犯人をユナボマー（Unabomber）と呼んだ。1995年、主要新聞社に膨大な長さの反科学主義宣言文を送りつけ、掲載しなければまたテロを起こすと脅迫し、結局『ワシントン・ポスト』紙と『ニューヨーク・タイムズ』紙が掲載した。大学での専攻は数学であり、優れた学者になったはずとも言われるが、博士号取得後に教えたカリフォルニア大学バークレイ校での教師としての評価は低かった。同校を退職してからはモンタナ州の山奥の水道・電気等もない掘っ立て小屋で暮らす。結局、宣言文の文体が決め手となり、弟の通報で1995年に逮捕、終身刑に服す。

▶p.269

デイトナビーチで育った黒人の男の子：この一節と、197ページにでてくる同じ男の子に関する一節は、著者によるローランド・G・フライヤー Jr. へのインタビューに基づく。